U0607905

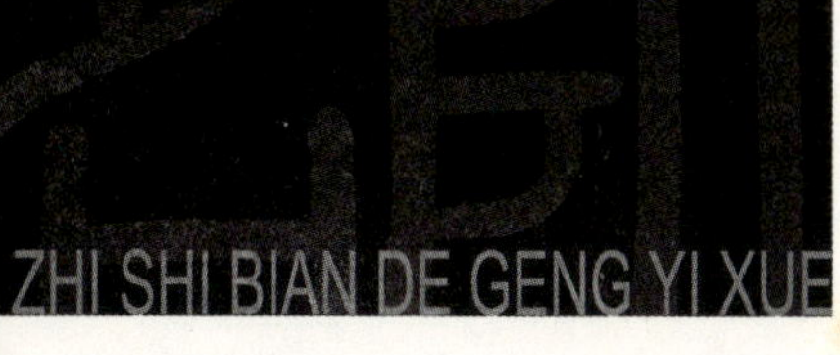

ZHI SHI BIAN DE GENG YI XUE

新课程·新理念·新教学

名师工程

教学新突破系列

# 让知识变得更易学

# 名师改造难学知识的优化艺术

丛书编委会主任：马立 宋乃庆 本册主编：周维强

西南师范大学出版社

# 《名师工程》

## 系列丛书

# 编者的话

当前，以人为本的教育理念正在逐步深化，素质教育以及基础教育课程改革不断推进。

在这场深刻又艰苦的教育改革中，涌现了无数甘为人梯、乐于奉献的优秀教师。他们积极探索、更新观念、敢于创新、善于改革，在实践中创造性地发展、总结了很多先进的教育思想、教育理念；创造性地开发了很多新的教学模式、教学内容和教学方法。这些新思想、新模式、新方法在实践中极大地提高了教学质量，是教育改革实践中的新内涵和宝贵财富。这些优秀教师就是我们的名师，这些新内涵就是名师的核心教育力。整理、总结、发展、推广这些教育新内涵，是深化教育改革、完善教育体制、提高教育质量、提升教师水平的一件大事。

教育，是民族振兴的基石；教师，是教育发展的根基。

胡锦涛总书记在全国优秀教师代表座谈会上指出："教师是人类文明的传承者。推动教育事业又好又快发展，培养高素质人才，教师是关键。没有高水平的教师队伍，就没有高质量的教育。"十七大报告又进一步强调了必须加强教师队伍建设，不断提高教师的素质。当今世界，社会进步一日千里，科技发展日新月异，知识更新的周期越来越短。教师作为"文明的传承者"更要与时俱进，刻苦钻研、奋发进取，尽快提升自身素质和能力，为推动教育事业的健康发展贡献自己的力量。

基于以上，西南师范大学出版社策划、组织出版了大型系列教育丛书——《名师工程》。希望通过总结名师的创新经验、先进理念，宣传名师的核心教育力，为广大教师职业生涯提供精神源泉和实践动力，在教育实践层面切实推动从教者职业素养的提升。通过《名师工程》实现"打造名师的工程"。

丛书在策划、创作过程中力求实现以下特色：

**一、理念创新，体现教育的人本精神**

教师角色在以人为本的教育理念下发生了重大的变化，教师的素质和能力也面临更高的要求。如何弘扬、培植学生的主体性、增强学生的主体意识、发展学生的主体能力、塑造学生的主体人格等问题成为教师在目前教育中亟待解决的难题。丛书以教育管理者和教师为主要读者对象，通过教师综合素质的提高而将人本教育的思想落实到教育实践中，真正实现教育培养人、塑造人、发展人的本质要求。

**二、全面构建，系统提升教师的教育能力**

丛书选题的最大特点就是系统、全面地针对教师教育能力的提升而展开。施教者的能力决定教育的效果，教育改革的落实、教育效果的提高无不体现在教师身上。丛书针对不同教育能力、不同教学要求、不同教育对象，有针对性地设置选题。棘手学生、课堂切入、引导艺术、班主任的教导力、互动艺术、课堂效率、心灵教育等等，这些鲜明的主题从教育的细节出发，从教育实际情况出发，有针对性地解决问题，让教师在阅读中学有所指、读有所获。

**三、科学权威，体现教育的时代前沿性**

丛书邀请全国各地著名的教育工作者执笔，汇集在教育改革与实践中涌现的先进理念、成果和方法，经过专家认真遴选、评点总结而成，代表了目前教育实践中先进的教育生产力，具有时代前沿性，是广大一线教师学习、借鉴的好素材。

**四、注重实践，突出施教的实用价值**

丛书采用了通俗的创作方法，把死板的道理鲜活化，把教条的写法改变为以案例为主，分析、评点为辅，把最先进的教育理念和方法融入有趣的情境中。经典的案例，情境式的叙述，流畅的语言，充满感情的评述，发人深省的剖析，娓娓道来、深入浅出，让教师更充分地领会先进、有效的教育方法。

在诸多教育、出版界同仁的支持与努力下，《名师工程》首批推出了《名师讲述系列》、《教学提升系列》、《教学新突破系列》、《高中新课程系列》、《教师成长系列》等系列，共三十余品种，后续图书也将陆续出版。

丛书在出版创作过程中得到各地、各级教育部门与教育工作者的大力支持与帮助，在此一并表示感谢！

教育事业是全社会共同的事业，本丛书的出版一方面希望能对广大教育工作者有所帮助，共飨先进成果；另一方面也是抛砖引玉，希望更多的教育工作者参与到出版创作中来，百家争鸣、百花齐放，为促进教育事业的发展共同努力！

# 目　录

# 一、烦琐知识简洁化

英国一家报纸曾举办一项高额奖金的有奖征答活动，题目是：一个充气不足的热气球载着三位关系世界兴亡的科学家，其中，第一位是环保专家，他的研究可拯救无数人因环境污染而面临死亡的厄运；第二位是核武器专家，他有能力防止全球性的核战争，使地球免于被毁灭；第三位是粮食专家，他能在不毛之地，运用专业知识成功地种植食物，使几千万人脱离因饥荒而死亡的命运。此刻热气球即将坠毁，必须丢出一个人以减轻载重，使其余的两人得以存活，请问该丢下哪一位？

问题刊出之后，信件如雪片飞来。在这些信中，每个人皆竭尽所能地阐述他们认为必须丢下那位科学家的原因。最后结果揭晓，巨额奖金的得主是一个小男孩。他的答案是：将最胖的那位科学家丢下去。

看了这个故事，大家有什么感想呢？那么多“聪明人”都没有找到正确答案，而一个小孩子却出乎意料地答对了。

这是一个带有少许讽刺意味的故事。在这个故事中，成年人因为考虑得太复杂、太烦琐，只注重思考环保专家、核武器专家、粮食专家哪一个是人类不可或缺的科学家，结果让事情变得很复杂，进入了思维的“死角”。小男孩却用最简单的思维使问题得到了圆满的解决，那就是丢出那个最重的，最大限度“减负”，使得其余两人得以存活。

这便是“烦琐”与“简洁”的不同之处。在这个故事中，烦琐的问题让聪明人变得“糊涂”，而简洁则让“糊涂”的人变得聪明。

知识同样如此。面对烦琐知识，简洁化的处理不失为一条教学捷径。因为过于烦琐往往容易使学生迷失，只有简洁化后才更有利于学生理解和操作。特别是我们今天强调对学生的素质教育，学生在将烦琐知识简洁化的过程中，也大大提高了他们将烦琐问题简洁化的能力。

我们假设提出这样一个问题：当你看到一堆烦琐的问题呈现在你的面前时，你会怎样？

很多人的第一反应通常都是："唉，绕来绕去的，这么复杂，不想看了。"同样，当学生看到烦琐的知识时，也会有这种反应。因此，在教学当中，一个优秀的教师需要有精湛的总结能力，要能及时将各种烦琐的知识简洁化，用最容易、最清晰的方式呈现给学生，才能使他们很乐意并能快速接受。

知识简洁化，不仅可以促使学生对知识产生好感，激发他们主动学习的愿望，还可以大大提高学生的理解、记忆等学习能力，使学习变得轻松而又高效。著名数学家华罗庚说："神奇化易是坦途，易化神奇不足提。"意思是说我们不要把简单的问题复杂化，而要把复杂的问题简单化。这样，我们将获得更多的益处。

微软出版社出版的经典图书《Coding Complete》中，有这样一个故事：微软公司附近有一个咖啡馆，由于店里标明，顾客只需付第一杯的钱，就可以不断续杯畅饮。因此，这家咖啡馆的生意异常火爆，简直可以用门庭若市来形容。

这家咖啡馆提供两种用不同咖啡豆煮的咖啡，价格相同，杯子的容量也相同。但是不久后人们发现了一个令人惊奇的事实：这家咖啡馆的女服务员都有不可思议的好记性——每当客人要续杯的时候，她们从来不需要问客人曾经选择的咖啡种类，也绝对不会把客人选择的咖啡种类搞错，而且每个人都是如此！

顾客十分好奇，于是询问了其中一个服务员。原来，秘密并不是这些女服务员记忆超群，也不是受过什么特殊培训，更不是咖啡杯上有感应装置，而是装咖啡的马克杯上图案的颜色不同而已！

因为，女服务员上班第一天就被告知，咖啡杯的图案是红色的，为 A 咖啡；图案是蓝色的，为 B 咖啡。

这个小故事为我们清晰地呈现了"简洁"的好处，有时看似烦琐的事物，经过简洁化处理，就可以变得非常简单！一个简单有效的规则比什么都有效！这就是 KISS 原则的神奇之处。KISS 是"Keep It Simple and Stupid"的缩写。这里的“Stupid”不是指愚蠢，而是大智若愚的意思。

巨大的客流量本应该增加女服务员的负担，这原本是一个烦琐的过程，但是，当它简洁化以后，事情却变得如此简单，同时工作效率也大大地提高了。这就是烦琐与简洁所形成的鲜明对比。

在教学过程中，我们难免遇到很多涉及面广，而且非常抽象、复杂的知识，这些知识在很大程度上增加了学生的理解难度。于是学生就会经常出现不愿意学习甚至厌学、逃学的现象，对学习完全失去了兴趣。这时，教师就需要将这些烦琐知识简洁化，用最简单的甚至是喜闻乐见的方式呈现在学生面前，学生的学习自然也会变得轻松快乐而饶有兴致了。

## 1. 烦琐知识简洁化的原理——“奥卡姆剃刀”

“奥卡姆剃刀”原理认为：如果你有两个原理，它们都能解释你观察到的事实，那么你应该使用简单的那个，直到发现更多的证据。对于现象的解释，简单的往往比复杂的更准确。如果你有两个类似的解决方案，就应选择简单的。就像解题，需要最少假设的最有可能是正确的。一句话概括就是，把烦琐累赘一刀砍掉，让事情尽量保持简单。

很多成功而伟大的科学家，如哥白尼、牛顿、爱因斯坦等，都是先使用这把锋利的“奥卡姆剃刀”，把最复杂的事情化为最简单的定论，然后才踏上通往天才的辉煌之道的。

随着各科知识所涉及的内容越来越深，涉及面也越来越广，学生要掌握的东西也就越来越多、越来越复杂了。教学中要求学生掌握什么、理解什么、培养什么能力，特别是新知识，都要靠教师准确把握，然后以清晰简洁的形式展现给学生。这就要求教师在授课时以此为本，以简驭繁。

### 巧用图形，化繁为简

南京师范大学附属中学特级教师陶维林老师在讲解数学课《勾股数》时，就将知识简单化呈现，使烦琐的知识变得更清晰。

书上设计了这样一个教学过程：首先在课堂导入环节中讲一个故事：在很

久以前，人类的文明还相对落后，各种计算公式也没有出现。但是，他们仍然用简单的方法做出了复杂的计算。其中，古埃及人是这样做的：

用 13 个等距的结把一根绳子分成等长的 12 段，一个工匠同时握住第 1 个结和第 13 个结，两个助手分别握住第 4 个结和第 8 个结，拉紧绳子就得到一个直角三角形，其直角在第 4 个结处。

并提出了以下几个问题：

(1) 这段文字说明了什么？

(2) 依照文字所说的做一做：把一段线段分成 12 等分，在第 3、7 等分处折成一个三角形，并量一量最大的角是多少度。

(3) 这个三角形的三边分别是 3、4、5 等分，这三个数有什么样的数量关系？

这虽然是一种非常精彩、生动的课程设计，但是学生面对的知识却非常烦琐。经过自学，很多学生的学习效果都很不理想，反而越看越糊涂。有些学生则因为理解不了故事，而在审题的环节中浪费了太多的时间；还有的学生根本就没有弄清楚：是一只手拿一端，另一只手拿另一端呢，还是把第 1 个结和第 13 个结握在一起；更有学生提出这样的疑问：在古埃及，人如果用的绳子短的话，还可以用手同时握住，但如果绳子非常长，那么他又怎样"同时握住第 1 个结和第 13 个结"？

很明显，这其中最大的问题就是知识过于烦琐，理解过程过于烦琐。虽然通过故事可以增加学习的趣味性，但是这个知识归根结底就是让学生理解"勾股定律"这个主题，于是陶老师将知识呈现的过程进行了大缩水。

他先在黑板上画出了简易图形：

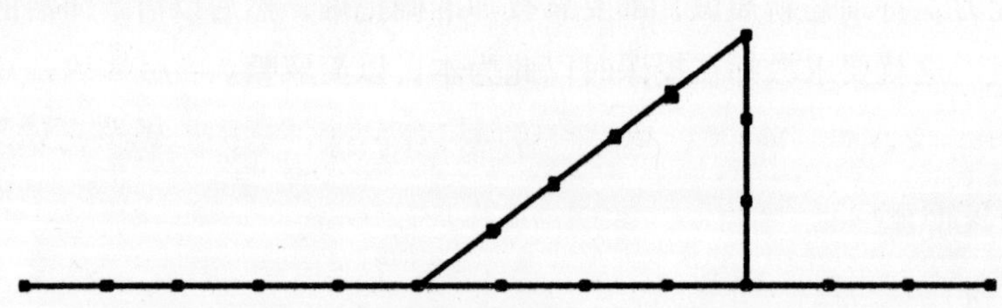

然后，对知识直接进行了讲解。陶老师经过分析，省去了烦琐的辅助过程，然后在黑板上写道：下面的三组数分别是一个三角形的三边长：

(a) 5，12，13　(b) 6，8，10　(c) 8，15，17

问题：

（1）这三组数都满足 $a^2+b^2=c^2$ 吗？

（2）分别以每组数为三边长作出三角形，用量角器量一量，它们都是直角三角形吗？

知识的“灵魂”没有任何改变，知识的呈现方式却变得更加简单明了。这一回，学生们的反应明显比之前要轻松很多，解答的过程也明显更快，不一会儿，学生就做出了答案。

在后来的复习课中，陶老师同样将所有的知识进行系统分析之后，再以最简单的结构图形式呈现给学生。

从结构图中，学生对所有重点知识都有了更直观的理解，结构概念也变得更加明确。在充分理解公式的同时，细心的学生还在结构图中找到了知识分布的规律，总结出了更加详细的知识图。教学效果有了很大的提高。学生不仅对各种让人眼花缭乱的公式不再反感，掌握速度也更快了。

在本案例中，陶老师发现，原有课程设计虽然用一种情境再现的方式很大程度地加深了学生的印象，但同时这种方法也让原本抽象的知识变得更加烦琐。学生将所有的精力都放在思考古埃及人的方法上，而忽略了对知识本身的探究。

数学公式本身就是十分烦琐的知识，不仅容易混淆，更容易降低学生的学习热情。于是陶老师对接下来的环节进行了调整，将烦琐的知识简洁化，直接“砍掉”了多余的枝节。

我们都知道，知识呈现的过程是学生最先看到的知识形态，也是引导学生思路的方向标。如果它过于复杂，只会增加学生的认知困难。因此，将烦琐知识简洁化的第一步一定要注意简化知识的呈现过程。

在接下来的讲解中，陶老师直击主题，让学生直接接触知识最中心的部分。没有了太多的“累赘”，知识的呈现更加简洁，学生的思路更加清晰，学习效果有了很大的提高。

范例观摩二

## 抓住重点提问，系统掌握知识点

安徽省淮北市第一中学优秀教师张青莱老师拥有丰富的教学经验，担任了学校的史地教研组组长。在讲解“统一的多民族的中央集权的封建国家——秦”一课时，为了让学生更加清晰地理解知识，张老师运用了分段提炼的方法，将烦琐的知识变得更加简洁、明了。

秦灭六国的过程比较复杂、曲折。对这部分教材的处理，张教师先用四句歌谣加以概括，然后将战争过程分成两个阶段，并将前后阶段各自特点列入板书进行讲解，线索十分清晰，更便于学生理解和记忆。

在讲述专制主义中央集权的政治制度时，张老师指出两点：第一，这是一套完整的地主阶级的统治机构；第二，秦朝是我国历史上第一个建立封建专制主义中央集权制度的朝代。这就使教材内容得到深化和提高，有利于学生居高临下掌握教材重点部分的内容。同时，这种分段的讲法，将知识分成了若干部分，使知识结构更加清晰、简单。

另外，张老师还适当补充了材料，说明“皇帝”称号的来源，并由表及里简评秦始皇其人，使通篇教材具体生动，恰到好处。这样讲授，实际上是对教材的再创造。以下是课堂实录：

上课伊始，张老师说道：“首先提个问题，我国历史上第一个奴隶制国家是哪一个王朝？”

学生回答道：“夏王朝是我国历史上第一个奴隶制王朝。”

张老师又指出：“过了将近两千年，到公元前221年，我国历史上出现了第一个统一的封建国家——秦。这个秦王朝虽然只存在了短短的十五年，却在中华民族历史发展的长河中居于十分重要的地位。今天这堂课我们就一起来学习。”

张老师开始板书：一、秦灭六国

1. 秦统一的条件

他接着说道：“在秦统一全国以前，我国历史处在战国时期。战国是我国封建社会的开端。以齐、楚、燕、韩、赵、魏、秦为主的七大诸侯国，为了争夺土地、财产、人口，为了争夺天下，混战不止。连年的战争给人民带来了深重的灾难，也使社会生产遭到了严重的破坏，因此，人民热切盼望统一，结束分裂割据。当时，在七大诸侯国中，哪一个诸侯国最有条件来完成统一呢？”

学生回答：“是秦国。”

“为什么秦国最具备完成统一的条件呢?”张老师又问道。

学生回答：“秦国自商鞅变法后，废除了旧制度，在政治、经济、军事上的力量大大加强，实力为七国之首，所以最能承担完成统一的重任。”

通过提问使前后章节的教材内容有机地衔接起来，原本松散的知识成为了一个整体，这就为下面将知识简洁化提供了最大的帮助。因为，如果学生没有对知识有一个大概的感知，那么简洁化的知识就无法被学生所理解。

之后，张老师又引出了第一部分的核心：“秦虽强大，但要完成统一，也并非轻而易举，整个统一过程持续了半个世纪之久。”

板书：2. 秦灭六国的过程

然后张老师继续说道：“我们把这个过程概括为四句话：‘先攻韩魏后攻楚，守赵长平是廉颇，赵括丧军四十万，嬴政十年灭六国。’”

这时，黑板上投影出了“战国形势图”。张老师说道：“首先攻打韩、魏，占领了大片土地，接着攻打楚，占领楚国都城，使秦的地域不断向东推进。到公元前 260 年，秦赵两国发生了著名的长平之战。这是战国以来规模最大的一次战役，由于赵王昏庸，中了秦的离间计，改派赵括代替廉颇，结果惨遭失败，四十万大军全部被秦坑杀。从此，赵国一蹶不振，而秦则越战越强，其余各国再也无力阻止秦的进攻了。长平之战为秦灭六国奠定了牢固的军事基础。对此，我们可以用一句简单的话概括，哪位同学可以在书中找出?”

学生 1 说道：“远交近攻，各个击破。”

“非常好，这就是秦国使用的战略战术。”

在这个过程中，张老师首先用四句话概括了秦灭六国的全过程，起到了纲举目张的作用。然后又利用教学挂图，顺纲理线，稍加点拨。运用这种化繁为简的方法，不仅增加了历史教学的趣味性，使战争过程简单化、条理化，又便于学生记忆和加深理解。

张老师顿了顿继续说道：“公元前 221 年，秦灭了最后一个东方大国齐，完成了统一，定都于咸阳。中国历史上的第一个统一的封建国家——秦建立了。秦灭六国，完成了统一，这在中国历史上是一件大事，并且是一件有着进步意义的大事。请同学们思考一下，为什么这么说?”

板书：3. 秦统一的意义

学生 2 回答：“原来天天打仗，从春秋到战国打了 550 年，现在不打了，统一了，安定了。”

张老师又说：“统一的、安定的局面有利于人民的生产和生活，符合人民的愿望，推进历史向前发展，所以有进步意义。秦王嬴政顺应历史潮流，为统一作出了贡献，这个历史的功绩应给予肯定。秦完成了统一，但是它还面临着更艰巨的巩固统一的任务，因此，秦王嬴政又采取了一系列措施来巩固统一。下面请同学们分组进行讨论，然后归类回答。注意从政治、经济、文化、思想、军事等方面进行归纳，在这些措施中，有一个最重要的措施，是哪一个呢?”

此时课堂气氛十分活跃，对于待讲教材内容，由教师提示，要学生经过讨论自行归纳。于是在教师的引导下，学生依照前面的归纳方法将这一部分原本烦琐的知识整理得简单明了，条理清晰。

之后，张老师板书：

二、建立封建专制主义中央集权的政治制度

这又将知识过渡到了一个新“阶段”。

张老师继续说道：“这是我们今天这堂课要求大家特别注意掌握的内容。封建的专制主义中央集权的政治制度是怎样建立起来的呢？它包括哪些内容?”

板书：1. 确立皇帝制

“秦王嬴政灭六国，完成了统一，认为自己功高盖世，无与伦比。因此不能和过去的六国一样称‘王’，他把古代传说中‘三皇’‘五帝’两个最尊贵的称号合并起来，都加在自己身上。他取‘三皇’的‘皇’字，取‘五帝’的‘帝’字，自称‘皇帝’。嬴政就是中国历史上的第一个皇帝，称始皇帝，他幻想他的子孙后代将二世、三世、四世永远传下去，历史上称他为‘秦始皇’。(投影) 这就是秦始皇，他傲慢威严，身穿龙袍，头戴冕旒，前后挂满了珠宝，前后各十二排，这是当时最尊贵的标志，他手指前方，一副唯我独尊的气势，为什么呢?”

学生 3 回答道：“因为皇帝是全国最高统治者，掌握着全国政治、经济、军事大权，政事无论大小，最后全部都由皇帝一个人裁决，一个人说了算。”

张老师点点头表示赞同。

板书：2. 建立中央机构

张老师说："当然，国家很大，事情也很多。皇帝不可能所有的事都一一亲自过问，所以皇帝选派一些人来当助手，在中央机构中设丞相、太尉、御史大夫来帮助他处理朝政。"

板书：3. 推广郡县制

然后他接着说："在地方则推行郡县制，以郡守、县令协助皇帝管理地方，统治人民。我们从中可以看到这些官吏的重要。因此，秦始皇把对官吏的任免权紧紧地掌握在自己手中。他任命那些对他绝对忠诚和无条件服从的人，在中央、地方各级参与管理，而无情地罢免那些对他不忠和办事不力的人。"

"秦始皇通过对官吏的直接任免，把政治、军事、经济大权集中到自己手中，使全国上下都按皇帝一个人的意志办事，从而建立起一套比较完整的封建地主阶级的政治统治。通过这套统治机构，加强和巩固了皇帝的集权统治，并利用它来有效地防止地方割据和分裂，维护统一，同时也加强了对人民的镇压。"

"因此，以后的历朝历代的封建帝王都沿用了这种政治制度，从秦开始直到清朝，贯穿于我国两千多年封建社会的始终。在这个意义上，我们说，秦朝是我国历史上第一个建立封建专制主义中央集权制度的朝代，'历代都行秦政事'"。

"除了加强政治统治外，秦始皇还在经济、文化等方面采取了一系列积极的措施。"

板书：三、统一度量衡、货币、文字

张老师问："什么是度量衡？"

学生们回答："'度'是指丈量长度的器具——尺；'量'是指量体积的容器——斛、斗、升；'衡'是指称重量的衡器——秤。"

"为什么要统一度量衡呢？"

"度量衡的不统一，给经济交往带来不便，所以首先统一了度量衡，经济交往才有了统一的规格、标准。还有一项措施是统一货币。"

这时，投影出现字形不同的"马"字。"为什么要统一文字？"张教师继续问。

学生回答道："七国文字不同的形、声给文化交流与传播，给统一政令的推行，造成困难。”

“秦始皇任命丞相李斯主持文字改革。统一后的文字称为小篆，被作为标准字体，通令全国使用。这些经济文化上的统一措施，对封建国家产生什么作用呢？”问题还在继续。

学生回答：“促进了各民族各地区经济文化的发展和交流，巩固和加强了封建国家的统一。”

“今天的新课上到这里。小结两个重点：一是秦灭六国，二是为巩固统一在政治、经济、文化上采取的措施。”说完，教室里传来了热烈的掌声。

到此为止，整个课程的内容已经简单明了地呈现在学生的面前，原本历史知识相当烦琐，但后来除了分类简化以外，张老师以知识的主线为中心，通过不断向学生提问，让烦琐的知识更加简洁；学生在进行回答的时候通过抓住重点回答，也让知识更加简洁、重点更加突出。

在上面案例中，张老师为我们呈现了一堂精彩的历史课，学生们在教师的带领下，思维清晰，重点明确，没有因为知识量多、内容烦琐而降低学习效率。教学取得了非常大的成功。

首先，张老师抓住教材总题中的“统一”二字，系统全面地讲述了秦为什么要统一，为什么能统一，怎样统一，统一后又采取哪些巩固统一的措施等，从而把教材中各部分的内容形成一个整体，给学生一个清晰、简明的思想主线。这样就从心理上避免了学生因为怕知识烦琐而产生的厌学情绪。

之后，张老师每讲一部分内容，就会将这部分知识的核心内容用板书在黑板上标明，然后再围绕着这部分进行提问、总结。如此便避免了大量“背书式”的讲解。学生通过这种过程，所感受到的知识思路更加清晰，重点更加突出了。不仅使烦琐的知识简洁明了了，更增加了学生的学习兴趣，让历史教学既高效，又精彩！

历史知识中经常出现大量需要记忆的知识，很多知识经常混杂在一起，就容易混淆，甚至模糊不清了。这时我们可以将它们按照一定的类别或阶段分开。如经济、政治、生活、文学，重要、次要，等等。如此一来，原本烦琐的知识就会变得简洁明了了，就会让学生一目了然。

其中，最值得我们学习的还有一点，就是张老师的提问方法，每次都是只提问这部分知识中最重要的内容，学生进行回答后，也就等于掌握了这一知识点。对于一些不是重点的知识减少提问数量，让学生的思路“有重有轻”，避免了无休止、无目的的提问，让知识显得烦琐、复杂。

## 2. 将烦琐知识简洁化的注意事项

简洁化虽然只是知识转化的过程，但在这个过程中，除了教师所起到的主导作用，学生作为学习的主体，也是这个过程中最核心的人物。因为无论将知识怎样转化，最终的目的就是为学生提供最好的帮助。因此，学生作为主要的参与者，是否能很好地理解简洁化知识是十分关键的一点。

我们重点要注意以下几项：

### (1) 准确掌握烦琐知识的核心

在教学中面对大量烦琐的知识时，教师首先应该从烦琐的知识中找出“核心”，也就是无论再怎样简化，都不能省去的知识，然后从烦琐中逐个“剔除”，使之更清楚地形成合理的知识结构。

例如，在讲解朱自清的《荷塘月色》中的情景关系时，为了让学生清晰地感受到烦琐的情感用意，我们可以利用直角坐标系的教学方式，以核心知识为中心，把复杂的思想内涵简洁化。

同样，教师在板书时也要简洁，这就要求教师在备课时弄懂教材、吃透教材、深化教材、收集有关信息，并把简洁的知识清晰外延，伸展到更加完整的知识体系里，使学生的理解更加深刻，更加全面。

### (2) 注意过程的条理性、逻辑性

教师要将烦琐的知识简洁化，必不可少的步骤有抽分和整理。其中，抽分即区分和抽象，也就是排除对象个性内容，凸显共性关系。所以，抽分就是将其中烦琐的个性内容排除而凸显其共性关系，然后寻找其能够简单陈述此一共性关系的概念。整理就是整合与条理，即对共性关系的概念的再审视，从而发现并定位概念与概念间的关系，然后在此基础上予以概念知识体系的条理化、逻辑化，使其达到可运用的操作化、可解释的自洽性和完备性。

在将烦琐知识简洁化的过程中，教师一定要准确把握抽分与整理的过程，

而且应该注重突出整理后知识的条理性与逻辑性，否则原本的知识虽然烦琐，但还有自己的意义，而整理后失去条理性与逻辑性，那么，知识就会变得驴唇不对马嘴，简洁化自然也就变得毫无意义了。

(3) 把握知识原有结构

在一个知识体系中，知识结构就相当于一所房子的框架，没有整体的框架，又怎能“添砖加瓦”？

因此，我们在将烦琐知识简洁化的过程中一定要特别注意，无论怎样进行简洁化，最后的知识形态仍要保持最初的知识结构，否则原本的知识就会变得“面目全非”，让学生“认不出它”来。也就是说，即使将烦琐知识中一些多余的结构枝丫“剔除”，但是整体的大框架，比如房子的四梁八柱是不可以少的。

总之，我们在将烦琐知识简洁化的过程中，一定要注意以上几点，只有做到这几点，将烦琐知识简洁化以后的知识呈现形式才能是最有利于学生接受的状态。

### 3. 烦琐知识简洁化的教学方法

将烦琐知识简洁化是一个十分重要的过程，如果施教者没有准确地掌握知识的重点和简洁化后的知识与之前知识间的联系，那么学生很可能会感到迷茫。实施烦琐知识简洁化的途径是多方面的，其主要方法还有以下几点：

(1) 寻求中间环节，挖掘隐含条件

寻求中间环节，挖掘隐含条件，简单地说就是经过分析，从中寻找可分割点，将烦琐知识简洁化。例如，数学中，一些结构复杂的综合题，就其生成背景而论，大多是由若干比较简单的基本题，经过适当组合抽去中间环节而构成的。因此，从题目的因果关系入手，寻求可能的中间环节和隐含条件，把原题分解成一组相互联系的系列题，是实现复杂问题简洁化的一条重要途径。

(2) 将知识中的已知条件简洁化

例如有些数学题，条件比较抽象、复杂，不太容易入手。这时，不妨简化题中某些已知条件，甚至暂时撇开不顾，先考虑一个简化问题。这样简单化了的问题，对于解答原题，常常能起到穿针引线的作用。在其他烦琐知识中，我们可以将其中知道的知识“忽略”，突出“未知”，从而将知识简洁化。

(3) 教学过程简洁化

教师在进行讲解的时候，要时刻注意将教学过程简洁化。也就是在设计教案的时候，尽量避免不必要的过程出现，尽力避免出现“多余”的设计。我们可以将教学过程按一定的顺序展开，避免发生中心不明确而出现知识烦琐的现象。例如《嫦娥奔月》一课，我们可以把听、说、读、写的语言训练集于一体，使语言训练与人文训练互相渗透，发挥课堂的教学功能。因为这个神话故事学生能看懂来龙去脉，我们只要紧紧抓住对三个人物的评价进行语文的听、说、读、写的训练，在评价中把人文性也交融在里面就可以了。

(4) 利用多媒体，将接受过程简洁化

计算机多媒体辅助教学，将外界与学校、活动与课堂、书本与信息有机地融合在一起，顺应了时代的发展趋势。特别是当知识相对烦琐时，我们可以利用多媒体，在学生的学习方式上大做文章，利用更加生动的形象刺激，使学生对重点知识“印象深刻”，对辅助知识“一带而过”。不仅如此，这种高科技的教具让知识的呈现更加生动有趣，能深深地激发出学生的学习兴趣。当学生充满兴趣地“观看”时，烦琐的知识也就变得不烦琐了。

例如，小学英语教学中，计算机多媒体辅助教学能弥补课本插图和文字说明的局限性，弥补传统教具的缺陷，化静为动、化小为大、化虚为实，使烦琐的问题简洁化。

(5) 利用各种教学法，让烦琐知识简洁化

①抓住知识的特点进行教学，让学生记忆时主要记忆知识的特点，然后由特点延伸到其他细节的知识。这样，原本烦琐的知识就会由于突出其某一部分的特点而变得简洁化。

②将烦琐的知识按一定的顺序归类，然后按一定的类别进行教学。这样归类，烦琐的知识就会更加清晰，不同类别会让不同知识间的异同更加明显，烦琐的知识自然就更加清晰，更加简洁化。

③在教学中将烦琐的知识以图表的形式展现在学生面前，通过列表使烦琐的内容简单化、特征化、条理化，让学生一目了然，便于学习，便于记忆。

(6)“精兵简政”，不断简化组织结构

简化组织结构是将烦琐化知识简洁呈现的基础。课程中知识之所以会给人带来烦琐的感觉，很可能是因为知识太啰唆，附加的辅助知识过多。因此，首先要将知识的组织结构简洁化，力求达到“精兵简政”的状态。

例如，当我们以“春天的景色”为题写作文时，就以春天的开始、中间、末尾为主要结构，力求条理清晰，内容简明扼要，避免过多的“附带品”。比如写春天开始的景色，就只描写开始的景色，不要附带一些人物的感言、对身体的影响等不必要的内容。

不仅如此，在将烦琐知识简洁化的过程中，最重要的还是知识的形态，既要达到由烦琐变得简洁，同时又要注意，简洁并不代表残缺和片面。知识虽然由烦琐变得简单了，但仍然要完整，教育的最终目标不能变。否则，就会大大影响学习效果。

拿起简洁化这个武器，剔除一些“旁逸斜出的枝杈”，不但学生可以更快速地接受烦琐知识，教师的教学也会更轻松快乐，身心愉悦，效率大大提高。

## 二、枯燥知识趣味化

诸葛亮、庞统和徐庶同是世外高人水镜先生的弟子。他们临近毕业时，水镜先生给他们出了这样一道题："你们谁能让我允许从这门里走出去，谁就算出徒了。"

徐庶首先答题："老师，我是一个孝子，我老母亲来信，告诉我她病了，请您批准我去探望她吧！"

水镜微微一笑："徐庶，你这个借口编得一点都不巧妙，好好在这屋子里待着吧。还你母亲来信呢，就不会来点新鲜的？"

徐庶无奈地坐了回去。

接下来是庞统回答："老师，只要您让我走出这个门，您信不信，您使什么招，都不能让我回来了？"

水镜给他逗乐了："庞统，你不觉得这是雕虫小技吗？下一个，该诸葛亮了！"

徐庶、庞统扭头看诸葛亮，不禁大吃一惊：诸葛亮竟然在考场上"呼呼"大睡起来。

见此情景，水镜勃然大怒："大胆诸葛亮，你竟敢这样藐视我！徐庶、庞统，快把他给我打醒！"

诸葛亮被打醒后，满不在乎地看着水镜，满脸不屑一顾。

"好个诸葛亮，你还没毕业，就敢藐视我，真是岂有此理！"水镜大怒。

"藐视你怎么啦？我们熟读的天文地理、兵书战策你不考，却偏偏出这个枯燥的问题来，我们能不藐视你吗？你自己想想，这是世外高人出的考题吗？枯燥乏味得无以复加，我都懒得回答，不毕业就不毕业，大不了再学几年。"诸葛亮摇头晃脑地指责水镜。

庞统、徐庶都吓坏了，但怎么也制止不了诸葛亮。

水镜怒不可遏：“我堂堂水镜先生，何时受过如此侮辱？庞统、徐庶，你们快把他给我赶出去，这样的徒弟我不要！”

庞统、徐庶把诸葛亮架到屋外，还一个劲儿抱怨他不该对水镜先生如此无理。诸葛亮“哈哈”大笑：“我不这样激怒他，我们三个怎能顺利毕业？”

庞统、徐庶恍然大悟。

诸葛亮笑道：“走，快回去给恩师谢罪去！”

从上面这则故事中我们不难发现，诸葛亮的聪明，在于他能够变换思维，从另一个角度解决水镜先生的枯燥问题。对于学识渊博、智慧过人、受人敬仰的水镜先生，如果诸葛亮也像庞统、徐庶他们那样，不转变思维方式，不去激怒他，又怎么能够顺利走出那道门？

教学也应如此。随着教育改革的逐步推进，教师教学观念也应随之转变，对于那些枯燥知识的教学而言，我们要做的便是变换思维，将趣味化的元素注入教学过程中，让教学充满趣味性。

枯燥的知识，加上枯燥的讲解，学生必然会毫无趣味，甚至会产生抵触情绪，讨厌这门学科的学习与探究。同样，教师枯燥的讲解也常常费力不讨好、事倍功半，教学效率低下。

如果我们转变教学观念，积极寻找转化枯燥知识的途径，用学生喜闻乐见的方式，把枯燥的知识呈现出来，让它们赋予斑斓的色彩、生动的形象、盎然的趣味，这样学生肯定会学得津津有味，学得专注，掌握的知识也会更牢固。

在具体教学过程中，我们要充分发挥教学艺术，努力改变枯燥知识的呈现状态，积极挖掘各种趣味因素，将那些枯燥无味、难以记忆的知识尽可能趣味化。只有这样，学生面临的认知难关才会有所突破，并积极探究知识变化的奥妙，形成持续学习知识的兴趣，增强学好知识的自信心。

在把枯燥知识趣味化的过程中，我们还应注意把握学生好奇、好问、求知欲强的心理特点，尽可能地赋予枯燥知识新、奇、趣的特色，以此吸引学生的眼球。例如，我们可以通过生活情境化的形式，取材学生熟知的生活，将枯燥知识艺术化地表达出来；我们可以通过游戏化的活动形式，让学生在游戏中既享受娱乐性又能够掌握知识；我们还可以通过故事化的讲解艺术，让学生陶醉于故事情境的同时理解知识；我们甚至还可以运用一切有效的措施让枯燥知识变得异常有趣。

兴趣是最好的教师。对于枯燥知识的教学，教师的目标就是将趣味性牢牢附着在枯燥知识之上，最大程度地调动学生的学习热情，激发他们的探究欲望，让他们不再觉得知识枯燥无味，从而为他们创造最佳的心理状态来接受知识，让知识长久地储存于他们的记忆之中。

## 1. 教授枯燥知识的关键在于转变教学观念

教学的革命要求我们必须实现教学观念的转变。因为它不仅影响着学生对知识的兴趣及理解程度，同时还影响着教师的教学效果。接下来我们看看江苏省通州市石南中学的优秀教师顾伯安，是怎样巧用谐音、韵语将枯燥知识趣味化的。

### 巧用谐音，赋枯燥知识以趣味

在讲制氧的实验步骤中，顾老师考虑到这样的问题：步骤教学如果只是简单地将实验顺序告诉学生，那么他们不一定能够完全记住。于是，顾老师创造性地将实验操作步骤概括为：满水无泡，倒立水中，检查气密，装药定管，均匀受热，排水充气，撤管熄灯。同时他再将这七个制氧气的步骤简单概况为七个字：查、装、定、点、收、离、熄，并用谐音记忆为：茶庄定点收利息。

在讲地壳中各元素的百分含量前三位是“氧、硅、铝”时，顾老师把它谐音化为“养闺女”；把黑色金属“铁、铬、锰”谐音为“铁哥们”；磁铁能够吸引的金属为“铁、钴、镍”谐音为磁铁能够吸引“铁姑娘”；将金属活动顺序：钾、钙、钠、镁、铝、锌、铁、锡、铅、铜、汞、银、铂、金，谐音为：加个那美丽新贴锡铅统共一百斤；电解水实验中正负极产生的气体，用“父亲多亲”谐音加深记忆，“负氢多氢”——“父亲多亲”即负极产生的气体为氢气，且体积比正极产生的氧气体积大；在总结氧气化学性质时，将其概括为：炭黑子燃烧发白光，蓝紫色火焰二硫子，火星四射怪价铁，石蜡的燃烧非化合，耀眼的白光好镁丽，等等。

顾老师这样的教学手段确实很巧妙，他将那些需要记忆、理解的枯燥的化学知识与平时常见的谐音结合起来进行教学，让学生在学习过程中享受趣味，他们就会学得有兴趣，记忆也会更牢固，很值得我们其他教师学习。

面对这样的趣味课堂，我们似乎可以听到学生在顾老师说完“茶庄定点收利息”“养闺女”“铁哥们”“铁姑娘”“父亲多亲”等后的开怀笑声，似乎可以看到他们当时洋溢着的快乐的笑脸。

## 范例观摩二

### 巧用韵语，赋枯燥知识以趣味

在教学氢气爆炸实验时，顾老师提醒学生在点燃氢气前，一定要检验氢气的纯度。在完成氢气验纯后，他给学生写下了这样的韵语：点燃氢气要小心，贸然点火定伤人，取支试管收满气，管口向下移向灯，“哨”声是在发警报，“扑”声才是放通行。

在教学氢气还原氧化铜实验时，步骤操作要点是通氢、点灯、熄灯、停氢。顾老师将它总结为：氢气早出晚归，酒精灯迟到早退。韵语就是：实验开始先通氢，通氢以后再点灯；由黑变红先撤灯，试管冷却再停氢；先点后通要爆炸，先停后撤要氧化。

顾老师让学生比较在实验室制氧气与氢气还原氧化铜实验中，酒精灯的使用有什么区别？学生回答后，顾老师总结出如下韵语：酒精灯，怪怪怪，制取氧气多勤快；氢气还原氧化铜，它却像个大懒虫。

正是这样几句韵语启发了学生的进一步思考，使他们逐渐明白酒精灯在制取氧气时之所以那么勤快，是因酒精灯来得早出得迟，实验开始来回移动酒精灯使试管受热均匀，实验结束后才撤走酒精灯；而氢气还原氧化铜时酒精灯为什么成了大懒虫，是因为酒精灯来得迟，出得早。

在教学化学实验的基本操作时，考虑到操作步骤较多、不易记忆以及枯燥性，顾老师将每项操作归纳成操作要点，并用韵语来表达。

①托盘天平的使用分解动作为取、放、夹、移。韵语是：用前调零点，称物放左盘，砝码大到小，称完要归原。

②有关酒精灯的使用分解动作为：装、开、点、盖。韵语是：三比二量装酒精，点火要用火柴引，熄灯要用灯帽盖，不用应盖用再开。

③过滤器的准备分解动作是：折、放、湿、贴。韵语为：一圆滤纸折半圆，四分成锥下端尖，放入漏斗低边缘，润湿贴紧器算完。过滤操作要点为："一贴、二低、三靠"。

④在讲用量筒量取液体读数时，学生往往会产生仰视和俯视两种不正确的读数方法，从而使读数与实际体积出现偏差，于是他通过画示意图得到：仰视时读数小于实际值，俯视时读数大于实验值。为了使学生记忆深刻，顾老师使用"羊小虎大"的韵语让学生在趣味中掌握技巧。

在做试管实验时，顾老师经常发现学生握住试管的部位不准确，大多数学生握住试管底部，摇动试管的操作也不规范。顾老师通过边做实验边讲解的方式，运用"拿着试管靠近'口'，轻捏滴管橡皮头，溶液竖直往下滴，切忌滴管靠'管口'"的韵语，让学生正确掌握试管实验的基本操作：拿、注、摇、放。

在顾老师韵语趣味化教学中，实验的方法和步骤不再显得那么枯燥乏味，而是变得妙趣横生，同时学生在这样的知识熏陶下也激发了学习热情，提高了认知水平。

## 巧用口诀艺术，让枯燥知识朗朗上口

化合价的教学和记忆对学生来说一般会显得很枯燥，顾老师则将这些汇编成朗朗上口的口诀，让学生在口诀中增强对化合价的认知。例如，将元素化合价编为：一价钾钠银，二价钙镁钡和锌，一二铜，二三铁，三铝四硅五氮磷，氢正一、氧负二、氟负一，氯有负一一五七，硫有负二、四和六，单质元素显零价。再如，将原子团的化合价编为：负一硝酸氢氧根，负二碳酸硫酸根，负三记住磷酸根，正一价的是铵根。

在教学书写化合物的化学式时，顾老师将元素排列顺序编为：氢（金）前氧后非中间。氢（金）、氧、非分别是指氢（金属）元素、氧元素和非金属元素；将书写化学方程式的步骤要点编成口诀为：左边反应物，右边生成物，记清化学式；中间画短线，物间加号连；配平画等号，标出条件和符号。他还将根据化合价书写化学式的方法编成口诀为：左正右负标价数，最小公倍记个数。"左正右负"即正价元素符号在左，负价元素符号在右。

像这类教学的例子还有很多，例如在教学原子结构示意图时，顾老师编出了这样的口诀：画圆圈，标电荷，弧线成扇中间断，数字一条线。在教学1~18号元素时，补充K、Ca两种元素后，顾老师采用7－3－7－3记忆法编成四句话：氢氦锂铍硼碳氮，氧氟氖；钠镁铝硅磷硫氯，氩钾钙。在教学物质溶解规律时，顾老师将其编成下列口诀：钾钠铵硝盐可溶，氯化物不溶氯化银，硫酸盐不溶钡（钙银），碳酸盐可溶钾钠铵，钾钠铵钡碱可溶。在教学从细口瓶中向试管中倾倒液体的操作时，顾老师将其编成歌诀：掌向标签三指握，两口相对视线落。“三指握”是指持试管时用拇指、食指、中指握紧试管；“视线落”是指倾倒液体时要观察试管内的液体量，以防倾倒过多。

这样的口诀融知识性和趣味性于一体，读起来朗朗上口，它既能增强枯燥知识的趣味性，吸引学生的注意力，又可以帮助学生在轻松愉快的情境中加深对化学知识的记忆，以便牢固掌握知识。这对提高学生学习化学的兴趣、巩固学生对化学基础知识的理解以及对化学基本技能的掌握，都起到了极其重要的作用。

## 巧用生活趣味，让知识生动起来

卢秀娟是四川省眉山市东坡区苏南小学的知名数学教师，她执教过的“升与毫升”录像课，曾荣获中国教育学会小学数学专业委员会举办的第五届全国小学数学优化课堂教学录像课评比一等奖。

在教学过程中，卢老师巧妙地将原本枯燥的知识赋予生活化趣味，使知识充满吸引力，进而提高了学生的认知能力。

由于那天天气比较热，每位学生都带着一瓶矿泉水，卢老师也带着两个大瓶走进了教室。在上课之前，她和学生聊起了炎热的天气话题，并叮嘱大家平时要多喝水：“夏天到了，我们应该注意给自己的身体及时补充水分。现在请大家告诉教师，刚才你们喝了多少水?”

听了卢教师的问题，学生都笑了起来，大家你一言我一语地说着：“我喝了两大口”“我喝了一小口”“我喝了4毫升”“我喝了6毫升”……

发现部分学生能够说出毫升的计量单位，卢老师的脸上露出一丝惊讶，她用疑惑的语气问：“咦，大家是如何知道用毫升来计量的呀?”

学生小华一脸骄傲地说："老师，矿泉水瓶子上就标有毫升啊，您看，在瓶子净含量后面有一个'mL'的字样，这就是毫升啊。"

卢老师点点头，一边在黑板上写上毫升（mL），一边说："哦，看来大家似乎都知道毫升是用符号'mL'来表示，那老师想问问大家'净含量350毫升'又是什么意思呢？"

这下更激发了学生的表现欲，一个个抢着回答"说明瓶里装有350毫升的水""说明瓶里水的体积是350毫升""说明瓶子所能容纳的水的体积实际上也是瓶子的容积，所以它也表示瓶子的容积是350毫升"……

卢老师一一肯定了学生的回答："老师明白大家的意思，你们是说毫升不仅可以用来计量水的体积，同时还可以计量容器的容积，是吗？"

"是！"学生异口同声地回答。

接着，卢老师把自己的一个大瓶饮料放在投影仪上，将"净含量2L"的字显示给学生看："大家知道这代表什么意思吗？"

学生小丽回答："是2升的意思，说明这个瓶子里饮料的体积是2升。"

卢老师表扬小丽后，说："现在我们知道了在计量水、饮料的多少时一般采用升或毫升来作单位，其实我们还可以这样说，液体的体积和容器的容积一般都用升或毫升作单位。今天我们就来学习升与毫升的知识。"

随着课堂的进一步深入，学生初步了解了升与毫升的概念，但是还有很多相关知识仍需要解决，比如，"1毫升究竟有多少""1升又有多少""升和毫升之间又有什么样的关系""我们该怎样估算一杯水大约有多少毫升"等。

为了让学生更好地掌握原本枯燥的概念知识，卢老师尝试着将现在的知识与以前学过的知识联系起来。卢老师问："同学们，现在请大家回忆之前我们学过了哪些体积单位？"

"有立方米、立方分米、立方厘米。"学生说。

卢老师微笑着说："好的，请同学们猜一猜，升和毫升与这些体积单位之间是否存在着什么关系呢？"

过了一会儿，学生小强回答："我觉得老师的2升饮料大约有2立方分米，那么，1升和1立方分米应该相等。"

卢老师率先为小强鼓掌，并表扬了他。这时又有几位学生站了起来，学生甲说："1毫升和1立方厘米应该相等。"学生乙说："那么1升应该等于1000立方厘米。"

卢老师把学生的猜想都写在黑板上，并对学生说："这些只是大家的猜想，但是我们要用事实来证明它的准确性，接下来我们做个实验。"

听到要做实验，学生都显得很精神，兴趣立马就被调动起来了。只见卢老师用投影仪向学生展示了实验操作提示：第一，用针筒吸1毫升的水，观察针筒中1毫升的水有多少。第二，把针筒里1毫升的水滴入容积为1立方厘米的正方体盒子里，数一数一共滴了多少滴。第三，观察1毫升水在1立方厘米的正方体盒子里占了多少体积。随后，卢教师拿出了几个针筒和几个大小不同的正方体盒子，要求学生亲手操作一次，并让学生先看针筒上的刻度、数字以及单位等。

过了一会儿，等学生用自己的方法饶有趣味地做完实验，卢老师问："大家刚刚在做实验的过程中都把1毫升的水一点不少地放进了1立方厘米的正方体中，那么大家大胆猜想一下，这说明了什么？"

小明勇敢地回答："我觉得1毫升应该等于1立方厘米。"

卢老师转而问其他学生："大家认为小明的想法是正确的吗？"

"是！"学生异口同声地说。

"很好，看来大家通过实验以及猜想都清楚毫升与立方厘米之间的关系了，这就说明了数学知识并不是很枯燥，只要我们善于发现，大胆猜想并逐步论证，那么知识自然会变得生动、有趣。好，现在请大家想象一下，1毫升的水在针筒里有多高？在容积1立方厘米的盒子里又有多少？"

学生都煞有介事地想象着。接着卢老师说："同学们已经验证了毫升和立方厘米的关系，那大家思考一下1升与1立方分米是否相等呢？又该怎样证明呢？"

看到卢老师的两个大瓶子，同学们说："我们可以把老师那2升的水倒进正方体盒子里，看要倒几次，这样就知道升和立方分米之间的关系了。"

卢老师笑了笑，说："这个想法不错。那我们先得计算一下那个大的正方体盒子的容积是多少。经过测量，它的棱长是1分米，根据正方体体积公式，我们可以得出它的容积是1立方分米。如果2升的水要倒两次，那么就说明了1升等于1立方分米。"

学生依旧保持着浓厚的兴趣，并继续动手实验，结果也知道了升与立方分米之间的关系。这样，卢老师初步的教学目的就达到了，但是为了让学生对概念有一个更好的理解，她还决定让学生尝试着运用所学的知识来处理现实中的问题，希望从这过程中进一步增强学生对知识的认知能力，激发他们的无限潜能。

“现在大家都明白毫升、升、立方厘米、立方分米的概念了，那么大家知道该怎么估算一杯水的体积吗?”卢老师问。

“知道，我们可以借助1立方厘米或1立方分米来估计有多少毫升或多少升。”学生们骄傲地回答。

“对了。其实在现实生活中我们还会见到其他容积单位，像公升、加仑等等，这些概念我们会在以后的学习中学到，今天我们所要学的知识就是‘升与毫升’，现在请同学们打开书，看看还有什么不清楚的地方。”卢老师一边说着一边用课件展示了几道题：在括号内填上恰当的单位，一个西瓜的体积约是8（ ），一个热水瓶的容积约是2（ ），一个火柴盒的体积约是12（ ），一个一次性纸杯的容积约是150（ ），一个汽油桶的容积约是20（ ）。

对于这些问题，学生都准确地回答了。在临近下课前的几分钟内，卢老师风趣地说：“同学们，学到这里，大家肯定有些口渴了吧？那你们现在可以喝点水，但是我还有个要求就是，在喝水的时候大家必须准确估算自己喝了多少。”

听到这些，学生一个个心领神会地笑了……

卢老师从学生手中的矿泉水瓶子出发，通过和自己的大瓶饮料进行比较，列出相关问题，让学生一起思考解决。为了进一步强化知识的趣味性，卢老师为学生提供了动手实践以及游戏的机会，让他们在观察、猜想、动手操作验证等活动中逐渐得出自己所需的答案。在这个过程中，那种死气沉沉的课堂气氛将不复存在，取而代之的是情绪高涨的课堂氛围，学生对知识的兴趣自然会得到很大的提高，并在脑海中正确建立“升与毫升”的概念。这种方式便把学生带入了一个较好的问题情境，让他们将知识与自己相关的多彩生活联系起来，去体验概念知识，感悟概念知识。

卢老师的教学让学生明白升与毫升的概念，她创造性地利用生活中常见的喝水情境，将它融于教学之中，使得原本枯燥的概念教学变得异常有趣，牢牢吸引着学生的注意力，使他们在愉快、和谐的环境中既能够学到应有的知识，又可以提高自身的认知能力。

多姿多彩的生活蕴藏着无穷无尽的趣味，可以说，它是我们教学取之不尽的资源之一。在实际教学过程中，我们可以运用生活化趣味给那些枯燥知识穿上多彩的外衣，解枯燥知识于无形之中。这种以现实生活为基础，让学生感到概念知识并不枯燥，从而进一步激发学生的学习兴趣，以趣味化手段促进他们思维多向发展的教学艺术，是值得我们借鉴的。

### 2. 陌生知识趣味化的教学方法

枯燥的课堂不会带来较好的教学效果，而枯燥知识的教学则取决于我们的教学方式，取决于我们怎样讲述枯燥知识。除了上述卢老师采用的几种方法外，下面的几种方法也值得我们借鉴。

(1) 课堂游戏

我们若在教学中适当增加一些游戏手段，将学生置于一种自然愉快的学习环境中，使那些枯燥知识带有趣味性，就能帮助他们掌握知识，减轻学习上的压力。

以化学学科教学为例，我们可以开展化学式填空接龙、化学方程填写比赛，把学生分成几组，每组确定不同或相同的题目，在规定的时间，比出哪个组又快又好。又如“酸、碱、盐”的溶解性表，学生使用和记忆都感到非常困难和枯燥，我们就可以把阳离子、阴离子分别制成卡片分发给学生，并通过游戏的方式，由不同学生出示卡片组成不同的物质，再由学生判断其溶解性，等等。

(2) 运用形象比喻

形象比喻就是借助于形象生动的比喻，把那些枯燥的、难记的概念形象化、趣味化，让学生对枯燥知识产生浓厚的兴趣。

以《核外电子的排布规律》的教学为例，排布规律是能量低的电子通常在离核较近的地方出现的机会多，能量高的电子通常在离核较远的地方出现的机会多。考虑到这个问题比较枯燥，我们可以运用比喻的手法，把地球比作原子核，把飞行能力强的大雁、老鹰等比作能量高的电子，把飞行能力弱的麻雀、小燕子等比作能量低的电子。能力高的鸟常在离地面较高的天空飞翔，能力低的鸟常在离地面很低的地方活动。这样，学生在这种趣味性的比喻下自然会明白，也容易掌握知识。

(3) 活动设计

我们还可以灵活组织各种活动，让学生在活动中体验知识的趣味性。例如，在教学数学学科中的《美丽的镶嵌》一课时，我们可以通过观察生活中地板、地砖的铺设，引出数学中的平面镶嵌概念，并围绕镶嵌的条件展开小组试验活动、小组讨论。动手实践、自主探索与合作交流的学习方式，一方面使得原来枯燥的概念知识变得有趣，另一方面也降低了本节课的难度，使学生自始至终都在不断思考、探索和尝试。

(4) 设计精彩导语

一个精彩的导语能够迅速形成一种浓厚的兴趣势头，直接影响学生的学习兴趣，进而使学生孜孜以求，充分发挥学生的主体作用，取得事半功倍的效果。在对枯燥知识的教学中，我们应该精心设计趣味性导语，吸引学生的注意力，扩大学生的知识面。

例如，在教学《论语十则》一课时，我们可以先向学生提出一个问题：联合国教科文组织确定了全世界最伟大的十位思想家，有牛顿、哥白尼等，大家知道是谁排在这十大思想家第一位吗？他就是我们中国的孔夫子。这样带有趣味性的导入，学生的学习兴趣便很快被调动起来，自然不会觉得知识枯燥了。

(5) 巧设疑问

我们可以针对课文中的重难点以及枯燥的知识点设计一些问题，调动学生的兴趣，让他们积极思考，然后逐步启发，诱导他们思考出正确答案。

例如，在教学语文学科《羚羊木雕》时，我们可以将文章中“我”的处境，放到学生面前：“如果你处于这种境地，你该如何去做呢?”这样学生的学习兴趣一下就提高了，同时也因为与生活结合密切，学生能根据自己的经验，作出正确的选择，觉得枯燥知识不再枯燥了。

(6) 丰富教学语言

将枯燥知识变得趣味化，需要教师不断加强自身教学素质建设，提高自身的教学水平，用丰富、幽默的教学语言润饰枯燥知识。

以地理学科为例，我们可以用诗词歌赋来描述枯燥的地理事物。例如，可用李白的《朝发白帝城》描述三峡峡谷之幽深、水流之湍急；用《望庐山瀑布》反映庐山风景之秀丽等。将这些诗词歌赋交融于地理教学过程中，便能将枯燥的、抽象的地理事物变成一幅幅美丽的画卷，展现在学生的眼前。

我们还可以运用抒情的文学语句、地理趣闻、地理故事来调节课堂气氛。例如，在讲述西欧国家时，具体介绍“只有一棵树”的国家——冰岛共和国；

讲述泰国首都曼谷时，让学生知道它是世界上名字最长的首都，全称若译成汉字共有四十一个字；讲述非洲热带草原上的树木——波巴布树时，可介绍“绿面包树”的来历，以激发学生的学习兴趣等。

(7) 猜谜设疑

面对部分枯燥知识的教学，教师也可以适当运用猜谜的手段，将知识编成富有知识性、趣味性的谜语，不断调动学生的积极性，让他们对这些知识逐渐产生兴趣。例如，在教学一氧化碳性质时，可以运用这样的谜语：左侧月儿弯，右侧月儿圆，弯月能取暖，圆月能助燃，有毒无色味，还原又可燃。

(8) 巧妙穿插故事

我们可以通过创设故事情境激发学生想象，用穿插故事的手段将枯燥知识融于其中，逐渐唤起学生浓厚的学习兴趣，从而使知识自然而然地趣味化。

知识枯燥不可怕，而且这也是很正常的，关键是我们要想办法对它们进行趣味化的泛迁，让它们更利于学生吸收、消化。在学生学得有趣的同时，也会让我们的教学不再呆板、机械，提高教学效果。

## 三、抽象知识形象化

有一位学者要编辑一本著作，他苦思冥想了很久，终于完成了令自己满意的作品。学者对此非常自信，他相信这将是一本吸引众多孩子目光的书。

一日，他年幼的侄子看到了这本书，学者原以为侄子马上会津津有味地读起来，或者让他讲给他听。但是，小男孩看了一会儿后，睁着疑惑的眼睛问道："这是什么意思?"

学者非常惊讶，这是一本多么好的书啊！可是侄子的兴趣显然并不高。正在学者无比沮丧的时候，他的侄子突然惊奇地叫道："叔叔你看，这些地方好像动物。"当学者顺着孩子手指的方向看去时，他惊奇地发现，孩子指的是一幅地图，而地图中很多国家的形状就如同各种动物的形状。

有了这个惊奇的发现，学者的心情很快就被高兴所取代。侄子一句无心的话，让他重新审视起自己的作品。是的，对于儿童来说，这些知识太深奥了，他们需要更多形象的知识，而不是所谓的高谈阔论。

有了这样的认识，学者对这部作品重新进行了修改，加入了大量插图，给抽象的知识赋予了更形象的表现形式。最后，这本书不仅孩子喜欢看，就连大人都看得津津有味。

这个学者就是 17 世纪捷克著名的教育改革家——扬·阿姆斯·夸美纽斯。翻开他的著作，人们的第一印象就是：原来知识可以如此多彩！夸美纽斯说："一切知识都是从感官的感知开始的。"也正是由于他这种重视知识形象化的理念，最后使他写出了那本著名的畅销书——《世界图解》，又名《图画中见到的世界》。

人的学习过程是从具体事物开始学习的，就像我们不是先学会动物的概念，再来学动物类下狗、猫这样的动物。而是先通过狗、猫这些动物，归纳其行为与特性，然后再将它们归类为动物。对于学生来讲，光让他们干巴巴地理解和掌握抽象知识，会让他们的认知产生冲突，引起他们的心理排斥反应，进而厌学。

形象化的知识总能给人带来吸引力，对于学生来说，他们更需要这样的知识形态。钱学森认为，人类思维可以分为三种：抽象（逻辑）思维、形象（直感）思维和灵感（顿悟）思维，并建议把形象思维作为思维科学研究的突破口。可见，将抽象的知识形象化对学生们起到了何等重要的作用。

抽象化就是从众多的事物中抽取出共同的、本质性的特征，而舍弃其非本质的特征。例如苹果、香蕉、鸭梨、葡萄、桃子等，它们共同的特性就是水果。得出水果概念的过程，就是一个抽象化的过程。而这个水果就是一个抽象的知识概念。

抽象化的目的主要是为了得到论域中较简单的概念，让人们能够控制其过程或以综观的角度来了解许多特定的事态。但是，对于学生来说，也正是这种形态让抽象知识变得很难理解和记忆。

比如，如果我们让学生通过学习“美好的祖国”这个词组，来激发对祖国的热爱之情，仅凭这个抽象的词组，大多数学生恐怕是不能达到这个教学目的的。原因在于，“美好”对学生而言是一个十分抽象的概念，他们并不懂得到底有多“美好”，在学生眼里，它只是一个词语而已。但是，如果将祖国不同时期的辉煌成绩以及壮丽的山河景象形象地展现在学生面前，那么，他们的爱国情感就会油然而生。因为学生看到的是实实在在的东西，而非抽象的概念。有了形象的认识，他们的爱国之情才能有感而发。

这就是抽象知识与形象知识对学生认知上的差别。也就是说，抽象的知识会加大学生的认知难度。而教师将抽象知识以形象化的状态呈现出来，在教学中就会使教师授课轻松，学生对知识理解透彻、记忆深刻、掌握牢固。

让知识形态变得更加形象化，不仅有利于学生学习，同时这种形象的呈现方式，也会给学生带来更大的快乐体验，让学习变得更加自主。这就像人们想到幼儿园的时光时，快乐总是溢于言表。

只要我们稍加回想，就会很快发现其中的奥妙：那就是幼儿园里学的知识更加形象、生动，表现形式更加活泼。孩子们往往是在“游戏”中，不知不觉就掌握了大量知识。而掌握知识的过程也让他们乐此不疲。这其中，形象化起到了不容忽视的重要作用。

世界是形象的，不管是高山大海，还是天空草原，莫不如此。但概括世界的知识却是抽象的。孩子们总是喜欢摆弄形状各异、色彩斑斓的物品，却不太喜欢接触抽象的知识。这是摆在我们每位教师面前的一个严肃的现实。

在教学中，我们更应该将快乐还给学生，通过把抽象的知识形象化，把原本生硬而又不易理解的抽象知识，以更加形象、生动的形式呈现出来，进行趣味教学，帮助他们建立起形象和抽象知识间的联系，从而加深他们的认知、理解和掌握。这样，学生不仅会更加愿意学习，这种快乐的体验也会让我们的教育变得犹如幼儿园一般，让学生流连忘返、兴趣盎然。

### 1. 抽象知识形象化的引桥

教师将抽象知识形象化，就是将抽象知识进行表象的转变，形成生动、活泼的知识。但是，只有表象是不够的，要想提高学生的学习兴趣与成绩，还需要学生有良好的形象思维能力。可以说，形象思维是学生理解抽象知识必不可少的条件。

在整个教学活动中，要想提高教学质量，教师除了改变抽象知识的状态，让它们变得更加形象、生动外，培养学生的形象思维能力也是教师的重要任务之一。因为，学生的形象思维能力是否发达，直接影响他们对形象知识的理解能力。如果教师把抽象知识改变以后，仍然没有引发学生的形象思维，那么，这个教学就是失败的。

所谓形象思维，就是运用头脑中积累起来的表象进行的思维活动。表象是我们以前感知过的、在头脑中再现的那些对象的印象。形象思维同抽象思维一样，是认识的高级形式——理性认识。同时，形象思维还具有间接性和概括性的特点。

我们知道，人的大脑左右两半球各有不同功能。左半球是语言中枢，主管语言和抽象思维；右半球主管音乐、绘画等形象思维的综合活动。两者相互配合，相辅相成，相互促进，才能使个体得到和谐发展。

从思维特点来看：小学生的思维是从以具体形象思维为主要形式逐步向抽

象逻辑思维过渡，但这时的逻辑思维是初步的，且在很大程度上仍具有具体形象性。即使学生随着年龄的增长而日渐成熟，形象思维仍然占有很大的作用。

培养学生的形象思维能力，既是他们那个年龄记忆特点的需要，又是他们学习抽象知识的需要。形象思维可以帮助学生更快地理解知识，记忆知识，并且有了敏捷的形象思维后，当看到抽象的知识时，即使没有教师刻意的引导，学生也能准确地将抽象知识形象化，大大提高学习能力。

形象思维依靠表象来进行思维。要发展学生的形象思维，就必须打好基础，丰富表象材料的积累。在日常教学活动中，我们要时刻注意培养学生的形象思维能力，让他们充分感知丰富表象，为培养形象思维积累素材。

我们可以尝试通过以下几点来提高学生的形象思维能力：

(1) 加强动手操作能力，丰富表象

动手操作，可以使学生各种感官都参与到学习中来，从多方面、多角度观察事物。例如，教学余数概念，可以先让学生动手分火柴：第一，13 根火柴每 2 根为一份，可以分几份，还剩几根？第二，27 根火柴，平均分给 7 个人，每个同学可以分几根，还剩几根？操作完毕，引导学生用语言表达操作过程，说说是怎样分火柴的，从而形成表象，然后再让学生闭上眼睛，想想下面题目应该怎样分：

①有 15 块西瓜，每人分 7 块，可以分给几个人，还剩几块？

②有 18 支蜡烛，平均分给 5 个人，每人可以分几支，还剩几支？

这样让学生在操作中思维，在思维中操作，就可以理解被除数是总数，除数和商分别是要分的份数和每份数，余数是不够一份而多出的数，余数要比除数小等道理。只有在头脑中形成正确清晰的表象，在进行形象思维时才会有牢固的基础。

(2) 直观演示，丰富表象

在学生阶段，特别是小学生阶段，无意识注意占重要地位，任何新鲜事物的出现都会引发学生积极参与学习过程的兴趣。在教学过程中，用图片、教具或电教手段组织教学，把抽象知识形象化，让学生充分感知所学材料，就能使他们在脑中留下鲜明的印象。

例如，教学《长方体认识》一课时，教师可以先出示学生日常生活中熟悉的长方体实物，如火柴盒、粉笔盒、砖头等，然后让学生自己列举长方体实物

（书柜、木箱、厚书、铅笔盒等）。通过感知实物，学生对长方体获得了初步的感性认识。

在此基础上，教师再引导学生边观察模型，边看书本，从不同的位置和方向认识长方体的六个面及相对面的面积相等，十二条棱及互相平行的棱长相等等特点。

通过观察长方体的一个顶点和相交于这个顶点的三条棱长，认识长方体的长、宽、高；通过模型的平放、侧放、直立三种形态，来说明长、宽、高相对说来是固定不变的。把知识讲“活”，这样学生在动口、动脑的学习过程中就能建立清晰深刻的表象，为思维的理性化提供了条件。

(3) 引导想象，发展形象思维

现代认知心理学认为，表象不但可以储存，而且可以对储存的表象痕迹进行加工改组，形成新的表象。它也是进行形象思维的重要方式。所以，教师要善于创设课堂教学中的问题情景，如图示情景、语言情景，激发学生参与探索的欲望，充分发挥学生丰富的想象力。

如教完梯形知识后，可引导学生想象：当梯形的一个底逐渐缩短，直到为0，梯形会变成什么形？当梯形短底延长，直到与另一底边相等时，它又变成什么形状？借助表象，能把看上去似乎无联系的三角形、平行四边形、梯形有机地结合起来，使知识概念更加形象。

想象以及表象在训练学生形象思维的过程中，占有十分重要的作用。可以说，它也是学生将知识由抽象理解转变为形象理解的基础。

(4) 知形结合，培养形象思维能力

任何知识都有相应的形态，而不同的形态又提供了大脑形象思维的表象材料，调动了右脑思维的积极性和主动性，提高了形象思维能力，促进了个体左右脑的协调发展，使人变得更聪明。

例如，在课本中配合应用题的具体情节设计了插图，出示例题和复习题表示数量关系时，运用了绚丽色彩和各种动物、植物、江河、山川、飞机、汽车、轮船、卫星、建筑、文物、书籍等，这些不仅对理解数量关系有利，而且对学生形象思维能力的发展和审美能力的提高起着重要的作用。

同时，将电教手段引入课堂，可变静为动，化近为远，并以它丰富多彩、灵活多样的教学形式，为学生提供反映思维过程的演示，充分调动学生的心理因素，因此能够取得较好的效果。

例如，在教《求另一个加数的减法应用题》一课时，通过幻灯片的演示，能使学生形象地理解总数与部分的关系，即总数 - 部分 = 另一部分。

形象化教学在认识事物的初级阶段，可以起到降低门槛、激发兴趣、促进消化的作用。尤其是在学习一些概念比较抽象、内容比较生疏、平常接触少的知识点时，效果更加明显。只要准确地将知识形象地呈现在学生面前，引发学生利用形象思维进行理解，即使再抽象的概念也会迎刃而解！

## 讲趣味故事，激发学习兴趣

2005 年 10 月，全国首个“生态教室”在北京市樱花园实验学校建成。从建成之日起，它便受到了各界的广泛关注。在取得了优异的成果、获得众多大奖之后，它所倡导的形象化知识教学法也得到了一致好评。

下面是樱花园实验学校党支部书记、优秀教师孙世泉老师在讲解作文课时的一段案例节选，在这个案例中，孙老师就成功地将抽象的知识变得更加形象化，也让学生的理解能力随着这种转变得到了不断提升。

根据对初一语文区级统测 2 个班的作文抽样调查显示：半命题作文《……的事》，以《难忘的事》为题占 80%；全文只有一个自然段占 5%，两个自然段占 30%，三个自然段占 25%；同时，无开头占 20%，无结尾占 25%，也就是说，45%的学生作文结构残缺。

经过分析，上述现象实质是学生在构思时没有准确地抓住“抽象情节”。因此，孙老师便通过利用实物等各种形象的教学手段，促使学生对抽象概念的形象理解作为突破口，引导学生完成课程。

**教学片段 1:**

在课程伊始，孙老师先用故事进行引导，吸引学生的兴趣。孙老师说道：“同学们，这节课，我们进行师生讲故事比赛。”

说完，孙老师首先讲了一个没有“情节”的故事，然后又请学生小明朗读了情节清晰的作文《家长会以后》，两者之间形成了鲜明的反差。

孙老师问道：“同学们讨论一下，我与小明谁讲得好？什么地方好？”

学生1说道："小明讲的故事好，有头有尾。"

学生2紧接着说道："小明讲的故事从头到尾，一段一段都讲得特别清楚。"

孙老师高兴地说道："你们分析得非常好。那么，你们看一下，小明又是怎样一段一段把故事讲清楚的?"

孙老师在黑板上写道：起因—经过—结尾。学生们一一作了回答，并且回答得非常细致。孙老师又问道："同学们想一想，自然界中有像这样一节连一节形状的植物吗?"

学生抢着回答道："有竹子、苇子、藕、草、甘蔗、高粱秆、玉米秸……"

孙老师笑了，等学生们的热烈回答结束后，又在黑板上总结：竹子叫竹节、苇子叫苇节、藕叫藕节、草叫草节，故事的过程就叫情节。讲故事就要把一段接一段的故事情节讲清楚，才让人爱听……

这时，有个学生突然惊喜地大叫道："孙老师，您今天是要给我们讲怎样写作文呢!"看到孙老师笑了，学生们也紧跟着笑了起来。

很久以后，很多学生仍然记得这个形象的讲课方法，记得"竹子叫竹节、苇子叫苇节、藕叫藕节、草叫草节，故事的过程就叫情节"。

**教学片段2：**

孙老师出示：富贵竹竿儿、富贵竹枝、转运竹（竹竿中人为盘成两个圈）枝，然后组织学生进行讨论。孙老师问道："大家讨论一下，你喜欢哪枝竹子?(学生回答为中间带圈的叫转运竹)，为什么?"

学生3说道："老师，我喜欢转运竹，因为它竿上的圈儿特别好看。"

学生4说道："老师，我也喜欢转运竹，也是因为它竿上的圈儿特别美。"

孙老师说："一根竹子有了竹节，就仿佛有了'情节'，而有了'圈'，情节发生了转折后，就变得更加美了，就像一种旋转的美。在我们学过的课文中，故事情节有没有带'圈'的呢？大家可以仔细地想一想。"

学生们展开了热烈的讨论。不一会儿，学生5说道："《走一步，再走一步》中'我'上到大石头上面下不来……"

学生6说："《羚羊木雕》中，'我'送给别人的木雕，妈妈又让'我'要回来……"

学生7说："《皇帝的新装》中的皇帝，发现没有新装也不敢承认，还光着身子展示……"

“同学们真聪明！记叙文中的这些圈儿，就叫做情节曲折。同学们作文时要集中笔墨细致地写好这些曲折。因为，情节越曲折读者越爱看。同时，要把文章的开头、结尾各分一段，中间的几段情节各分一段。现在，请大家以《我的故事》开头，写一篇记叙文。”

教室里立刻传来了沙沙的写字声。经过更加形象的解释，原本学生们认为很抽象、很难理解的写作手法突然变得清晰起来。

学生对作文结构把握不是很准确，如果教师进行常规性讲解，效果往往不是很好。孙老师巧妙地将抽象知识以更加形象的状态展现给学生们，加深了他们的理解，使他们的作文水平有了明显的提高。

据抽样调查分析结果显示，学生最大的问题是没有准确地抓住“抽象情节”。面对抽象的命题，学生不能充分理解。如果作文课上教师的讲解也非常抽象，那么，学生不仅不能准确把握整体的思路，更会为了寻求某个抽象概念的解释而出现词不达意的现象。这也正是孙老师所面临的最大难题。那么，怎样解决这一问题？

心理学家研究表明：学生对熟悉的知识和学科感兴趣。也就是当学生面对抽象的知识产生认知困难时，教师要及时将这些知识转变形态，然后以学生更熟悉的、更形象化的状态呈现出来。

孙老师经过分析后，发现学生对“有趣”的事物会表现出极大的热情，特别是生活中形象的事物，他便用形象的例子，重新诠释了作文中的“抽象情节”。例如，竹子叫竹节、苇子叫苇节、藕叫藕节，故事的过程就叫情节，圈是情节的曲折等。

这些有趣的例子都是学生见过并熟悉的。而孙老师将作文中情节的含义融入到这些有趣的事物中，不仅让原本抽象的知识变得更加形象，而且增加了学生理解的乐趣。即使很久以后，学生无法再回忆起那些抽象的概念，但当他们想起这些形象的变化并加以引申后，原本的知识自然就会浮现在他们的脑海中。

教学要授学生以“渔”，授学生以“罗盘”，给他们插上通向目的的每一个路标。在教学过程中，孙老师把讲故事与写记叙文结合，不仅打消了学生对作文的畏惧心理，更通过引导、训练、示范让学生领悟作文的规律，学会写作文。

## 自己动手，亲身体验抽象知识

山东省乳山市第二实验小学优秀教师王海岩老师就在教学中大量运用了实物，让抽象知识更加形象化，取得了非常好的教学效果。

在教学长方体和正方体的表面积和体积时，很多学生缺乏空间观念，一些简单的题目在他们看来就像空中楼阁，可望而不可即，于是就有了“教师在课堂上讲得口干舌燥，学生听得一头雾水”的景象。

在求不规则物体的体积时，学生很难理解上升部分水的体积即是不规则物体的体积。于是，王老师在教学中运用了大量的实物教具，帮助学生形成表象，突破了教学难点。

王老师先对学生进行引导，让他们回忆已有知识。他问：“同学们，我们已经学习了长方体和正方体体积的计算方法，谁能求出老师手中这块长方体木块的体积？”

通过回忆，学生们很快将所学知识调动了起来：“先量一量木块的长、宽、高，然后用长×宽×高，就可以求出体积了。”

“说得好，那谁能有办法求出老师手中这块橡皮泥的体积？”王老师边说边出示一块不规则橡皮泥。

学生经过短暂的思考后，其中一人回答道：“可以把橡皮泥捏成规则的长方体和正方体，然后再求体积。”

“你很善于思考。”王老师给予了学生及时的肯定，紧接着又出示了一个不规则的石块，问道，“你还能通过捏一捏把它也变成规则图形求它的体积吗？”

学生摇摇头：“不能了。”

王老师又向所有学生发问：“现在，谁有办法能求出它的体积？”大家都陷入了沉思，但结果仍然是一头雾水，很多人抱怨知识太不好掌握了。

王老师笑了笑，说道：“大家看，老师给大家准备了一些学具，看能不能帮你们解决这个难题。”边说边拿出一个水槽和一桶水。

看着这些实验用的学具，一些学生很快就有了灵感，经过短暂的思考后纷纷举手。

“看来大家找到了解决问题的办法，现在每个小组到老师这里领一个水槽，一个石块，想办法求出石块的体积。”说完，将学具发了下去。

学生兴高采烈地进行实验，有的测量，有的计算，好不热闹。看到学生们都试验得差不多了，王老师说道：“谁愿意来说说你们小组是怎样求出石块的体积的?”

一名学生急忙举手，他回答道：“我们首先在水槽里装上水，然后测量出水槽的长、宽和水深，求出水的体积。然后，又把石块全部浸入水中，再量出现在水的深度，算出现在水的体积。最后，用现在水的体积减去原来水的体积就是石块的体积。”

另一名学生说道：“我们的方法比他们组还简单，首先在水槽里装上水，然后测量出水槽的长、宽和水深，接着把石块全部浸入水中，再量出现在水的深度，然后算出水升高了多少厘米，再直接算出升高部分水的体积，就是石块的体积。”

……

抽象的知识通过试验，变得形象、具体。学生在王老师设计的试验过程中，不仅更加直观地看到了体积的计算过程，而且这个形象的教学方式也充分打开了学生的思路，使他们对知识的探究也变得更加深入。

在教学中，我们往往要借助教具操作帮助学生理解抽象的数学概念，尤其是一些几何初步知识。在本案例中，王老师先是通过让学生求“不规则橡皮泥”的体积，来激起学生的兴趣，使学生立刻进入了活跃状态，激发他们探究事物的动机。紧接着，王老师出示“不规则石块”，让学生想办法求出石块的体积。在学生遇到了障碍时，王老师适时为学生提供“水槽”和“水”，为学生的进一步探索搭建了平台。

这样的教学过程就像在做一个有趣的实验，学生在实验过程中，通过自己探讨，找到了解决问题的办法，使得抽象的几何教学变得生动有趣。这样设计教学，就把几何初步知识的抽象性与使用性、直观性紧密结合在一起，从而真正让抽象知识形象化。

要想讲授好抽象的几何初步知识，教学中必须充分发挥学生的主动性，通过学生动手操作这一媒介，在“思维过渡”中起到“船”和“桥”的作用。另外，通过一系列的学具操作，在丰富“表象”的基础上，也能促进学生思维的内化与外化。

英国儿童博物馆墙上有一段著名的格言："我听过的就忘记了，我看过的就记住了，我亲自动手做过的就理解了。"确实，我们讲得娓娓动听，学生听得如痴如醉，但学生最后还是不能有效地运用知识，因为他们没有亲身去实践。

在课堂上，我们要让学生有更多的动手操作的体验，把教师的描述变成学生自己动手的过程，不要怕浪费时间，不要怕没有讲透，学生的一次动手操作往往胜过教师讲解十遍。我们需要做的是，在这个过程中，尽量让学生全程参与。有了亲身体验，学生的印象及理解能力自然会加强。那么，这些原本抽象的知识在这个体验的过程中，也就变得更加形象了。

## 借助比喻，让抽象知识不再难懂

辽宁省鞍山市第五中学化学老师李萍老师执教的11年间，一直埋头工作在教学一线，获得了优异的成绩。她于2005年被评定为鞍山市"十一五"期间教育科研骨干和学术骨干，先后获得了"鞍山市教育局优秀共产党员""鞍山市优秀班主任""鞍山市教育局师德示范青年教师""鞍山市特色教师"（爱心楷模）等荣誉称号。

李老师是一位非常幽默的教师，在教学中经常妙语连珠，使原本抽象的知识形象地展现在学生们的面前。下面是李老师在讲授《物质的量》时的一些教学片段——

**教学片段1：**

在课程的导入环节中，李老师面临着这样的困惑：摩尔这一知识点十分抽象，在实际生活中的运用也很少，因此学生对这一抽象概念没有太多的兴趣。

为了打破这一僵局，在开课伊始，李老师设计了这样的开场白："今天我要给大家介绍一位摩尔先生——"

学生们立马集中了注意力，不管是原本喜欢化学的，还是那些不愿意上化学课的学生，都惊讶地问："在哪里？在哪里？"

看着学生们"惊喜"的表情，李老师笑了起来，说道："在书上啊……"

于是，大家在笑声中开始了一堂课的学习。

李老师接着用这种形象的比喻继续提问："摩尔先生有什么特征呢?"

学生在愉悦的气氛中开始探索了……

**教学片段2:**

李老师拿出了一个定量的烧杯，然后又拿出了一斤大米，提出问题："谁能估计出一斤大米有多少粒?"

这个问题一经提出，学生们立即兴奋起来，教室沸腾了。

经过一番讨论，有的学生要采用称量的办法，称出一百粒米的质量，再用一斤大米的总质量去除这一百粒的质量，结果再乘一百就是一斤米的粒数；有的学生要一粒一粒地数；也有学生提出用排水法称量，先测出一百粒米排出的水量，再测大米总共排水量，除去一百个米粒的排水量，结果乘一百；有的学生用堆积的方法求体积；还有的学生用规则容器求体积等，方法很多。

经过一番讨论后，李老师开始引入物质的量的概念。李老师说道："这就是我们今天所讲的课程的主要内容。这一斤大米就像一个宏观的物质总和，而这一粒米就可以将它看成是微观的一个粒子。那么体积更小的微观的粒子又怎么解决这样的个数问题？我们可以继续使用一堆一堆的方法，只是这一堆必须有一定的数量。化学上把用于计量微粒个数的这一堆就叫做物质的量，它的单位就是我们的'摩尔先生'。"

教室里又传来了学生们愉快的笑声。

李老师利用拟人、对比、借喻等各种形象的比喻手法，将学生带入到微观世界中，去感受微粒的渺小，去感受宏观与微观的联系，去体会"物质的量"。一堂枯燥的理论课就这样在李老师形象的比喻中，深深吸引了学生；一个陌生的概念就这样在形象的比喻中，悄悄地潜入学生的心底。

为学生创设形象生动的教学情境，引导学生有效学习是新课改倡导的教学理念。以前，一般对于抽象的化学概念的建立，需要教师针对学生的生活体验进行有效设计进而突破难点。但是，"摩尔""物质的量"这些适用于微观粒子的专用物理术语，在学生的实际生活中几乎无法触及。

同时，物质的量这个概念又特别抽象，学生以前从来没接触过，很难理解它的含义。于是，经常出现教师在讲台上津津有味地讲解，而学生却在下面一片茫然，有的学生听不懂干脆就放弃这部分知识的学习。

怎样让这些抽象的知识变得使学生更容易接受，更乐于接受呢？李老师在课程最开始的导入环节，就利用比喻手法，将这种抽象的概念变成了学生在生活中容易出现的场景："今天我要给大家介绍一位摩尔先生。"

这种熟悉的生活场景很快吸引了学生的注意力，也让他们对这一抽象的概念产生了熟悉感。有了基础，李老师又将看不见、摸不到的原子、分子、离子利用可见可触的大米粒进行比拟，使学生在抽象概念与形象理解之间建立内在联系。

利用比喻的手法引发学生生动的联想，建立抽象与形象之间的联系，使抽象知识"参与"到学生的生活、学习当中，不仅让原本难以理解的抽象知识变得更加形象，也较好地激发了学生们的探究兴趣。

## 2. 抽象知识形象化的教学方法

形象化教学就是将抽象知识的表现形式形象化，同时利用学生的已有经验加以升华，让学生充分发展感觉、知觉，使他们再创造、想象，在头脑中形成鲜明、真实的新形象，进而准确理解教材，正确地掌握知识。如何将抽象知识形象化，除了上面我们讲的几个方法外，我们还可以参考以下几点：

### （1）利用日常生活，将抽象知识形象化

对抽象的知识进行还原，首先要做到生活化。比如，"标准"是个空泛的词语，要想把它解释清楚，是很难的。但如果我们把生活中的螺栓和螺母展现给学生，学生们就会明白，不管是螺栓，还是螺母，如果一方不标准，两者就不会严丝合缝地组合在一起。

### （2）形体转化，让抽象知识更易理解

有一位数学家曾经说过，中学数学当中的每一个公式、原理都可以用直观图形的形式表达出来。比如，我们可以把圆面积展开为一个平行四边形，勾股弦的关系可以演变成为三个正方形的关系等。抽象的数学知识尚且如此，更不用说其他知识了。

### （3）化繁为简，深入浅出

我们让一个四五岁的孩子去学习周长，那是在为难孩子。但如果我们把"圆的周长"转化成为一条直线的话，这个孩子就会量出直线的长短，得知圆的周长，并且他会觉得非常简单、有趣。

(4) 充分利用现代化技术，让抽象的知识“动”起来

多媒体进入课堂，不仅活跃了课堂，也让各种抽象知识的展现途径更加形象、生动。一幅形象的画面，一组动听的声音，一段逼真的动画，往往可以诱发学生认知的内趋力，使他们对自己的认知对象产生强烈的热情。同时这些情景也可以成为思维活动的向导，从而牵动着学生对认知对象的想象。

应用多媒体技术，可使教学活动在很大程度上摆脱时空限制；宏观世界的博大和微观世界的复杂都能直观再现在课堂上，使许多抽象微观的知识具体形象化。动态的画面使知识变得形象。各种知识“动”起来后，课堂也随之“动”起来了。在教学中我们还必须明确，形象化是启迪学生思维和想象的手段。因此，形象化的程度要准确把握，要在学生可接受的基础上进行物化，不能异想天开、脱离学生的接受能力。

毋庸置疑，知识的呈现形式是多种多样的，获得知识的途径也是多种多样的。只要我们利用各种合理的手段，将抽象的知识形象化，学生学的难度就会大大“降低”，学习不仅会变得轻松，也更容易掌握学习知识的规律。

## 四、陌生知识熟悉化

20世纪60年代，我国某科研单位从国外进口了一台先进且昂贵的设备。上级要求这家研究单位必须在尽短时间内，把它的内部结构彻底搞清楚，这是政治任务。但这台设备内部结构非常复杂，前面是不规则的进气口，后面是不规则的排气口，前面的进气口到底与后面的哪个排气口连接的？拆开研究不行，上级明令不许拆开，而且没有设备结构图纸。

研究所的专家想了很多办法，但都以失败告终。这下可急坏了研究所所有的人。

看着研究所所长愁眉不展的焦急表情，给研究所养花的老花匠自告奋勇地说："所长，这事并不难，我就能解决。"

所长大喜过望："老花匠，你快说说！"

"给我一支烟和一根粉笔就行了。"

老花匠吸一口烟，对准进气口往里吹，然后到后面去看，烟从哪里冒出来，就用粉笔标记，证明哪个排气口和前面的进气口相连。如此反复，很快就把这台设备的内部结构搞清楚了。

老花匠的成功说明了什么？是那些专家不如老花匠聪明吗？

专家在聪明上绝对不会逊于老花匠，只是他们对这台陌生的设备的研究误入了歧途，他们试图用各种复杂的方法去破解这一陌生难题，结果是难上加难，使问题的解决陷入了困境之中。而老花匠的聪明之处在于，他能把对他和专家来说都是陌生的难题的解决思路，轻松地转化成了熟悉的"通气问题"，从而快捷地化解了难点。

这个故事给教师带来什么样的启示呢？

面对学生陌生的知识讲解时，我们也应该学学老花匠，充分利用学生对已有知识的熟悉感，让陌生知识熟悉化，使学生更容易接受。

希腊著名的寓言家伊索曾这样说道："熟悉能减除对于事物的恐惧。"我们知道，陌生知识常常引发学生的反感，而熟悉的知识往往更容易被学生理解和接受。因此，将陌生知识熟悉化，可以拉近学生与知识间"心"与"心"的距离，从而打破他们的认知障碍，提高学习效率。

陌生知识指学生还未学习的新知识。例如，没有学过"函数"的学生，"函数"对他就是陌生知识；一个不知道显微镜的学生，显微镜的构造、用途和使用等对他也是陌生知识。

学生对陌生的知识往往充满新奇感，在好奇心的驱使下产生对它们进行探究、学习的欲望。但是，在这种种正面影响的背后，陌生感同时也给学生带来了阻力。心理学家研究表明，陌生感可以给人带来恐慌，会使人因为没有安全感或认为自己不能控制而不愿意接近。如果没有对此进行合理的引导，就很可能会造成负面的后果。在学习的过程中，学生每天都会接触到大量的陌生知识。如何让学生更快速、更准确地理解陌生知识，自然便成了教师教学中的首要任务。

在我们的日常教学中，相信很多教师都遇到过这样的状况：当出现不熟悉的知识时，学生们就容易产生畏惧心理。特别是在做作业的时候，熟悉的作业很快就能做完，而陌生的作业又是偷懒、又是推脱，学习不主动。而且当陌生知识难度较大时，学生便产生认知障碍，严重影响了学习效率。

### 1. 以熟悉知识为引桥，掌握陌生知识

将陌生知识熟悉化，需要利用已有的知识，在已知条件的帮助下，学生才能理解陌生的知识。在日常教学当中，由"已知知识"转化成"未知知识"，已知知识是前提，而顺利掌握未知知识就是最终目的。例如，在数学教学中关于求各种图形的面积的知识，如三角形和梯形。其中三角形是学生已经学过的知识，而梯形是未学过的知识。当学生看到梯形时，就会觉得迷茫，无从下手。这时，我们就可以将梯形分成若干个三角形，然后将这些三角形的面积加在一起，就是梯形的面积。

在这个过程中，逻辑推理起着很大的作用，通过对熟悉知识的运用，分析

陌生的知识，由陌生知识转化成熟悉知识。通过对二者之间进行对比、分析、迁移等手段，找到它们之间的联系，完成转化过程。陌生知识变成学生熟悉的“面孔”，学习起来自然就会变得容易。只要我们经过合理的推想，准确的转化，任何陌生知识都能以学生更为熟悉的“面孔”展现在学生面前，让学习变得轻松自如。

## 范例观摩一

### 引用法——由熟悉知识过渡到陌生知识

江苏省苏州工业园区第二实验小学副校长、著名特级教师徐斌是一位在教育界颇具影响力的老师。徐老师非常重视对学生心理进行研究，通过长期实践，取得了非常大的成果。在讲解小学二年级课程《确定位置》时，徐老师就利用学生熟悉的知识使他们理解陌生的知识，取得了非常好的教学效果。

徐老师将本课的题目写在了黑板上。看着这个陌生的名词，学生们都露出了疑惑的表情。为了给学生开个好头，让他们从开始就减弱这种陌生感，徐老师没有直接程式化地讲解，而是说道：“同学们好，今天徐老师想和你们玩一个游戏，都愿意吗?”

学生都急忙回答：“愿意。”

看到学生们的积极性被调动了起来，徐老师微笑着说：“同学们，你们都坐过火车，或者看过电影吗?”

学生们大声说道：“看过!”有的则喊道：“坐过!”

“去看电影，或者坐火车需要先做什么?”大家又异口同声地说道：“买票!”

徐老师又问道：“同学们，你们见过真正的电影票吗?”

学生们大声回答：“见过。”

“那么，当你们买票进入电影院或者买票坐火车的时候，拿着票你们首先要做的是什么呢?”

“找座位!”

“很好!既然大家都找过座位，那么我们今天要玩的游戏就叫做‘找座位’。现在，每个同学都有自己的座位，但老师要帮助大家找到一个新的位置。老师给大家每人发一张卡片，卡片上都写着你要找的新座位。先看看你的卡片，然后找找你的新座位在哪里。接着带着你所有的东西，轻轻走到你的新座位上。有问题，或者没有找到座位的同学可以到老师这里来。"

就这样，徐老师从学生的实际生活空间切入，让学生感觉到亲切，感觉到这似乎是游戏而非学习。但实际上，学生置身于游戏之中，也置身于知识之中。学生们"玩"得不亦乐乎，兴高采烈地"搬了家"，不一会就坐在了自己的新位置上。

最后，有一名学生始终没有找到自己的新座位。他来到徐老师的面前说道："老师，我没有找到我的座位，我的座位上已经有人了。怎么办?"

"没关系，我们一起来找一找。"因为大多数学生都认识电影票的规格，于是徐老师将这名学生的卡片举起来向所有的学生问道，"现在大家能不能帮这位同学找一找原因，仔细看一看这张票，为什么他拿着这张卡片却没有找到正确的位置呢?"

学生们开始仔细地观察起来，不一会儿就有一名学生说道："老师，这张卡片上只写着是第三组，却没有写明白是第几个。"

"哦，是因为第几个没写，大家都看出来了啊。那么，如果只写第几组却不写第几个，大家能找到这张卡片的正确位置吗?"

学生们异口同声地说道："不能。"

"那么，如果只写着第几个却没有写第几组，还可以找到位置吗?"学生们深思了片刻后继续说道："不能。"

"非常好，现在我们都知道了要想准确地找到正确的位置，那么第几组和第几个都要写清楚。现在大家看一看还有哪个座位没有人坐呢?"

学生们环顾四周，又仔细地数了数说道："第三组的第四个没有人坐。"

"非常好。"徐老师转向没有找到座位的学生问道，"你愿意坐那儿吗?"那个学生高兴地点点头，回到了自己的座位上。

徐老师顿了顿，继续说道："这个游戏，老师挺满意的。我发现我们仙桃市实验小学的同学们真聪明，凡是老师把座位卡片第几组第几个都写出来了的，大家都找到了。这个'组'和'个'就是我们知识当中所说的两维，只有有了这两维，才能准确而快速地找到位置。"

学生们立刻感觉"茅塞顿开"，不由得说道："原来这就是两维啊。"

徐老师微笑着点点头继续说道："今天这堂课，我们就一起来学习一下确定位置。"说完，在黑板上重新将之前的题目画了一个醒目的圆圈。这时，学生们的表情也由原来的“莫名其妙”变成了“原来如此”，对知识也有了更加清晰的理解。

由于小学二年级的学生对空间的概念还不是很清晰，所以《确定位置》的理论知识对他们而言就显得相对陌生，也更容易产生认知障碍。此时，如何让它们变得熟悉起来，对学生能否深刻理解知识起到了十分重要的作用。在本案例中，徐老师运用了做游戏的方法使学生对陌生的知识变得熟悉、增加亲切感。

徐老师一开始将课程的题目《确定位置》写到黑板上时，学生都露出了疑惑的表情，对知识感到陌生。而当徐老师利用一个游戏对学生进行引导的时候，学生的这种疑惑很快就消失了。这是为什么呢?

原因很简单，因为游戏是学生生活当中最常见的，学生对游戏感到亲切而熟悉。因此，在课堂上进行学生熟悉的游戏时，实际上就已经起到了对学习氛围的改变的作用，学习环境也已经转向了“熟悉化”，此时的学习已经完全融入到游戏当中。

我们都知道，环境对人的思想会产生很大的影响，当学生置身在一个完全陌生的环境当中，那么学习起来自然也感到陌生。要想让学生对陌生的知识感到亲切，我们首先就要为他们营造出一个熟悉而又亲切的学习氛围。

以游戏的形式进行教学，不仅能增加学生的兴趣，游戏自身这种互动的特点也可以使学生充分融入到其中，通过在游戏中的亲身体验将陌生知识熟悉化。空间的理论概念虽然对学生而言显得相对陌生，但是空间运用却时刻存在于我们的生活当中，于是徐老师便利用学生已有的经验，来帮助他们理解陌生知识。学生们都见过车票和电影票，当他们根据票上的“指示”寻找座位时，实际上就已经在开始“确定位置”了，而这个过程正是知识讲授的主要内容，这便是利用已知知识解答了陌生知识。

## 范例观摩二

### 用生活经验使陌生知识熟悉化

《有余数的除法》是小学二年级的课程，对于年纪相对较小，逻辑思维不是很清晰的学生来说，虽然他们对数字并不陌生，但对“有余数”这一新的概念还是完全陌生的。针对这一特点，上海市桃李园实验小学优秀教师庄丽凤利用学生对“在生活中分物”的经验，将熟悉事物与陌生知识相融合。

首先，引导学生初步感知。

庄教师在黑板上板书：9÷4=？

这是一道比较简单、典型的有余数的除法题。但是因为学生们第一次接触，同时对数字也不是很敏感，结果所有人都睁大了好奇的眼睛看着老师，满眼的“问号”。

庄老师笑了，说道：“有哪位同学愿意来解答一下呢?”

教室里鸦雀无声。

这时，庄老师突然拿出了九个苹果，依次摆在了桌子上。学生们的眼睛顿时变得雪亮，高兴地说道：“九个苹果。”

庄老师点点头：“是九个。现在，老师需要请4位同学上来，谁愿意?”

学生们都争先恐后地举手，最后庄老师从每一排里请了第一个人上台。然后分别站在“9”的旁边，问道：“将9个苹果分给四个人，每个人有几个苹果?”

这是学生们再熟悉不过的问题了，在生活中，经常会出现分东西的情况，有时候是做游戏的时候进行分组。这种熟悉的“分法”很快就进入了学生的思维，于是立刻就有学生举手回答道：“老师，他们每个人可以分两个，最后还多一个苹果可以留给我自己。”

听到这样的回答，教室里发出了哈哈的笑声。庄老师将这样的结果写到了黑板上：9个苹果平均分给四个人，每个人可以分得2个，还多余了一个。然后说道：“大家现在看黑板，9÷4=？与我们分苹果有什么相同之处吗?”

学生们看着黑板，恍然大悟：“老师，9就是九个苹果啊。”

庄老师问道：“那么这道题的答案是……”

大家异口同声地说道：“等于2，剩一个。”

“这就是今天我们所要学习的有余数的除法，9除以4等于2余1。”

说完，开始在黑板上讲解。有了前面的生活经验，在接下来的学习中，学生很快就理解了所学知识。

虽然学生们对有余数的除法不熟悉，但是对分东西会剩下并不陌生。就这样，原本陌生的理念在熟悉的事物中也变得容易掌握了。

生活的空间非常大，它蕴涵的知识更是让人无法想象。因此，当教学过程中遇到完全陌生的知识时，我们可以引导学生将这些知识与已有的生活经验进行对比、联想，通过找到二者之间的联系，使学生对知识产生亲切感。

当学生面对有余数的除法问题不知该如何回答时，庄老师便将这一问题变成了分苹果。学生们很快将这种陌生的知识和生活当中的情景联系起来，思路也开始变得更加灵活，最后准确理解了什么是有余数的除法。

在这其中，我们要特别注意以下几点：

(1) 引用的生活经验一定要是学生熟悉的

这个生活经验一定要是学生所熟悉的，并且可以自如运用的。否则，即使这个经验再普遍，这个引用也会变得毫无意义。因此，我们在选择引用的时候，尽量选用那些比较简单的，在学生生活当中经常出现或运用到的。

(2) 引用的实物一定是学生见过的

当我们利用学生已有的生活经验将陌生知识熟悉化时，可能为了提升效果经常要使用一些实物，就像本案例中庄老师拿出的苹果一样。在这个过程中，我们同样要特别注意，这个实物也必须是学生亲眼见过的。在上面的案例中，假如我们将苹果换成学生从没有见过的另一种物品，那么学习效果不但不好，可能还会起到反作用了。

总之，由于有以往的经验作铺垫，学生对那些陌生知识的理解也就自然会更容易、更有兴趣。

## 2. 陌生知识熟悉化的教学方法

将陌生知识熟悉化是提高学生学习效率的一种有效手段。要想进行知识形态的转变，我们首先就要找到为什么学生会感到陌生，陌生知识从心理上会带给学生哪些不良影响，等等。只有准确把握原因，我们才能进行合理、有效的引导。

由于有些新知识离实际生活较远，学生无法与原有的记忆联系，因而也容易产生陌生感。例如，有些学生第一次看到“纳米”这个词时，第一反应会是：“米的一种？”而学生之所以会这样认为，是因为他们会尽可能地将这个完全陌生的词语与自己熟悉的知识进行联系。但是如果我们将这种答案否定，那么这个完全陌生的词语就会引起学生的认知心理障碍。

教师作为教育的主要实施者，在将知识呈现形式由陌生转化成熟悉的同时，也要注意对学生的心理进行引导，使学生积极面对陌生知识，打消畏惧感。

美国前总统富兰克林·罗斯福曾说过："世上最让人恐惧的，就是恐惧本身。"对于陌生的事物、陌生的知识，有自信心、有勇气的学生会激发起学习探索的兴趣和热情。因此，我们应当不断地激发学生的学习热情，积极地鼓励他们勇敢面对陌生知识。让他们通过自己每一点每一滴的进步增强自信心、增加勇气，从而充满自信地面对一切。当学生从心理上拉近了"陌生"与"熟悉"之间的距离，陌生知识所带来的认知障碍自然就容易被攻破。

(1)"近体效应"法

"近体效应"是指在教学活动中，教与学之间在时间和空间的距离及心理、情感差距应尽可能地缩小，也就是将知识与学生的周边更好地进行融合，使"身边"处处都有知识。"近体效应"对学生将陌生知识熟悉化，起到了十分重要的作用。例如，当学生学习陌生知识时，我们就可以让这些知识与学生"套近乎"，适当地加入一些与这些知识有关的故事，讲一些与这些陌生知识有关的笑话等，使学生产生亲切感，让学生感受到这些知识离自己并不是太远，从而将陌生知识熟悉化。

(2) 形象表达法

直白地说，形象表达法就是通过将陌生知识具体化、形象化，从直观上吸引学生。学生通过形象感知可以展开联想，这样不仅有助于理解，更会使陌生知识充满亲和力，降低知识难度。

①图表法

当讲解抽象复杂的化学公式时，陌生的符号会让学生难以理解，这时，我们可以将每个符号用其所代表的物质形象（用图画的形式）表示。当学生看到熟悉而又可爱的图片时，陌生的符号自然也就变得熟悉了。如学生第一次学习水的符号"$H_2O$"时，我们可以在这个符号的旁边加上一幅关于水的图片；学习硫酸铜的符号"$CuSO_4$"时，可以在旁边放一张关于硫酸铜的图片，帮助学生熟悉认知。

②表演法

表演法就是将陌生难懂的知识以表演的形式体现出来，通过学生熟悉的表演形式、表演风格、表演内容等，将陌生知识熟悉化。例如，讲解老舍先生的

《茶馆》时，由于茶馆这种场所已经很少见，与学生的生活“脱节”而变得陌生了。这时，我们就可以利用表演的形式，重现当时的情境，使陌生的知识熟悉化。

③实物引用法

实物引用法是教育中最早使用的教学手段，它可以以最直接的方式引发学生的回忆。有时听到一个名称可能会让我们想起什么，但是当看到实物时，原有的记忆就会立刻浮现在我们的脑海中。例如，我们在教学生学习陌生词语“植物”时，就可以用各种花草作参照，将这一陌生的概念熟悉化。

(3) 类比法

苏联著名数学家 C.A. 雅若夫斯卡娅对“解题是什么”的回答惊人的简单：“解题就是把习题归结为已经解过的问题。”通过这种类比，将一个陌生的知识转化成一个或者多个学生熟悉的知识。当我们遇到陌生的知识时，常常可以设法选择一个类似的熟悉知识，让它与陌生知识相比较，寻找两者之间的不同和相似之处，从熟悉知识中去探求陌生知识，产生新思路。

(4) 引申法

引申法，就是将陌生的知识引申到熟悉的知识中、加快学生认知的方法。例如，当我们在教学生学习新词语“慰问”的时候，可以启发学生联系他们已经掌握的“安慰”一词来帮助理解。

(5) 提前预习法

让学生提前预习陌生知识，目的是降低学生的陌生感。学生经过提前预习，即使他们不能完全掌握，也能混个“脸儿熟”。当我们进行讲解的时候，学生对知识的陌生感就会相对降低，甚至会产生一种“似曾相识”的感觉。不仅如此，提前预习还可以锻炼学生独自应对陌生知识的能力，提高学习能力。

日本教育学家佐藤说：“学习，可以被比喻为从已知世界到未知世界之旅。”在这个旅途中，我们熟悉的知识就会成为我们适应新世界的基础与资本。让陌生知识熟悉化顺应了学生的认知心理，不仅改变了知识的外在形态，更改变了学生的内在感受，使他们能够愉快、轻松地学习。

## 五、混淆知识明晰化

有一天，动物园的管理员发现袋鼠从笼子里跑了出来。于是大家便在一起开会讨论，一致认为是笼子的高度过低。所以他们决定将笼子的高度由原来的十米加到二十米。可是，第二天，他们发现袋鼠还是跑到外面来了。经过再一次的讨论，他们决定将高度加到三十米。没想到的是，隔天居然看到袋鼠全都跑到外面来了。管理员们大为紧张，决定一不做二不休，一下子将笼子的高度加高到一百米。

一天，长颈鹿和几只袋鼠在闲聊，长颈鹿问："你们看，这些人会不会再继续加高你们的笼子呢？"

"很难讲。"袋鼠回答道，"如果他们再继续忘记关门的话！"

动物园的管理员们只知道出现了问题，却不能抓住问题的核心和关键。为什么呢？他们混淆了袋鼠能够跑出来的原因。由此可见，认识上的混淆会给我们带来不小的麻烦。在教学中，如果混淆知识以本来面目呈现的话，会给学生的学习带来不小的阻碍，同时也给教师的教学带来一定的压力。长此下去，教师和学生的积极性都会受到影响。

所谓混淆就是指内容混杂，界限模糊，多用于抽象事物，比如是非混淆、真伪混淆。我们在观察分析这类事物时，往往把握不住事物的界限，乃至被事物的表面现象所迷惑，进而不能形成正确的认识。

我们在教学过程中经常会遇到这样的混淆知识，比如，数学学科中的某些性质定理和判定定理，英语学科中的同一单词不同词缀形式，抑或是物理学科中某一公式的变形，等等。当学生接触这类知识时，他们可能会被繁复的形式弄得茫然失措，找不到知识的关键点，由此导致了学生学习兴趣的下降，更有甚者，错用误用知识而导致恶性循环。

混淆知识的危害：

第一，它模糊了相关概念知识之间的区别，让学生抓不住知识的核心。由于混淆知识过于宽泛，致使相关概念知识的外延相互交叉，模糊它们之间的区别，把浅显的知识概念复杂化，把明确的知识概念模糊化，最终影响学生对知识内核的把握。

第二，它不利于充分发挥知识对实践的指导作用。知识是用来指导实践的，如果知识本身都模糊不清，那么，它将会把学生的实践推向歧途，也会使教师的教学目标发生偏移。

### 1. 以明晰化的状态呈现混淆知识

我们知道，越是清晰的事物，认知起来就越显得轻松、自然；越是混淆的事物，认知起来就越显得吃力。当原本混淆的知识以明晰化的状态呈现时，学生在认知时就不会有“在迷宫中找不到出口”的感觉了，而会有“一览众山小”的气魄和胸怀。

为了不让学生误入知识歧途，为了提高教学质量，转变混淆知识的状态已经迫在眉睫，而明晰化手段则自然而然地成为知识状态革新的必备武器。在实际教学中，教师应当有意识地向这方面努力，让混淆知识变得更清晰，从而更容易被学生接受。

#### 褪去混淆的外衣，让知识明晰化

黄爱华是广东省著名的特级教师，在实际教学过程中遇到学生容易混淆的知识时，他就像优秀的魔术师一样，总能想出巧妙的办法使知识以明白清晰的状态呈现，帮助学生从混淆的困境中走出来。

在教学《24时计时法》时，考虑时间知识的混淆性以及学生对时间认识的模糊性，黄老师是这样展开教学的。

“中央电视台有一个收视率很高的节目，现在老师放一段片头音乐，请同学们猜一猜是什么节目？”黄老师一边说一边用多媒体播放了“新闻联播”的片头音乐。

当音乐刚响起时，有的学生立马说："是新闻联播。"而有的学生则认为是"新闻30分"。这时就有学生站起来反驳说："不是'新闻30分'，'新闻30分'是中午播出的，这应该是'新闻联播'。"

"是吗？那'新闻联播'节目又是在什么时间播出呢？"黄老师问。

"是在晚上7点。"学生异口同声地回答。

黄老师一边在黑板上写下"晚上7：00"，一边说："大家都认为是这个时间，现在我们一起来看看电视上是否写着'晚上7：00'呢？"

在看过"新闻联播"的片头视频后，有的学生说："电视上写的是19点，不是写着晚上7点。"有的学生则说："'新闻联播'确实是晚上7点播放的呀，那么19点就是晚上7点。"

在黑板上写下19：00后，黄老师不慌不忙地说："其实这是另一种计时方法，那么它和我们所说的晚上7点到底有什么不同呢？今天我们就来好好研究一下计时法。"

黄教师接着说："这是电视节目预报，下面请大家把自己最喜欢的节目在什么时刻播出的说给小组其他同学听听。"

课堂上顿时议论纷纷，而黄老师则在黑板上写下两组时间：

| 8：50 | 09：30 | 14：00 | 16：40 | 19：00 | 22：00 |
|---|---|---|---|---|---|
| 上午8：50 | 上午9：30 | 下午2：00 | 下午4：40 | 晚上7：00 | 夜里10：00 |

等学生讨论完之后，黄老师说："大家看，现在黑板上出现了两种计时法。请问这两种计时法有什么不同？分别给它们起个什么名字好呢？你更喜欢哪种计时法？接下来的时间交给大家，请同学们在小组内交流，并把讨论的结果说给其他同学听。"

过了一段时间，有一位学生主动站起来说："我给上面的这种计时法起名叫24时计时法，下面的叫12时计时法。我认为它们的不同是：24时计时法过了中午12点后，继续叫13点、14点，等等，而12时计时法过了中午12点后就叫下午1点、下午2点了。我喜欢12时计时法。"

黄老师笑笑说："你能够有条理并完整地回答了三个问题，这很好。那你为什么起名叫24时计时法，不叫25时或26时呢？你为什么喜欢12时计时法呢？"

这位学生想了一会儿，答道："因为一昼夜是24小时，所以起名叫24时计时法。我喜欢12时计时法，因为早上、晚上都很具体，一看就知道是什么时刻了。”

这时又有一位学生站起来说：“我也很喜欢12时计时法。再说了，用24时计时法，还要算半天，再把它转换成12时计时法太麻烦了。”

黄老师立马说：“那我们努力学好今天的课，以后就不麻烦了！”

小吴说：“我喜欢24时计时法。因为12时计时法，还要加上午、下午，也很麻烦。再说早上7点和晚上7点，又很容易混淆。有一次，我爸爸让我妈妈买一张火车票去外地，告诉我妈说是7点的，而我妈妈自以为是晚上7点，结果没赶上那趟火车。”

“很好，你能够联系生活中的具体例子来说明自己的观点。这个知识点确实存在着一定的混淆性，如果没有说清楚是早上或是晚上，则比较容易将时间弄错。现在我们就要改变这种混淆知识的状态，让它们以更明晰的状态呈现出来，让我们的学习和生活都变得清晰。”黄老师肯定了小吴的看法。

看到很多同学都发言了，小夏也不甘示弱，站起来说：“我也喜欢24时计时法，因为这种计时法在时间计算上比较方便，比如，商场9时开始营业，22时打烊，要算营业了多少时间，只要用22减9就可以了。”

“你说得也有道理，这样计算起来就显得清楚了。”黄老师说。

有的学生持有不同的意见，说：“我喜欢12时计时法，因为在生活中，人们很喜欢用它。星期天，我约同学去踢足球，打电话时就会说，下午4点在体育场会合，而不是说今天16点在体育场会合。”

对所有学生的回答作出充分肯定后，黄老师继续问学生：“为什么电视上要标上19：00，而不标晚上7：00呢？”

这一问题又引来了学生的讨论，有的认为标晚上7：00其实也是可以的；有的学生认为这样不好，假如不懂中文的外国人就看不明白了；有的认为标上a.m.表示上午，p.m.表示下午就可以了；有的考虑得更周到，主张中文、英文都标上；还有的则认为都标上就会在画面上占很大的地方……

黄老师说：“看来大家考虑得还挺周全的呀，我看还是用24时计时法标上19:00，这样简单明了，大家一看就明白。同学们再思考一下，除了在电视上，还有哪些地方用24时计时法呢？”

“飞机票、火车票还有汽车票上的时刻”“广播中的时间播报”“手机上的时间”“银行门口的营业时间牌子上”“信箱上标的取信时间”……学生争先恐后地回答。

“看到大家在讨论的过程中积极开动脑筋、大胆发表自己的观点，老师很高兴。说明大家对这样的计时并不显得陌生、混淆。不错，交通、邮电、广播电视等部门在工作中需要很强的时间概念，为了计时方便、简明、不易出错都采用 24 时计时法。而 12 时计时法，早上、晚上几点都很具体，在生活中特别是在交流对话的过程中应用得比较广泛。”黄老师总结后，继续说，“我们已经比较了两种计时法的不同，接下来请大家思考并探讨一下它们相同的地方。”

不一会儿，小章说：“我发现中午 1 点之前的时间是一样的，只是 12 时计时法表示的时间，前面要加上早上、上午或中午。”

黄老师问：“那中午 1 点之后就没有相同的吗？”

小章思考了一下说：“有啊，13：10 和下午 1：10，表示分钟的 10 是一样的。”

他刚说完，机灵鬼小黄举手站起来说：“我发现中午 1 点之后，两种时刻都相差 12 小时。”

“了不起的发现呀！”黄老师表扬了小黄，接着说，“是的，经过计算我们知道，在中午 1 点之后，两种时刻相差都是 12 小时，我们一起为小黄的发现鼓掌。”

顿时课堂上响起了热烈的掌声。过后，黄老师问：“现在大家对时间知识是否有了一个清晰的认识呢？看到用 24 时计时法表示的时间，大家能否很快地用 12 时计时法来转换呢？”

“能！”学生信心十足地回答。

“那好，现在老师就来考考大家，有两个足球队在 15 时准时比赛，于 16 时 47 分结束。请大家用 12 时计时法来计时。”黄老师说。

很快学生便说出正确答案了，黄老师又问：“看来大家已经掌握了这两者的转换关系，那又有谁愿意出一道 12 时计时法表示的时间，让老师用 24 时计时法来表示呢？前提是大家先在稿纸上写下正确答案，再出题考我。”

有位学生问：“中午 12 点怎么表示？”

“就是 12 点。”黄老师回答。

又有一位学生问：“夜里 11 点 45 分怎么表示？”

黄老师故意表现出很为难的样子，说：“这道题有点难，谁愿意帮我呢？”

学生小华说：“在 11 点上加上 12 就可以了。”

“哦，那就是23点45分，谢谢小华。”黄老师说。

这个教学环节结束后，黄老师在黑板画了一条直线，说：“我们假设这条直线表示时间，现在老师在这条直线上写上昨天、今天、明天，那么昨天和今天、今天和明天之间都有一个分界点，老师想问的是，在第一个分界点上的数字应该是几?”

有的学生认为应该是0，有的学生认为应该是1。

“无论是1还是0，都要给出理由。”黄老师笑着说。

于是，小丽站起来说：“我认为是0，因为夜里1点前面的一小时也是属于今天的，所以今天应该从0点开始算。”

黄老师点点头说：“很好，就这个0点，老师还有三个问题：第一，0点跟昨天有什么关系；第二，0点是白天还是黑夜；第三，0点时，钟面上的时针和分针分别在什么位置？请各小组讨论后回答。”

不久，有一位学生发表了他们的看法：“我们小组一致认为，0点就是昨天的24点，如果是今天的24点那就是明天的0点。0点是黑夜，不是白天。0点时钟面上的时针和分针都指着12。”

在这位学生回答后，黄老师一边打开多媒体，一边说：“大家请看屏幕，这就是0点时的钟面。我们一起来看看一昼夜钟面从0点到24点时针和分针的变化过程。”

随着钟面的变化，夜色逐步变淡，太阳慢慢升起，接着再到星星、月亮的过程。在这一过程中，学生从整体上感受了一昼夜从0点到24点的变化过程，同时也了解了两种计时法之间的关系。这样，容易混淆的知识状态也变得清晰了。

在看完这个过程后，黄老师对学生说：“请同学们回顾一下刚才的学习过程，大家都有什么收获呢?”

有的说自己学会了两种不同的计时方法；有的说明白了为什么交通、邮电、广播电视等部门在时间记录上都采用24时计时法；有的说知道了0点和24点的区别；有的则说自己再也不会将两种时间弄混淆了……

案例中黄老师的教学正体现了这种过程，他不仅帮助学生理解并掌握了24时计时法，而且还让他们对容易混淆的时间概念有了清楚的认识。

在上课之初，黄老师在一定程度上创设了生动有趣的情境，激发了学生对数学的兴趣。对于时间概念的问题，学生在日常生活中都曾接触过，也有一定的认识基础，但是他们仍然存在着某方面的不足。而黄老师则让学生将已有的经验在特定的情境中得以总结与升华，并与将要学的内容发生交互作用，帮助他们建构属于他们自己的、清晰的时间概念，为转变混淆知识状态奠定了一定的基础。

接着，黄老师提出的一系列问题，又为学生提供了充分发挥数学知识的机会。他要求学生给两种计时法起名字，并比较这两种计时法。这样既体现了学生学习的主体性，又使数学学习成为一个生动活泼且富有个性的过程。

在案例的后半部分，黄老师所设计的问题，正说明了他的教学不仅促进了学生进一步分析两种计时法的异同，还灵活地将计时法的学习过渡到两种计时法相互转换知识的学习上，让学生在师生互问互答的教学情境中共同合作，逐步加深学生对易混淆的时间知识的清晰认识，使他们学会归类总结。可以说，这也为混淆知识明晰化的过程创造了必要的条件。

我们经常有这样的感受：面对一对双胞胎姐妹时，往往分不清谁是姐姐谁是妹妹，即使知道她们的名字后，有时也会把她俩认错。为什么会出现这样的情况呢？因为她们长得太像了，太容易混淆我们的视觉判断了。

知识就像无边无际的海洋，包罗万象，其中不乏有一些看起来相似却又有着很大区别的知识，即容易混淆的知识。在讲解这样的知识时，教师要做的就是像双胞胎母亲那样，能够清楚地判断出谁是姐姐，谁是妹妹，积极转变混淆知识的呈现状态，让它们更加明晰化。

诚然，在实际教学过程中，我们只要拨开覆盖于知识外表的混淆外衣，让它们以明晰化的状态呈现，那么学生对知识的学习便会更容易更牢固，而我们的教学也会获得满意的效果。

## 范例观摩二

### 在容易产生混淆知识的地方做好铺垫，开展整体化教学

例如，在教学异分母分数加减法时，主要是让学生明白要按照同分母分数加减法的法则进行计算。但是，学生在学习了分数乘除法后便容易发生混淆，误认为分数加减法就是分子加减分子，分母加减分母。这很明显是由于死记硬背，混淆了知识点之间的差异，从而无法正确掌握计算法则。这就需要教师将这部分知识进行明晰化处理。

为了排除干扰，让学生在理解的基础上掌握法则，我们便可以采用整体化教学手段，运用系统科学的观点，将整数、小数、分数加减法法则视为一个整体。虽然它们在叙述形式上有所不同，但是“统一单位后方可相加减”的这一宗旨，把三个法则紧密联结在一起。学生通过整体认知，便不会发生混淆了。

在具体讲解异分母分数相加减的新课时，我们可以事先安排这样三道题：“563 - 214 = ？ 156.26 - 56.14 = ？ 4/9 + 5/9 = ？”在学生计算完后，教师再提出相关问题，如为什么整数加减法相同数位要对齐？学生从以前的知识中可以知道，数位对齐后，计数单位便统一了，这时才能相加减。

接着，教师再提问，小数加减法，为什么要把小数点对齐？说明什么？同分母分数相加减，为什么分子可以直接相加减，分母不变？对于这些类似的问题，学生在思考后知道了：小数点对齐是为了让计数单位统一，而同分母分数的分子直接相加减，分母不变，则是因为它们的分母相同，换句话说就是它们的计数单位也是统一的。

在此基础之上，我们紧接着出示“5/6 - 3/8 = ?”并提问：“异分母分数加减法分子能直接相加减吗?”

从前面整体化教学中，学生体会到这两个分数单位不同，是不能直接相减的，因为 5/6 的分数单位是 1/6，而 3/8 的分数单位是 1/8。

这时，教师继续问：“如何将它们转化为分数单位相同的两个分数呢？转化后又该如何计算呢?”

经过思考，学生便知道要先把 5/6 和 3/8 通分，将它们转化为 20/24 - 9/24。这时这两个分数的单位就统一了，都是 1/24，那么，20 个 1/24 减去 9 个 1/24 等于 11 个 1/24，这道题便正确解答了。

最后，教师还要进行必要的总结，让学生真正明白，整数、小数、分数相加减，都要统一计数单位后才能进行计算。这样，此类混淆知识的状态便逐渐明晰化，学生的学习自然会达到预期效果。

这个案例给我们展示了在实施整体化教学的过程中，教师由浅入深地将三个法则串联组合起来，并清楚地给学生讲述了三个法则的密切关系。在学习过程中学生自然也明白前面的法则是后面法则的基础，后面法则是前面法则发展的延续。

像这样的教学，学生对异分母分数加减法的印象则会比其他方式的教学记忆得更深刻，因为展现在学生面前的已不是知识的混淆状态，而是明晰化的状态，这样学生在学过乘除法后便不会出现混淆的现象了。

当然，在混淆知识容易产生的地方实施整体化教学，只是让混淆知识明晰化的手段之一，而不是唯一的。在实际教学中，教师还应该努力探索让知识明晰化的其他手段，帮助学生更清晰、更准确地认识知识、理解知识、运用知识。

## 着眼混淆知识的从属关系，开展整体化教学

例如，在教学完有关梯形特征的知识后，为了让学生能够清楚地明白容易混淆的知识点，我们可以及时将以前学过的长方形、正方形、平行四边形，都归属于四边形这个大范畴中，并进行系统的归纳和概括，使它形成比较完整的结构体系。

教师可以为学生准备以下几个问题：

(1) 长方形和正方形有什么样的特征？它们之间又有什么区别与联系？用集合图该如何表示？

(2) 平行四边形有什么样的特征？与长方形又有什么联系和区别？该怎样表示它们的关系？

(3) 梯形有什么样的特征？与平行四边形相比又有什么联系与区别？又该怎样表示它们的关系？

(4) 正方形、长方形、平行四边形、梯形它们的边有什么样的共同特征？该如何表示它们的关系？

学生思考并作出回答后，教师再进行最后的总结：正方形、长方形、平行四边形、梯形都从属于四边形这个核心概念。

从这个小案例中我们知道，这些问题的提出恰恰转变了混淆知识的状态，让它们以更明晰的状态呈现出来。教师巧妙运用集合图的形式让四边形将那些有联系的概念组合起来，并且形象地揭示出它们之间的从属关系。这样，有利于学生从整体上把握了这些容易混淆的知识概念的内涵和外延，同时也有利于提高教师的教学效率。

在教学过程中，有些知识之间的关系就像集合中的元素与集合的关系一样，是一种包含与被包含的从属关系。有的学生分不清这些知识的主次先后，再加上知识本身的混淆性，这时就需要着眼于混淆知识的从属关系，正确实施整体化教学，让知识以更明晰化的状态展现给学生，并及时帮助他们弄清从属关系，分清主次。如此一来，便能用最快的时间转变混淆知识状态，获得良好的教学效果。

## 立足混淆知识对立统一关系，开展整体化教学

例如，在质数与合数的教学过程中，教师要让学生弄明白质数与合数都是自然数，又都有约数，它们的本质区别就在于约数的个数不同。教师可以转变知识状态，先让学生求出每个数的约数，然后再进行比较、区分。

1 的约数有：1

2 的约数有：1、2

3 的约数有：1、3

4 的约数有：1、2、4

8 的约数有：1、2、4、8

24 的约数有：1、2、3、4、6、8、12、24

……

教师可以组织这样的提问：

(1) 哪些数只有两个约数——1 和它本身？学生举例回答后，教师再及时总结并提出质数的概念——一个数除了 1 和它本身之外，再没有别的约数，那么这个数就叫做质数。

(2) 哪些数除了 1 和它本身以外，还有别的约数？学生举例回答后，教师及时总结出合数的概念：有 3 个或 3 个以上的约数，这样的数就叫做合数。

(3) 谁只有一个约数？1 是质数吗？是合数吗？为什么？在上述明晰的知识状态中，学生发现 1 只有一个约数，同时他们根据前面所说的定义知道 1 既不符合质数的定义又不符合合数的定义，所以 1 既不是质数，也不是合数。

上面这三个问题的呈现状态，不仅让学生明确了“质数必须只有两个约数”的本质特征，同时还加深了他们对质数、合数概念的理解。

在繁杂的知识体系中有许多知识可能是平行的，但它们之间的关系又是对立统一的，这也符合辩证法。以数学学科为例，像质数与合数、奇数与偶数、最大公约数与最小公倍数等，它们彼此互不包含，但是在文字表述上又只有细微的差别，这样就很容易引起混淆。在这种情况下，教师应该不失时机地实施整体化教学，将它们聚集在一个整体结构之中，立足于对立统一的关系，对它们进行比较鉴别，以达到区分异同、清晰认识的目的。

再如，教学奇数与偶数时，学生对这两者的本质区分点——能否被 2 整除，有所理解和掌握。但是，学生往往误以为所有偶数都是合数，以及所有质数都是奇数。这就因为学生没有弄明白数字 2 的特殊性——除 2 以外的偶数都是合数，而质数中只有 2 才是偶数。

针对学生的这种模糊认识，以及知识本身的混淆性，教师可以配合图解的方式进行启发式提问，让学生明白它们之间对立统一的关系。

我们给学生提出这样的问题：奇数与偶数、质数与合数这两组数的区别各有什么不同？让学生知道奇数与偶数区别点是，能否被 2 整除；质数与合数的区别点是，约数的个数不同。同时让学生知道 2 既是偶数又是质数；除 2 以外所有的质数都是奇数；所有的合数并不都是偶数，它还包含某些奇数。

这两个例子说明，将学生置身于知识的整体教学之中，从混淆知识的区别点出发进行判断推理，明确它们的对立统一关系，进而促使混淆知识的状态得以转变。这样，既让学生理解了知识，也提高了学生认识事物的能力，使整个教学过程达到意想不到的效果。

从混淆知识的整体出发，我们用联系的观点指导自己的教学，巧妙运用各种整体化教学手段，将混淆知识以明晰化的状态及时呈现给学生，帮助他们理清各部分知识之间的区别和联系，及其在知识板块中的地位和作用。在此过程中我们体会了怎样解开混淆知识纽扣、赋予明晰化状态的过程，知道了整体化教学的魅力所在。

将转变混淆知识状态目标具体化、系统化，这样，学生在学习混淆知识时就不会觉得困惑，而是处于一种清楚明白的状态。利用相似性，使混淆知识前后呼应，并浑然一体地存在于一个有机整体之中，帮助学生形成良好的认知结构，使他们逐步具备“从整体看事物”的数学思想，以及有条理地思考和处理问题的能力。

## 从熟悉知识的角度加快混淆知识明晰化

张秀花是云南省昆明市寻甸县七星中心小学的优秀教师，她在教学《面的初步认识》一课时，就是通过各种手段让混淆知识逐步明晰化的。

对中小学生来说，“面”本身就具有混淆性，所以在教学中，学生就更容易把面积与周长混淆，或者出现其他方面的混淆。

上课之初，张老师拍了拍手掌说：“当我们拍手的时候，两只手碰击的地方叫做手掌面。现在请大家找到自己的手掌面，并摸一摸自己的手掌面，感受一下。”

学生都按照张老师的要求做了，张老师又指着书的封面说：“大家看看，老师的手掌面和数学书的封面比，哪一个面大呀？”

“书的封面大！”学生异口同声地回答。

“那书的封面和黑板的表面相比，哪个面大呢？”张老师继续问。

“当然是黑板的表面大呀！”学生笑着说。

张老师也笑了，说：“看来这个问题的答案太明显了，这里的‘黑板表面的大小’就叫做黑板面的面积。而它的整个外框的长度叫做周长，大家不要将它们弄混淆了。”

学生若有所思地点点头。

张老师接着说：“在我们身边还有很多物体，如桌子、凳子、书本、文具盒等。这些物体都有表面，这些面的面积有大有小。现在请大家选择其中的两个面来比一比，看看哪个面的面积大，哪个面的面积小。”

学生甲说：“桌子面的面积比凳子面的面积大。”

学生乙说：“文具盒的面积比书本的面积小。”

……

为了让容易混淆的面积知识以明晰化的状态呈现，当学生对面积有了初步了解后，张老师要求学生动手画出两个面积不一样的图形。之后，她挑出两幅大小相差很大的图形，学生们一眼就能判断出哪个面积大。

接着，张老师又通过书上的练习来加强知识状态的明晰化，说道：“第一题的四个图形中，哪个图形的面积大一些？你们有什么样的比较办法吗？”

学生回答：“数格子。”

“好的，那我们就用数格子的方法来做题，请大家将数的结果写在每个图形旁边。”张老师说。

当学生完成后，对于梯形却出现了两种答案，一个是14格，一个是16格。这里肯定是有的学生对混淆知识没弄明白。

张老师顿了顿说：“那究竟哪一个答案是正确的呢？同学们思考一下，在梯形中所有的格子是否是一样大的。”

一语惊喜梦中人，学生马上发现梯形中的格子并不是全都一样大，还有4个是半格的。这种明晰化的知识状态立马呈现在学生面前，原来混淆的知识也得以解决了。

有位机灵的学生马上站起来说：“梯形的格子应该是14格，因为梯形中的半格有4个，合起来就是2格。”

张老师点点头说：“对了，就是14格。通过数格子，大家知道哪个图形的面积最大了吗?”

“梯形的面积最大！”学生又是异口同声地回答。

……

纵观张老师的教学过程我们发现，她在教授混淆知识时能够自然、有序地将它们的呈现状态明晰化。

一开始，张老师借助学生的生活经验，选取学生熟悉的事例——如让学生摸手掌面、观察书的封面以及观察黑板的表面等活动——作为教学和练习的内容，并及时地把生活经验概括为数学知识。这在一定程度上就激发了学生的学习兴趣，让他们充分感知“面积”的意义，为容易混淆的面积概念的形成打下了感性认识的基础。

接下来是观察桌子、凳子、书本、文具盒等物体的表面，并比较两个面的大小。这恰恰是让面积概念以更加明晰化的状态呈现，为学生理解面积知识做了必要的铺垫工作。这点在张老师选择两个面积相差悬殊的图形，让学生仅凭观察就能作出正确判断中也得以表现。

方格可以说是学生比较熟悉的一种工具，张老师引导学生用“数方格”的方法来比较两个图形面积的大小，实际上就是将两个图形的面积大小的比较，归结为两个数的大小比较。这样，学生对混淆知识点便有较为清晰的认识了。

但是，学生却混淆了格子的大小而得出两种答案。张老师把握这一时机，对学生进行了有效的引导，通过将知识状态明晰化，让学生明白格子大小的问题，进而帮助他们得出正确的答案。

这些都说明了混淆知识并不可怕，关键在于教师要把握好混淆知识的结构，让它们以最容易被学生所接受的状态——明晰化状态呈现。那样，一切难题也都得以解决了。

## 2. 混淆知识明晰化的教学方法

混淆知识对教师的教学来说是一大挑战，同时也是一种机遇，因为它可以促使我们在教学中努力实现知识状态的转变，来适应教学革命的发展要求。但是，要真正落实知识状态的转变，使混淆知识明晰化，还需要教师不断地探索、发现。

除了上述的几种方法外，教师还可以参考以下几种策略：

### (1) 深入考究教材，逐步形成知识体系

在具体教学过程中，我们应该加强《新课程标准》的学习，尽量熟悉教材、考究教材，准确掌握教材中知识的系统性，把握教学内容的重难点以及各知识点之间的内在联系；还要对各种知识进行必要的归类，特别是那些容易产生混淆的知识，将它构成一个比较完整的知识体系，同时教师还应该强化知识的概括归纳，建立知识网络结构。

例如，在数学学科中，除法、分数、百分数、比这几个概念容易混淆，教师可以通过分析知识内涵，让学生清楚地掌握这些知识概念：除法是一种运算；分数既可以表示两数相除，同时它又是一个数；百分数既是分数，又具有其他特性；两数相除叫做两数的比，它既表示同类量之间的倍数关系，又反映几个不同类量之间的关系等。

### (2) 巧妙点拨，化无形为有形

由于受思维定式的影响，学生可能容易被一些混淆知识的表面所迷惑，而抓不住知识的本质。教师则应该及时提出有利于解疑的问题，并进行点拨，化无形为有形，提高学生思维的严谨性和准确性，让他们明辨是非。

例如，在求比值与化简比时，有的学生把比写成分数形式，而比值与比在形式上又没有明显的界线，所以很容易将两者概念张冠李戴，进而出现混淆产生认知上的错误。有的学生就认为“24/3”是表示化简比的结果。这就需要教师组织学生从定义、方法、结果三个方面讨论它们的区别，并明确求比值的结果是一个数，可以是整数、小数，也可以是分数；而简化比的结果仍是一个比。

当学生对易混的概念产生模糊认识时，教师的及时疏理、适时点拨，让混

淆知识以明晰化的状态呈现在学生面前，是能够有效地帮助学生掌握知识、理解知识的。

(3) 引导学生寻找知识的共同因素

在教学过程中，教师应该积极提供能促使学生辨认共同因素的情境，引导他们观察，并鼓励他们寻找、探索、发现共同因素，通过相互作用来真正认识那些易混淆的知识；应该鼓励和培养学生形成一种寻找相似性、统一性的联系意识，帮助他们实现知识的迁移；还应该有意识地引导学生自觉运用类比、联想的方法寻找相同要素以及相通的桥梁。

(4) 在学生的探索中走向明晰化

教师要放手让学生去探索、发现，在关键时刻加以引导。当学生有能力自学时，尽量让他们自己探究，教师只要适当地予以指导和帮助，充分发挥主导作用就行了。

学生在学习中暴露出的问题，往往不是学习中的难点知识，就是容易混淆的知识。教师首先让学生在自我探究中分析混淆知识，等到必要时再指出错误所在，对症下药地进行讲解，将混淆知识以明晰化状态呈现给学生，帮助学生剖析混淆知识，就能让他们更深刻、更牢固地掌握知识。

(5) 提高课堂教学技能

在教学中，教师应该不断加强自我教学技能，应尽量做到讲解清晰化、准确化、生动化，做到线索清晰、层次分明、言简意赅，做到有条有理、深入浅出。这些都有利于转变混淆知识的状态，使之以明晰化的状态呈现在学生面前。

## 六、复合知识解构化

1968年的某一天，一位胸怀大志的先生立志要在美国加州用玻璃建造一座水晶大教堂。他向著名的建筑设计师菲利普表达了自己的构思："我要的不是一座普通的教堂，而是一座人间的伊甸园。"

于是，菲利普询问他建造这样的教堂，所给出的预算能有多少？只见这位先生坚定地说道："事实上，现在我一毛钱都没有，所以对我来说，100万美元和400万美元并没有区别。重要的是，这座教堂本身要具有足够的吸引力，吸引捐助者的到来。"

教堂最终敲定需要的预算是700万美元。这个数字不但超出了他的承受能力，甚至也超出了他的想象范围，其他人也都对他说"这似乎不可能"。但这位倔犟的先生却发誓决不放弃，他在一张纸上写着"700万美元"，然后在这个目标下面写道：1. 找1笔700万美元的捐款；2. 找7笔100万美元的捐款；3. 找14笔50万美元的捐款；……

仅仅历时一年多，他便成功地筹集到了足够的款项。水晶大教堂开始风风火火地建造起来，它的每一个脚步都受到世人的瞩目。最后，水晶大教堂耗资2000万美元，在这位先生的不断努力下，奇迹般地募集了足够的资金，让这个大教堂成为了加州胜景。而这位创造奇迹的倔犟的先生就是美国著名电视节目《有力时刻》主持人、百万畅销书作家、加州水晶大教堂创建人罗伯·舒乐博士。

可以说，这个著名的水晶大教堂不仅是美国加州的胜景，它的建造更是一个奇迹。因为它是由一个当时"连一毛钱都没有"的人斥资建造起来的。那么，是什么成就了这样一件伟大的艺术品？

罗伯·舒乐博士在整个创造奇迹的过程中，只是运用了这样一个简单的原理完成了这个“不可能完成”的任务——“分解”。将整个巨大教堂里的每个结构分解出来。例如，以每扇700美元的价格，卖出教堂1万扇窗户的署名权等，将一个复杂的整体分解成一个个小的“整体”，然后循序渐进，最后到达成功的彼岸。

将“复合知识解构化”的原理也是如此。我们都知道，知识越“复合”，所涵盖的知识面就越广。面对一个多层次、复合型的“知识大厦”，学生在学习的时候往往不能全面而透彻地理解，不是忘了这儿，就是落了那儿。面对这种状况，我们怎样才能达到预期的教学目标呢？

### 1. 复合知识解构化的魔法

复合知识是由多个单方面或小知识结合在一起，用一种多层面、多纬度的形态呈现出来的知识。虽然复合知识表面上看似十分“健全”，但是在其“庞然大物”般的外表之下，有很多知识结构是不容易被学生发现和理解的。

形象地说，复合知识就如同我们现在生活中随处可见的复合强化地板一样。复合强化地板一般由四层材料组成，即耐磨层、装饰层、高密度基材层、平衡（防潮）层等组成，最后形成了坚韧、美观的地板。从表面上看，强化复合地板与普通地板没有什么区别，但是要想解释为什么它比普通地板更耐用，就需要将它进行解剖，分析它的每一层结构。否则只看表面，很难说出个所以然来。

在讲解复合知识时，面临同样的难题，怎样让它变得更容易理解，让学生就能一眼“看透”，已成为教师进行教学手段改革的一大重点。当学生对这种复合型知识结构不能快速地理解时，就需要打破这种“复合”形态，让知识的呈现形态更加简单、清晰，这便是“解构法”的运用。把复合知识分解成一个个简单的小知识，通过这种“化整为零”的方法，提高学习质量。

将“复合知识解构化”最早源于解构主义，要摒弃表面的“完整”，将其剖析，找出其中每个细小的结构，清楚明白地呈现出来。例如，修理工人要掌握一台机器的构造和性能，有一个最直接的好办法，就是把机器拆开，对每个零件进行研究，然后重新组装起来。从这个常见的日常生活现象，我们可以发现“由整体到部分，由部分到整体”的认识事物的方法。要想让复合知识被学生更深刻地理解，“解构化”就成了必不可少的良方。

新课标的显著特点就是将知识点分散呈现，充分体现了“螺旋上升”的教学思想。在这个理论前提下，我们可以看到，将复合知识解构化正符合了学生的认知特点。将复合知识通过解构，“化整为零”之后，原本难以琢磨的知识就成为了一个个清晰明白的“小知识”，自然变得简单易学。

不仅如此，将复合知识解构化的过程还能给学生带来很多好处。

(1) 提高学生的知识构建能力

将复合知识解构化虽然是对复合知识实施分解的过程，在这个过程中，学生不仅可以看到“分”的过程，也能通过逆向思维，从“如何分”而想到“如何合”。可以说，我们在进行知识解构的过程中，也在同步逆向演示着有序、有效的知识建构过程。

(2) 提高学生探究创新的能力

对复合知识进行解构时，知识中某些方面如有缺陷或不足的地方，很容易在分解、提炼的过程中暴露出来。此时，这些不足方面就成为学生进行深入探究、发现创新的基点。围绕复合知识中的这些不足点引发学生更深层次的探究，不仅可以完善原有的知识体系，也能扩展学生的知识面。

(3) 提高学生的系统化能力

在复合知识解构化的过程中，复合知识与其中包含的各个知识点是相对存在的。也就是说，复合知识既包含各种“分散的知识点”，同时这些“分散的知识点”又辅助构成了复合知识的完整形态。

因此，运用解构的方法改变复合知识的呈现形态，这种反复进行转换的思想过程有利于学生在日后的学习中，将琐碎的简单知识点连接成知识链甚至是知识面，最后形成完整的复合型知识，提高学生对分散知识实施整合的能力。

总而言之，复合知识解构化改变的不仅是知识的呈现形态，更提高了学生的综合学习能力，为将学生培养成多方位发展的复合型人才，打下了坚实的基础。

(4) 有利于提高学生的思维能力、记忆能力和语言表达能力

将复合知识解构化，清晰地展现了复合知识的结构，学生可以根据这种“简单”的知识理解“深奥”的知识，进而提高了他们的思维能力。并且这种

“简单”的知识更降低了记忆难度，从而提高了学生的记忆能力。

当学生在对复合知识进行叙述的时候，还可以根据各个简单知识的逻辑顺序进行叙述，做到思路清晰、层次清楚、逻辑性强、语言简洁。因而，通过对解构过程的叙述，还有利于提高学生的表达能力。

(5) 提供给学生自我检测水平的机会

教师要想提高学生的学习成绩，在教学的时候，就要充分掌握学生的理解程度与学习能力，因材施教，将知识变成学生最容易理解的程度。

那么，怎样才能在不影响学生“自尊”的情况下真实地掌握学生的能力水平呢？对复合知识进行解构的过程就为我们提供了最好的时机。例如，教师将复合知识根据由低到高的层次分解，让学生由低到高地学习，哪一层出现了较大的问题，那么教师就可以对这一部分进行加强训练。

(6) 有利于学生发现和突破知识难点

复合知识中包含有很多知识点，其中包括一些难点。将复合知识解构化以后，就可以对其中包含的每个知识点进行深入的探究，从而有利于发现和突破知识难点。学生在解构的过程中，还可以对自己已有的知识体系进行检索，从中找到不足，以对其进行更正和完善。

## 范例观摩一

### 解构复合知识，降低学习难度

叶平老师是上海市福山外国语小学的高级体育教师。他的人生格言是：学生是我的世界，教育是我的天空。也正是在这样的信念下，叶老师的教学方法新颖、多变，他认为只要是对学生有利的，就是最好的教学方法。

在体育课中，叶老师就采用“解构”的方法，大大降低了学生们的学习难度。在进行《立定跳远和地滚实心球》教学时，叶教师是这样做的：

在课堂导入环节，叶老师说道：“同学们，你们知道吗，2008 奥运会马上就要来到了，所有参加奥运会的运动员都有很多的本领，你们想不想和他们一样，也学会多种本领呢?”

学生们异口同声地回答：“想！”

“那好，今天我们就从立定跳远和地滚实心球学起。那我们先做准备活动吧，面向老师每人一个位置分散站立，准备好了吗？开始！”

在老师的一声令下，学生们在体育委员的带领下，认真地做起了准备活动。活动结束后，叶老师给予了鼓励：“你们做得真棒！好，接下来我们先来学习立定跳远的本领好吗？谁能告诉老师立定跳远的基本动作？”

此前他们已学过一次，动作的要领知道但不一定完全记得住。

学生小明回答：“两个脚左右分开，然后手要举起来，接下去半蹲手往后摆，最后用力跳出去。”

“说得不错，但是好像有点难记，你们有什么好方法能让这个动作要领变得好记呢？”叶老师的话引起了学生们热烈的讨论。

最后，叶老师笑一笑说道：“老师把动作的要领编成顺口溜，大家听一听，看看好不好？”

学生们聚精会神地听，叶老师说道：“直立举过头，下蹲摆过腰，蹬地向前跳。怎么样？”

学生们回答：“很好！”

叶老师继续说道：“现在，我们大家边念边练这个动作。”

学生们分组练习起来，但是仍有学生总是不得要领。这时，这个动作的教学就属于一个“复合知识”，只是这个知识是动态的，而非理论型的课堂讲解。但是，我们仍然可以利用对其进行“解构”的方法，将其剖析、分解，将每一个动作要领都提炼出来，降低学生们的学习难度，让他们更准确地掌握知识。

于是，等大家练习了一会儿后，叶老师对学生说道：“大家都做得非常好，现在老师有一个问题想要考考你们。请问，有谁知道小动物从高处跳下时为什么没有摔伤？”

平时活泼好动的小强第一个说道：“老师，我知道。因为它们脚上都有一个软软的小肉垫。”小红又补充道：“我观察过我家的小动物，它们前面的脚先落地，而且跳下来时脚还弯了弯……”

“回答得非常好，看来大家平时都是非常认真观察的孩子。”叶老师继续说，“因为落地时要做到屈膝缓冲，平稳落地，这样才能既跳得远又不会受伤。那么又有谁知道小青蛙在荷叶上跳跃时为何不会掉下来？”

学生回答：“因为它们个子小，落下来的时候也非常轻巧。”

“嗯，分析得很正确。”叶老师说道，“所以我们在完成跳跃动作的时候，就要注意在跳的时候要像小动物一样，要灵活轻巧，并且膝盖也注意做缓冲动作。现在请小芳来根据我们刚才所分析的要领，做一下演示动作。”

遵照之前的分解要领，小芳出色地完成了演示。操场上顿时响起了热烈的掌声，大家都对她赞不绝口。

但跳跃只是整套动作中最基础的部分，也可以说是“复合知识”中的一个基本单元，看到学生们已经轻松地掌握，于是叶老师又说道：“好，现在老师想给你们增加点难度，每个人在跑道上找一条起跳线，要求在脚尖不超线的情况下向前跳，看看谁跳得远，落地轻。注意，不能面对面来回跳，以免碰撞受伤。”

学生们认真地练习了起来，看着大家标准的动作，叶老师欣慰地笑了。在接下来的“地滚实心球”的教学中，叶老师仍然运用了这种“解构”方法。为了更好地加强学生的理解能力，于是在原有经验的基础上，叶老师提高了学生的参与性。

叶老师说道：“接下来我们要学习地滚实心球。大家有没有见过打保龄球呢?”

学生们大声回答道：“见过!”

“那我们现在就一起来试一试。每人一球，分散练习。”说完，学生们在体育委员的帮助下，每人拿一个实心球开始认真地练习起来。叶老师这样做，是先让学生对整个动作有了一个整体的认识，为下面的“解构”打下基础。在学生们进行练习的时候，叶老师来回巡视，遇到表现好的，都给予了及时的肯定。

之后，叶老师请学生们自由上前演示自己的动作，其他学生除了认真观看，还在教师的引导下，表达了各自不同的意见。有的学生指出：“小刚的球滚速度太慢了，球滚的距离太近了……”

叶老师说道：“大家观察得非常仔细，其实他的动作还不错，只是在挥臂时速度慢了点，如果想把球滚得更远的话，那这个挥摆动作就一定要快。”

在叶老师的指导下，小刚将动作重新做了一遍，大家纷纷点头表示满意。之后，在讨论中，学生们又分析了腿应该怎样蹲、手应该怎样弯曲、眼睛应该往哪里看等一系列关于分解动作的要领，解构过程清晰、简明。

最后，叶老师说道：“为了便于大家记住要领，我们将刚才的每个分解动作重新编成一段顺口溜怎么样?”

学生们高声答道：“好!”

在叶老师的引导下，大家共同完成了口诀：两脚屈膝前后开立，持球由后向前用力，对准目标快速挥臂。

就这样，这堂课在学生们的欢声笑语中结束了。通过从整体感知再到解构记忆，学生们一步步掌握了动作要领，教学活动非常成功。

在上面案例第一环节的教学中，学生对教学内容已有了初步的感知，但是学习效果并不令人满意。是学生不会做这个动作吗？显然不是。那为什么会出现这样的状况呢？分析原因，叶老师发现学生对动作的细节掌握得并不是很好，也就是没有对动作做深入的探究。于是，在叶老师的引导下，学生开始对这个动作进行解构分析。从抬臂到下蹲，从动作形态到动作力度，分析得很透彻。学生在这个分解的过程中一步步地掌握，慢慢纠正了自己的错误，很快动作就变得非常准确。

要想对一个知识进行解构，首先就应该对它有一个整体的认识。于是，叶老师让学生根据打保龄球的动作自由练习，在这种感知中寻找欠缺，解构的过程也就慢慢展开了。最后学生用口诀对所有的解构过程作了总结，也是对学习效果的一种检验。利用解构的方法，叶老师不仅出色地完成了教学任务，学生更在不断细化的动作过程中，感受到了运动的魅力。

## 利用“问题搭桥”策略，解构复合知识

河南省开封市江口镇中心小学的高级数学教师苏小坚老师在进行多步应用题的讲解中，就充分利用了“问题搭桥”策略，对知识实施解构。

有一道小学四年级的应用题是这样的：某工厂运来一批煤，原计划每天烧5吨，可以烧12天。现在改进烧煤技术后，每天比原计划可节约1吨煤。问现在这批煤可以烧几天？

学生们快速地思考了起来，虽然有些学生做对了答案，但是也仍然有一部分学生没有找到方法。

这是一道典型的复合三步计算应用题，从表面上看这道题非常复杂，思路并不是很清晰，学生解答时很容易出现困惑。于是，苏老师经过分析，首先将问题进行了分解。

她首先问道：“同学们请看这里，如果老师把问题变成‘工厂运来一批煤，原计划每天烧5吨，可以烧12天，这批煤有多少吨?’”

学生们很快就算出了答案，答道：“这批煤一共有60吨。”

“你们算得真快啊!”苏老师笑了，然后继续说道，“现在老师提第二个问题：工厂原计划每天烧5吨，现在改进烧煤技术后，每天比原计划节约1吨。问现在每天烧煤多少吨?”

看到这样的题目，学生都觉得简单，很快便做出了答案，结果为：现在每天烧煤4吨。

苏老师又说道：“那么，现在老师再重新提一遍原来的问题：工厂运来一批煤重60吨，现在改进烧煤技术每天烧4吨，现在这批煤可以烧多少天?”

学生们恍然大悟，最后计算出的结果是15天。最后综合算式：

$5\times12\div(5-1)$

$=60\div4$

$=15$（天）

第二道题目是，一辆汽车从甲城经过乙城到达丙城，共用了36小时。已知甲城到乙城的路程是640千米，汽车以每小时32千米的速度行驶，其余路程汽车以每小时27千米的速度行驶。求甲城到丙城的路程是多少千米?

这也是一道综合应用题，在进行讲解的时候，苏老师也将它进行了解构，分解成了四道基本应用题进行计算。

问题一：甲城到乙城的路程是640千米，这辆汽车以每小时32千米的速度行驶，要行驶多少小时?

学生的计算结果为：$640\div32=20$（小时）。

问题二：从甲城经过乙城到达丙城行驶36小时，从甲城到乙城行驶20小时，乙城到丙城需要行驶多少小时?

学生的计算结果为：$36-20=16$（小时）。

问题三：从乙城到丙城以每小时27千米的速度行驶，用了16小时，所行的路程是多少千米?

学生的计算结果为：$27\times16=432$（千米）。

问题四：甲城到乙城的路程是640千米，乙城到丙城的路程是432千米，甲城到丙城的路程有多少千米?

学生的结算结果为：$640+432=1072$（千米）。

最后，经过大家讨论，列出了这道复合题的综合算式：

640 + 27 × （36 - 640 ÷ 32）

= 640 + 27 × 16

= 640 + 432

= 1072（千米）

在教学过程中，苏老师并没有直接告诉学生们解答的方法与答案，而是先把知识进行分解，然后通过提问一步步深入。这样就让原本呈复合结构的“大知识”，变成了三个或者四个相对单一的“小问题”。经过苏老师对复合知识进行解构，拆拆合合，这道原本结构复杂的复合型题的来龙去脉就变得非常清楚，一目了然。学生从开始时的“不知所云”到后来的“得心应手”，都充分显示了“解构法”的教学效果。复合知识在数学教学中出现的概率很高。随着年级的升高，学生遇到的复合知识也越来越多，“复合知识解构化”也就更突显出了它的重要性。

教师在整个过程中的作用是要利用各种问题为学生的思维搭桥，从而为学生探求知识指引正确的思维方向，而不是把答案直接告诉学生。在这个过程中，提问是教师最好的帮手，而这种方法也可以称之为“问题解构法”，即利用对复合知识反复提问，然后解决，在解决的过程中继续提问。直到所有的问题都解决了，这个复合知识才算完成了“解构化”。

可以说，提问是教师教学当中的有力法宝，在将复合知识解构化的过程中，它同样是进行教学改革的得力助手。只要我们合理地运用，学生学习和掌握复合知识就不会太难了。

## 2. 将复合知识解构化的注意事项

复合知识解构化既是知识的革命，同时也是教学的革命。要想让这种改革发挥出更大的效用，在进行解构的过程中，我们要着重注意下面几点：

(1) 订立不同层次的目标

1984年，在东京国际马拉松邀请赛中，名不见经传的日本选手山田本一出人意料地夺得了世界冠军。当记者问他凭借什么取得如此惊人的成绩时，他说了这么一句话：凭智慧战胜对手。

大家对他所谓的“智慧”都有些迷惑不解。

10年后，他在自己的自传中道出了这个“智慧”的真相：“每次比赛之前，我都要乘车把比赛的线路仔细地看一遍，并把沿途比较醒目的标志画下来。比如，第一个标志是银行；第二个标志是一棵大树；第三个标志是一座红房子……这样一直画到赛程的终点。

比赛开始后，我就以百米赛跑的速度奋力地向第一个目标冲去，等到达第一个目标后，我又以同样的速度向第二个目标冲去。四十多千米的赛程，就被我分解成这么几个小目标轻松地跑完了。

起初，我并不懂这样的道理，我把我的目标定在四十多千米外终点线的那面旗帜上，结果我跑到十几千米时就疲惫不堪了，因为我被前面那段遥远的路程给吓倒了。”

第一个标志……第二个标志……第三个标志……正是这种循序渐进的态度帮助山田本一获得了世界冠军。

山田本一的故事告诉我们，不要畏惧过于遥远的目标，运用化整为零的方法，努力实现一个又一个眼前可以企及的小目标，就是追求理想的第一步。成功从来都无法一蹴而就，只有循序渐进，让每天的忙碌都发挥功效，才能距离目标越来越近。

在教学当中，将一个整体的复合知识通过解构，拆成几个基本的简单结构，可以大大降低学生的学习难度。但是在这个过程中，学生们也经常会陷入这样的困境：知识过于复杂、烦琐而无从着手，甚至望而生畏。结果，虽然将复合知识进行了“解构”，但这个“解构”却变得一塌糊涂。分解过程中毫无目的地“细化”，只会增加学生的负担，让学习“一个”知识变成了学习“很多”知识。而这种知识量的加大没有任何实际的意义，只能让学生在“大量”的知识面前望而生畏，产生逃避心理。为了不让学生在烦琐中丧失信心，教师要在保证思路清晰的前提下，引导学生们订立适合自己程度的目标。将分解出来的知识排列成一个个“目标站”，让学生逐一跨越，不要急于“一口吞个胖子”，而要循序渐进，一步一步进行。

由于学习成绩和学习能力的不同，对知识的理解程度也不尽相同，学生们都存在一定的个体差异。因此，在对复合知识进行解构的过程中，引导学生订立不同层次的目标对学习质量的保证是十分重要的。例如，在进行训练时，教师可以让学生自由地给自己订立目标，将解构的程度、难度、过程等级分成不同的目标进行，从易到难。如此，不仅顺应学生心理发展的需要，更提高了学生的自信心和积极性。

(2) 注重过程的简洁性和新奇性

著名作家、诗人约翰·沃尔夫冈·冯·歌德曾说过这样一句名言："哪里没有兴趣，哪里就没有记忆。"可见，兴趣对学生知识记忆的提高起着极其关键的作用。也就是说，如果学生对解构的过程、解构以后的呈现形态没有任何兴趣，那么可以肯定地说，这次知识的变革是失败的。因此，将复合知识进行解构时，要让解构的方法与途径尽量演绎得富有特色。要么言简意赅，简洁明了；要么新颖奇特，出乎意料。

例如，将复合知识进行结构分解，最简单、最直接的目的就是将复合型结构的知识变成单结构知识。那么，教师就可以在"单"上下工夫，让这个"单"够彻底、够痛快，让学生一看就能明白。或者在新奇上下工夫，让知识解构的过程"新奇"到学生意想不到。要让学生有一种"原来这个知识还可以变成这样"的惊喜，并在这种好奇心的驱使下，产生对学习的浓厚兴趣。

(3) 坚持"一分、二连、三整体"的原则

①"分"就是将知识的复合结构分解成单结构，这就是我们所说的"一分"，并且要分得清晰，分得合理。

②"连"就是当知识解构以后，所有分离出的知识相互之间必须有一定的关联，也就是无论它们最后以怎样的形式呈现在学生眼前，最后仍然可以连接成一个整体，连接成原有的复合知识，知识的重点。

③"整体"是进行复合知识解构化时最重要的过程之一。复合知识是一个相对来说较为有"整体感"的知识形态，即使我们将复合知识进行解构，这种"整体感"却不能被破坏。特别是学生在学习的时候，这种整体解构感会增加学生对各种知识的有效归纳能力。不仅如此，掌握知识的整体性才能更好地找到最佳解构方案，将知识变成学生更容易接受的状态。

总之，复合知识要想被学生更快速地理解、记忆，知识的整体性必不可少。否则杂乱无序，或者某些个体又过于突兀等现象都会严重影响学生的学习效果。将知识分解成了互不相干的个体，学生看得"无头无尾"，思绪只能变成一团乱麻，那么这个知识也就被彻底地"换脸"又"换心"了。

(4) 解构过程中，注意点、线、面完美结合

学习总是从掌握基本知识点开始，对知识进行改革也应遵循这样的认知规律。既要抓点、抓线、抓面，又要做到点、线、面的完美结合。

当我们将复合知识分解时，一定会根据知识的结构特点和学生的学习需要进行解构，其中会分解出知识点、知识线，也会有某个知识面。在这个过程中，点、线、面不同的知识要给学生一种清晰的概念，哪些是知识点，哪些是知识面，哪个知识点可以相互联系成面，哪个又起到了串联的作用。

这样清晰的概念有助于学生对整个知识进行系统性的掌握。采取点、线、面相结合的方法，以点串线，以点带面。在内容掌握上，抓“点”，串“线”，拓“面”逐步展开，从而实现知识由“分解”重归“复合”的全套思路转变。

(5) 解构的过程中，注意分层次

知识改变形态主要是为了提高学生的理解能力，提高学习效果。因此，对复合知识进行改革的过程，遵循学生的记忆规律是首要的前提。

我们都知道，学生对简单的知识不仅容易掌握，更会增加他们学习复杂知识的信心，也为复杂知识打好了学习的基础。所以，在对复合知识进行解构的过程中，应该尽量分层次进行，也就是遵循“由低到高、由易到难”的原则，让学生在学习知识的时候可以一步步进行，让学习变得更加轻松，避免对知识进行解构的过程中层次混乱而扰乱学生的思路。特别是在难度的分配上一定要准确把握，避免做无用功。

例如，在一个复合知识中包含 A、B、C、D 等不同层次的知识，学生们对 A 层次的知识掌握得非常熟悉，在进行解构的过程中，就可以将 A 知识省略或者相对忽略、淡化，从而节省时间，提高学习效率，也让知识更简洁。

(6) 让学生成为解构的主体

教师的职责不仅要“授人以鱼”，更要“授人以渔”，在传授学生科学文化知识的同时，更应该教会学生学习的方法。

对复合知识进行解构，不仅仅是改变知识的呈现形式，这个解构的过程更是一种彻底认识知识的过程。因此，教师在教学中应将自己的角色放在引导者的位置上，鼓励学生积极参与，让学生通过亲身体验，感受复合知识解构的过程。

这样，不仅可以加深学生的印象，更可以让学生在看到知识成功解构化以后，从中获得学习的满足感，提高学习积极性。

(7) 在分解中比较分析

俗话说：“有比较才能见分晓。”复合知识中包含很多隐性知识，我们将它解构，然后让它们清晰地呈现在学生面前。但是，仅仅呈现就可以了吗？当然不是。知识虽然被分解出来了，但它们在复合知识中的作用和地位都不一样。只有通过对比，才能找到它们存在的不同意义。

因此，引导学生对这些知识进行对比，可以找到它们的异同，同时在对比中更可以清晰地看到哪些知识更加重要，需要重点学习，哪些可以引申出更多的知识点。

对复合知识进行解构可以有很多种方法，但是无论哪种方法都应该注意以上几点内容，避免对学生产生负面影响。

### 3. 复合知识解构化的教学方法

让学生快速掌握所学的知识，除了教学方法的作用外，知识的呈现形式也起着关键的作用。面对理解难度相对较大的复合知识，将其进行解构可以带领学生透过现象看本质，让学生将知识看得透彻、学得透彻，学习才能蒸蒸日上。

对复合知识进行解构有多种方法，每种方法都有各自的特点，怎样运用，要视具体情况而定。根据学生的学习需要，可以单独使用，也可以多种方法配合使用。具体的方法，可以参考以下几种：

(1) 模拟演示，简图分解

这种方法就是利用简图，清晰演示复合知识的解构过程。一般多适用于地理、历史、化学等可以进行演示的科目。例如，在学习地理知识时，如遇到复合知识，利用板图演示就是一个很重要的方法，它可以将复合知识中各种结构“重现”，又让学生从清晰的板图中认清知识的结构，从诸多联系中摸清规律，理解知识的本质，抓住复合知识的核心。

(2) 顺序排列，文字解构

对于学习中某些抽象复杂、难以解释说明的现象，或某项内部包含环节较多、综合性较强、知识面较广的复合型知识，我们可以依据其内在规律，将其起始因素、中间过程、最后结论或其各种属性、各个部分和方面，一个一个地按其内在联系的顺序，用文字形式细细排列讲解，让各种概念、内涵更加明晰。这种利用书面的形式呈现出来的结构，会加深学生的印象，让学生在他们的直观感受中理清学习思路。

例如，进行分解“大气运动”一节时，可从太阳辐射在地球表面的分布状况起，按照顺序用几组文字，从热量分布、大气密度、气压、气压梯度、气压梯度力和地转偏向力等概念入手进行分解，把大气运动的原因，大气从垂直运动到水平运动的完整过程细细排列出来。

如太阳辐射在地球表面分布不均→各地受热多少不均→近地面大气受热膨胀上升或冷却收缩下沉→产生大气垂直运动→同一水平面上大气密度不同→同一水平面上气压高低不同→出现水平气压梯度→产生水平气压梯度力（垂直于等压线并指向低压）→大气由高压水平流向低压形成风……

这样一来，对有关概念就认识清楚了，对大气从垂直运动到水平运动的全过程就有了一个全面、系统的了解，在这个基础之上再学习掌握更为复杂的大气环流现象就容易得多。

这种解构方法，符合学生逻辑思维趋势，所以他们听得懂、记得牢，表达起来也清楚明白。最后再回到最初形态的复合知识上，进行归纳综合。这样，既传授了知识，又教给学生分析问题的方法，达到了知识传授与能力培养同步进行的教学效果。

(3) 归纳比较，列表分解

列表分解和文字分解形式不同，但实质是一样的。文字分解复合知识适用于认识和理解系统性较强、环节或过程跳跃性较大的复合知识；而列表分解则一般用于包含较多平行或并列内容，难以理清头绪、分清异同的复合知识。

利用列表对这种复合知识进行解构化，其最大的优点就是简明扼要、一目了然。不仅如此，列表分解法还可以帮助学生对各个结构寻异求同。

例如，生态系统的内部能量流动和物质循环的对比，是很复杂的问题。讲课时我们常常将它分解成六点十二个方面。由于分解数量较多，我们可以将这些内容变成填写表格的方式列出，然后再加以区分。这样对比鲜明，学生一眼就能看出它们的异同，学习也会变得更加深入、彻底。

古人云：“法乎其上，得乎其中。”就是说，只有选择了最好的方法，才能取得超乎一般的学习效果。复合知识解构化可以化笼统为具体，化抽象为形象，有助于提高学习效果。它不仅将复杂的知识变简单、让困难的知识变容易，更将教学与知识艺术化、精良化、高效化。只要我们正确、合理地运用，任何复合知识都会成为学生的“朋友”。

## 七、孤立知识关联化

司马相如是西汉时期著名文学家，他和卓文君的爱情故事已经成为千古传奇。但是据说，他在长安被封为中郎将时觉得地位不凡，产生了休妻的念头。

有一天，他派人送给卓文君一封信，信上写着“一二三四五六七八九十百千万”十三个大字，并要卓文君立刻回信。

卓文君看了信，知道丈夫有意为难自己，十分伤心。想着自己如此深爱他，他竟然忘了昔日“月夜琴挑”的深情，于是提笔写道：一别之后，二地想念，只说是三四月，又谁知五六年，七弦琴无心弹，八行书无可传，九连环从中折断，十里长亭望眼欲穿，百思想，千系念，万般无奈把郎怨，万言千语说不尽，百无聊赖十依栏，重九登高看孤雁，八月中秋月不圆，七月半烧香秉烛问苍天，六月伏天人人摇扇我心寒，五月石榴如火偏遇阵阵冷雨浇花端，四月枇杷未黄我欲对镜心意乱，急匆匆三月桃花随水转，飘零零二月风筝线儿断，郎呀郎，巴不得下一世你为女来我做男。

司马相如读信后惊叹不已，被夫人的才思敏捷和一往情深打动了，于是很快打消了休妻的念头。

从这则故事中我们知道，卓文君的确很有才华，在面对原本孤立的十三个数字时，她并没有被难倒，而是巧妙地将自己多年的感受淋漓尽致地融于十三个数字之中，这立刻就使它们之间产生了关联。正是这种关联，从时间上和空间上触动了司马相如的心灵，使他联想起自己曾经的经历以及妻子如今的境遇。

知识也是一样，具有普遍联系的属性。作为教师，我们对孤立知识的关联性都会有一定的了解，明白它们之间的关系，但学生由于认知能力上的差异及其他方面的原因，不能准确地把握各个知识之间的联系，这就要求教师在面对孤立知识的教学时，要有意识地运用普遍联系的观点去转变孤立知识的状态，让知识以关联化的状态呈现出来；同时积极运用适当的教学手段，使之成为一个整体。此外，教师还应该教育学生从理论上把握知识联系的普遍性，让他们学会运用联系的观点看待和分析知识，从而帮助他们更容易地掌握相关知识。

孤立也就是与外界没有联系，独立存在、无所依傍。但是，孤立并不是绝对的，就像海上一座座彼此分离的岛屿，从表面上看似乎没有任何联系，但从根本上说，它们还是一体的，是存在于同一片海域的"岛群"中的个体。

造成直觉上孤立的原因有很多，或许是事物之间的联系本身就不强，或许是我们不善于发现事物之间的隐性关联。例如，数学教学过程中关于圆、椭圆、双曲线的知识，它们看似孤立的，每一章、每一节的内容都没有关联。而事实上，这三者之间是存在着千丝万缕联系的。如果教师没有很好地将它们的内在关系呈现给学生，就有可能成为阻碍学生全面掌握知识的一大障碍，同时也给教师的教学带来一定的负面影响。

### 1. 孤立知识关联化的关键——在对比中联想

教学是"教"和"学"的统一体。教师是"教"的执行者，学生是"学"的参与者。在很大程度上，学生的学主要是在教师的引导下进行的。教师引导的目的就是逐渐放开学生的思维，让他们在浩瀚学海里展开联想，在联想的过程中进一步理解知识。无论是从时间上掌控还是从空间上把握，都需要通过联想将孤立知识连接起来。这里的联想主要指对比中的联想，它包含两个方面，即纵向联想和横向联想。

(1) 纵向联想

纵向联想，就是抓住某一知识的要点，使它前后都能连贯起来。以历史学科为例，就是以某一史实为基点，不但可以涉及它前面所发生的历史事件，而且可以联系到后来发生的历史事件。这样从点拓展到线，便于学生记忆。

例如，在讲到《马关条约》中日本割占中国领土台湾时，我们拓展相关知识，公元230年孙权派卫温去夷洲（即台湾），隋炀帝三次派人去流求（即台湾)，元朝设澎湖巡检司，明朝郑成功收复台湾，清朝设台湾府等，让学生从一系列事件中得出结论——台湾自古以来就是中国的领土。

同时，我们还可以提到第二次世界大战后期，《开罗宣言》中明确规定日本必须归还侵占的中国领土，直到第二次世界大战胜利后，台湾才回归祖国，日本侵占中国台湾达 50 年之久。这就将有关台湾的历史知识前后贯通起来，使学生更加清楚地了解有关台湾的历史知识。

纵向联想还包含比邻联想，它是由事物在时间上的接近而引起的联想。事物之间必然存在着某种联系，比如说历史，总体上看它不存在因果关系，而是在时间上前后相继、连续发展的。

例如，在讲述中国近代文化史时，我们可以从中国古代的天干地支纪年法入手，让学生明白每 60 年一循环，之后告诉学生在近代史上有两个庚子年：前一个即 1840 年，英国殖民者挑起了鸦片战争；后一个则由学生推出是在 1900 年，八国联军大规模侵华。

再如，近代诗坛上曾留有两首《己亥杂诗》，前一首是龚自珍的，背景是鸦片战争前夕；后一首是黄遵宪的，背景是八国联军侵华的前一年等。

(2) 横向联想

横向联想，就是把发生在相同时期的不同事件，或不同时期的同类事件联系起来。这样，在时空上便给学生一个清晰的认识。我们还以历史学科为例，看怎样通过横向联想将孤立知识呈现关联性。

例如，在讲述中国古代科技史中“瓷”的发明时，教师可以先讲述中国人早在公元前 1000 年左右就懂得烧制坚硬、洁白的氧化物——瓷；接着再提出中国人却一直不会烧制同样坚硬、但是透明的另一种氧化物——玻璃；最后再提出至少在公元前 1400 年左右，埃及人已经能够批量生产玻璃，包括半透明的玻璃。

在这样的引导下，学生很容易就知道了瓷与玻璃的共同点是氧化物，均于公元前 1000 年以前发明；不同点是一个透明，另一个不透明，一个是中国人发明的，另一个却是古埃及人发明的。

再如，讲解到西汉初年经济凋敝，教材上说当时天子的马车都找不到毛色相同的四匹马，那些大臣将相只能乘坐牛车。对此，我们可以根据史实对比一下此时匈奴的实力：公元前 200 年，匈奴 40 万精骑在白登包围了汉高祖刘邦率领的 20 万步兵。匈奴阵中，西方马色皆白，东方马色尽青，北方马色全黑，南方马色赤黄。这样，同时期的西汉和匈奴的实力就显而易见了，就能很好地促进学生对西汉初年经济凋敝情况的了解。

这是对发生在相同时期的不同历史事件的比较，将历史知识横向联系，使学生从中能够轻易地得出认知。接下来，我们来看看不同时期的同类历史事件之间的比较。

在教学南宋的灭亡时，我们可以将其与北宋灭亡相比较：

1115 年，金国建立，北宋联合金国攻辽，但金国基本不需要北宋的援助就可以灭掉辽国。灭辽后第二年，金灭北宋。

1206 年蒙古兴起，主动派使臣到杭州要求联合南宋攻金，一些朝臣想到一百多年前宋金攻辽最终北宋为金所灭的故事，便反对联合蒙古，但宋廷最后还是同意了。结果蒙古没有依靠南宋的力量就灭掉金国，转而进攻南宋。

通过这样的对比，学生自然会发现南宋、北宋灭亡的相似之处了。

总之，无论是横向联想还是纵向联想，都是实现孤立知识关联化的一种手段。作为教师，我们很有必要灵活地掌握这种手段，为学生更好地理解知识奠定基础。

## 从时间上掌控孤立知识

马学松是江苏省南京市江浦高级中学的历史特级教师，他的教学过程仿佛具备了某种魔法，让学生穿过时间的隧道，在浩瀚的历史海洋中自由游弋。学生在经过时间对比后，不仅对历史知识有了更透彻的理解，而且还能够将原本孤立的知识进行关联化学习。

在教授完《戊戌变法》后，为了让学生对这次变法有一个彻底的理解，马老师对学生说："在世界近代史上，1840 年以前的中国和 1853 年以前的日本有很多相似之处。其中最重要的就是都同处在西方资产阶级革命成功、商品经济蓬勃发展、世界市场逐步形成、殖民主义浪潮席卷世界的时代。而在这个时代中，闭关锁国的国家是难以生存下去的，但中日两国的统治者却因为种种原因，仍然实行着闭关锁国的封闭政策。后来，中日两国的大门都被西方的炮火轰开了，之后他们又都为挽救民族危亡而进行一系列的改革运动，即中国的'戊戌变法'和日本的'明治维新'。现在请大家思考一下，同是在 19 世纪中后期的中国改革和日本改革在哪些方面存在着一致性呢?”

对于这样的问题,学生的思维一下子被激活了,由当前所学的知识延伸到其他知识,在脑海中浮现“明治维新”的历史背景。

这时,学生小叶站起来回答:“我认为它们所面临的外部环境是一致的,都是面临着西方列强的全面侵略、面临着殖民地化或半殖民地化严重危机时所发生的政治运动。这一点我是从老师刚才和我们说的那段话中领悟到的。”

马老师笑笑说:“很好,能够从我的述说中概括出问题的答案,说明你善于倾听。其他同学还有补充的吗?”

过了一会儿,小张说:“我们知道,中国的资本主义萌芽最早可以追溯到北宋,到了明代中叶,资本主义生产方式有了较为可观的发展。但是,当时还是封建的自然经济占统治地位。后来虽然经过洋务运动的推动,资本主义经济成分有所增长,但仍未占主导地位。经过鸦片战争后,中国半殖民地化的因素加强了。而此时戊戌变法正是以带有半殖民地化色彩的封建社会为母体,向资本主义过渡的变革。”

小张顿了顿,接着说:“而日本社会当时也出现了资本主义因素,但是不居主导地位,自从1853年开关后,半殖民地的烙印也重重地打在了日本身上。因此,日本的明治维新也是以带有半殖民地色彩的封建社会为出发点,旨在经过变革而走向近代文明的政治运动。”

马老师向小张投以赞许的目光,并率先为他鼓掌说:“你的分析很有见地,其他同学应该向小张学习。接下来还有谁要补充吗?”

小张乐呵呵地坐了下来,大家又进入了思考的状态。这时,马老师又给出了一定的提示:“大家可以从改革的内容上去分析。”

不久,平时喜欢研究各种改革内容的小强站出来,说:“戊戌变法虽然以失败告终,但是运动中的主要人物还是提出了一系列主张,例如废八股、办新式学堂、开言路、裁减绿营、裁撤臃肿机构、准许自由开设报馆、设中国银行、矿务铁路总局、办农会商会、训练精兵、奖励新发明,以及在百日维新之前作为运动先声所提出的反对签订不平等条约等。从这些主张中我们可以看出,它们不是针对社会生活的个别问题,而是涉及政治、经济、军事、思想文化领域。而明治维新运动所提出的尊王攘夷、尊王倒幕、版籍奉还、地税改革、废藩置县,以及‘以西洋文明为目标’大量输入西洋文化的措施等,也都是社会生活中的重大政治、经济、军事和思想文化问题。因此,我认为两者的改革内容是一致的，都是关于社会体制、社会制度方面的。”

又是一阵热烈的掌声，课堂气氛急剧高涨，在马老师的点拨下，学生的思维能够做到由此及彼，使那些原本孤立的知识之间都建立起某种联系。此时马老师的脸上也露出了微笑，说：“你不愧为研究改革内容的高手，能够从中找到本质的相似。大家还能不能找出其他方面的相同点呢？”

不一会儿，小华说：“戊戌变法是以康有为、梁启超等人为首的知识界精英们，簇拥着光绪皇帝而展开的运动；而明治维新是日本天皇在一批武士支持的萨摩、长州二藩和一些有西方思想的志士的拥护下而开展的。因此，我认为戊戌变法和明治维新，都是围绕着皇帝的一个政治集团酝酿、引发、组织、施行，自上而下地采取颁布政令、法令等方式进行的。”

“对了，这也是它们的相似点，看来同学们经过对比对戊戌变法和明治维新之间的相同点有了一定的认识。我们知道，戊戌变法和明治维新都是发生在19世纪中后期，但是它们的结果却不一样。中国在戊戌变法之后，进一步陷入半殖民地的深渊，成为帝国主义列强蚕食、瓜分的对象，而日本经过明治维新运动后，却摆脱了殖民化命运的枷锁，走向资本主义。那么，请大家再思考一下，为什么会出现这样‘同途’而‘殊归’的情况？我提示一点，大家可以从两者不同之处着手。”马教师一边总结大家的发言一边又提出了新的问题，进一步引导学生将知识进行关联性对比。

这一问又将学生带入时间隧道，一个个都在认真思考并讨论两者的不同。几分钟后，小杨主动回答：“我认为，从某种程度上说，改革成功与否，与在旧的统治阶级营垒中是否能分化出一支革新的力量，以及这支力量的实力情况有着一定的联系。当时中国的维新势力仅仅以有资产阶级倾向的士大夫知识分子为核心，联合了少数官僚，依靠的是没有实权的光绪皇帝。可以说，维新派没有军政实权，也没有广大人民强有力的支持，所以在守旧顽固势力的反扑下顷刻瓦解。”

看到马老师微微地点点头，小杨对自己的回答更有信心了，接着分析：“而日本则不一样，在明治维新前夕，以长州藩为首的革新派就以‘开港倒幕’‘强藩割据’为口号，展开反封建的倒幕运动了。当时的幕府势力便显得十分脆弱，陷于极端孤立的境地，再加上维新势力又是以中下级武士为核心，并抬出天皇为旗帜，与反幕府的强藩相结合。他们既有了军政实权，又有了广大人民的积极参与和支持，这样形成了强大的维新阵营才能一举推翻幕府旧政权。”

马老师肯定了小杨的回答，说：“小杨回答得很有道理，改革力量的悬殊会导致改革结果的异样。下面大家再从两者在改革中运用的策略方面去思考。”

马老师的提示给学生带来了很大的帮助，他们又尝试着从改革策略上找出不同。由于刚刚学完《戊戌变法》，学生对它的改革策略比较清楚：仅在103天的新政中，就颁发上谕达100多道，如此之多的上谕使得改革者都不清楚哪个是主要的，哪个是次要的。如改革机构这一方面，康有为曾主张不必裁减旧衙门，只需添置新衙门，并主张官爵分离，给年事已高的冗员爵位及优厚物质待遇，这是较稳妥的；而光绪帝却一次下令裁撤了十多个衙门，这样便触犯了大批官员的特权和地位，使他们群起而攻之，必然会使矛盾激化。

这时，小吴站起来说：“从刚学的戊戌变法中我们可以看到，他们在具体操作上表现得操之过急，在新政改革中分不清轻重缓急，举措失当。而明治维新则不同，他们表现得稳扎稳打、步步为营。这可以从以下几个方面看出，一是通过废藩置县，各藩全部解体，实行‘四民平等’；二是通过地税改革，废除封建领主土地所有制，对资本主义发展有重要意义；三是大力普及初等教育，文化开明、殖产兴业、富国强兵，使西方文化大量进入日本。”

听了学生条理清晰的回答后，马老师露出了满意的笑容，说：“今天这节课我非常满意，通过与明治维新的对比，大家对当前知识不仅仅局限于史实的掌握，还应该有更高层次的理解。当然，这两者还存在着其他方面的不同，就请大家课后进行总结，下节课我们接着说。”

这样，一堂别具一格的历史课便结束了。

众所周知，历史是线性发展的。随着时间的推移，不断演绎出更多的、不同类别的历史时期，如古代史、近代史、现代史等。但是，历史并不是单一存在的，它就像一张经纬网一样覆盖整个世界。在同一个历史时期，不同的国家可能发生相同或不同的事件，它们之间似乎存在着某种必然的联系。

这个案例告诉我们，孤立的知识通过时间上的对比联系是可以转变的。案例中的马老师恰恰掌握了这一点，通过积极开凿时间隧道为学生建立知识关联的桥梁，引领他们在知识关联化的海洋中徜徉。

马老师为什么想到采取这种方法呢？粗略地观察，我们就会发现戊戌变法和明治维新是有着许多相同点的，而这些相同点正是建立两者之间联系的纽带。马老师就是抓住了这一纽带，让学生找出它们的相同点，进而将学生的思维从中国的戊戌变法延伸到日本的明治维新。这样，通过对历史背景的分析，学生不仅加强了自己对戊戌变法发生背景的记忆，同时还涉及明治维新发生的背景。

在找出两者相似之处后，马老师又启发学生从两者不同之处寻找“同途殊归”的原因。这对提高学生的理解能力无疑又是一次锻炼。更为可喜的是，这种方式既可以帮助学生拓展思维，同时又能够让孤立知识在对比中以关联化的状态呈现，进而使两者的异同明显地摆在学生面前。

马老师这种运用时间上的对比方式转变孤立知识的教学方法，无疑给学生的学习以及教师的教学带来了很大的参考价值，在提高学生理解、分析能力的同时，也获得了良好的教学效果。当具体教学中遇到时间相近、内容又有联系的知识时，我们便可以效仿马老师的做法，使学生在时间对比中掌握更多的知识。

## 从空间上把握孤立知识的关联化

刘亮是四川省攀枝花市一中的优秀教师，他曾在四川省初中地理赛课中荣获一等奖。在实际教学中，他巧妙跨越了地理知识的空间，为学生架设了认识知识的桥梁。

在教授《气候特征》这课时，刘老师并不是单一、直接地讲气候特征，而是将同一地理属性的知识进行对比，再将这些孤立的地理知识关联化，进而加深学生的理解与记忆。

上课伊始，刘亮老师进行新课的导入，他说：“前面几节课我们一起学习了有关我国气温、温度带、降水和干湿地区的知识。今天这节课，我们运用所学过的知识来分析、概括我国气候的主要特征，以及这种气候特征为农业生产所提供的有利条件。”

刘老师一边说一边在黑板上板书“气候特征”。之后，他挂出了亚洲地图和世界地图，要求学生仔细阅读地图，运用所学的知识回答以下几个问题：

1. 我国位于亚洲的什么地区？

2. 从世界海陆分布看，这个地区的位置有什么特点？

3. 在海陆位置的影响下，这个地区形成了什么样的气候？

4. 这种气候的主要特点是什么？

大概过了五六分钟，刘老师便让一位学生回答。小李站起来说：“我国位于亚洲东部，属东亚国家。”

“对。那你从地图上能不能找出处于亚洲东部的其他国家呢?”刘老师试探性地问。

“嗯，还有日本、韩国、朝鲜等。”小李一边看着地图一边比画着说。

刘老师笑笑说：“不错，观察得还挺仔细的呀！那么这个地区在位置上又有什么样的特点呢?”

小李又认真地看了看地图，说：“这是东亚地区，从世界海陆分布看，它位于世界最大的大陆——亚欧大陆东部，以及世界最大的大洋——太平洋的西岸。”

“看来让大家观察地图是非常有必要的，从地图上我们能够很清楚地找到一些我们想要了解的知识。这里我要补充的是，同处于东亚的其他国家在地理位置上也有这样的特点。当然我们还要考虑到一些特殊情况，如蒙古，它是内陆国，处于亚欧大陆东部，它虽然没有毗邻太平洋，但是以整个亚洲东部来说，它也算是在太平洋的西岸。同学们清楚了吗?”刘老师继续讲解。

“清楚了！”学生异口同声地回答。

“有谁知道在这样的海陆位置影响下，这个地区会形成什么样的气候呢?”刘老师问。

地理课代表站起来回答：“在这种海陆差异的影响下，东亚便成为世界上季风气候最为显著、典型的地区之一。它应该也是我国气候的一个显著特征。”

“很好，能够回答出季风气候，说明大家对这一部分知识有了一定的了解。刚刚地理课代表已经回答出东亚是季风性气候，现在老师告诉大家，东亚季风气候的特点是风向随冬夏季节变化而有规律地转换：冬季盛行偏北风（从内陆吹向海洋），寒冷干燥；夏季盛行偏南风（从海洋吹向陆地），暖热多雨。我国地处东亚，自然也有这样的气候特征。”

为了让学生明白我国季风气候具有显著的大陆性特点，刘老师让学生阅读了“我国与世界纬度相近地区气温的比较”表，并思考如下问题：

1. 一月份，我国齐齐哈尔、北京的平均气温，分别比法国的巴黎、美国的纽约低多少摄氏度?

2. 七月份，齐齐哈尔、北京的平均气温分别比巴黎、纽约高多少摄氏度?

3. 齐齐哈尔、北京的气温年较差分别比巴黎、纽约大多少摄氏度?

经过观察对比计算，学生知道了一月份我国齐齐哈尔、北京的平均气温分别比巴黎、纽约低22.7℃和3.7℃；七月份齐齐哈尔、北京的平均气温比巴黎、纽约高3.6℃；齐齐哈尔、北京的气温年较差分别比巴黎、纽约高26.3℃和7.3℃。

对于学生比较的结果，刘老师给予了充分肯定，并作了总结："通过与同纬度国家的对比，我们发现，冬季，我国是世界同纬度中最冷的地方；夏季，我国又是世界同纬度中除沙漠地区之外最暖热的地方。这说明了我国大部分地区的气温年较差比世界同纬度地区的气温年较差偏大。因此，这就是我们所说的我国的季风气候具有显著的大陆性特点。"

在总结完我国大陆性气候特征在气温方面的特点后，刘老师便引导学生关注我国在降水方面降水量的季节分配不均、年际变化大的问题。

"大家知道我国夏季气温、降水的特点是什么？"刘老师问。

这一问似乎不难，学生能够感同身受，说："夏季我国南北普遍高温，降水比较集中。"

"看来大家感受一致呀，不错，这就是地理上所说的雨热同期。在前面我们知道，夏季我国除青藏高原、天山等少数高原、高山外，南北普遍高温，而且是世界同纬度上除沙漠外最热的地区。相对而言，我国的热量条件比较优越，即使是在广大的北方地区，也能够种植喜温的水稻、玉米、棉花等高产作物。在高温季节农作物生长旺盛，则需要大量的水分，而此时正是我国降水最多、最集中的季节。因此，高温期与多雨期一致，水热搭配好，对农作物、森林和牧草的生长十分有利，也就是说雨热同期是我国非常优越的气候资源。"

为了让学生更好地理解这一知识，刘老师继续让他们思考：西亚、北非在北纬15°～30°以及我国同纬度长江以南地区在气候和景观上有什么特点？

经过对比联想后，学生小王回答："西亚、北非在北纬15°～30°的地区的主要地形大部分是沙漠，如撒哈拉沙漠、维多利亚沙漠等，气候终年炎热干燥，而我国同纬度地区的主要地形是东南丘陵，夏季高温多雨，冬季温暖少雨。"

刘老师表扬了小王："回答得很好，我们从同纬度不同地方的对比中知道了它们的差异，那么，为什么我国处于同一纬度地带的长江以南地区，却成为降水丰沛的'鱼米之乡'呢？"

这时也有几位学生回答，但是都没有答到点子上去。刘老师便向学生作了合理的解释："在北纬15°～30°的纬度带上，由于受副热带高压带的影响，气候干燥，大多是沙漠或荒漠。而我国处于同一纬度的长江以南地区，由于受到东南季风和西南季风的影响，降水丰沛，年降水量在1000毫米以上，而且雨热同期，又有利于水稻生长，成为我国主要的稻米产区，所以成为富饶的'鱼米之乡'。"

这下学生全都明白了，原来是两地所受的季风影响不一样，西亚、北非主要受热带沙漠气候影响，而长江以南地区是受东南季风和西南季风，即亚热带季风影响。

讲述完这一知识后，刘老师想让学生了解我国气候的复杂多样性，于是，他用多媒体展示了秦岭南北的插图，让学生思考地形对气候和植被有什么样的影响？

学生从插图中看到，在秦岭以北生长的是温带植物，如苹果树；而在秦岭以南生长的是亚热带植物，如柑橘树。他们认为可能是秦岭起了一定的作用。

刘老师肯定了学生的猜测，并解释说："正是因为秦岭在气候上起着屏障的作用，才阻挡了冬季风南下。所以南坡气温较高，呈现亚热带景观；而北坡气温较低，呈现暖温带景观。"

学生恍然大悟，原来地形也是影响气候的重要因素之一。我国地形复杂多样、地势高低悬殊，气候复杂多样性的特点自然就被学生所理解了。

从刘老师的这个案例中可以看出，要让孤立知识的关联性体现出来，空间对比联想便是行之有效的途径之一。

空间对比简单明了，通过知识点之间的对比分析，学生可以清楚地掌握它们内在的联系，不但对知识的共性和个性有了更进一步的了解，而且思维更加开阔了。同时，他们也学会了一种方法，在以后的学习过程中很自然地将一些孤立的知识点连接起来，用于加强记忆。

下面我们就来具体分析一下刘老师是如何一步步将孤立知识关联起来的，是如何使学生一步步展开空间对比联想的。

一开始刘老师挂出两幅地图，让学生进行观察比较，从中得出东亚地区在海陆分布上的位置特点：由我国的位置特点联想到其他东亚国家的位置特点。这种做法正是将孤立知识关联化。

在教学地理概念和地理现象的过程中，我们可以借鉴刘老师的方法，为学生提供一个平台，让他们把原有的地理知识和当前的学习内容进行比较，从中获得更清晰的地理概念。掌握新地理知识的同时，又巩固了对旧知识的理解。

例如，在讲授云贵高原的地形特点时，我们可以将它和原先学过的黄土高原进行对比，分析两者的区别和联系，进而引导学生得出明晰的概念：黄土高原和云贵高原都处在我国地势的第二级阶梯上，地表均崎岖不平，交通不便。但是两者的成因不同，黄土高原的沉积物是黄土，云贵高原则是石灰岩；黄土高原的流水作用表现为冲蚀，故多沟壑，云贵高原的流水作用表现为溶蚀，故多暗沟、溶洞等。

紧接着，在对我国季风气候特征的教学过程中，刘老师列出几个同纬度地区的城市气温，让学生在空间对比的过程中将原本孤立的知识联系起来并找出差异。之后，他再给学生总结，让学生在了解我国季风气候显著的大陆性特点的同时，还清楚了同纬度地区其他国家的气候特征。

可以说，刘老师的教学方法真正实现了地理教学的系统性。因为地理教材中有不少内容是相对应的，有的甚至是矛盾的对立，但是它们之间又有着联系。将部分孤立知识进行空间对比使得地理知识形成了一定的系统，让学生理解这一方面知识的同时，也掌握了另一方面的知识。我国大陆性季风气候在不同季节的气候特征与同纬度地区不一样的特点，这就是一个很好的证明。

对于后来“西亚、北非在北纬 15°～30°以及我国同纬度长江以南地区在气候和景观上有什么特点”，以及“为什么我国处于同一纬度地带的长江以南地区，却成为降水丰沛的‘鱼米之乡’呢?”等问题，则更能说明孤立知识关联化给学生带来的不仅仅是对这些知识的理解，更重要的是为学生揭示了地理知识和现象的内在联系，让他们明白为什么在同一地理纬度会形成两种不同的结果，让他们学会如何分析问题。

对于地理知识而言，地理学习范围的广泛性和学生学习环境的狭小性存在着诸多矛盾，很多地理现象无法在课堂中让学生获得感性的认识，而教师又不能每次带学生去实地考察。这样，学生对地理知识的理解及掌握就存在一定的困难。再加上孤立知识本身的局限性，可能会固化学生对知识的理解，让学生不会变通地看问题，进而给他们的学习带来一定的压力。

在空间上将孤立知识进行关联化对比不但拓展了学生的思维空间，而且还锻炼了学生分析问题、解决问题的能力。这样的知识呈现状态才是学生容易接受的，才能取得预期的教学效果。

## 2. 孤立知识关联化的意义

我们知道，孤立知识就像是一颗颗断了线的珍珠，散落在各个角落，它需要教师扮演“穿线工”的角色，将那些散落在旁的孤立知识点重新串起来。这对我们的教学工作来说是非常重要的。

将孤立知识关联化的手段运用于现实生活，把那些看似毫无关联的事物结合在一起，在某种特定意义上得到出人意料的结果。我们来看一个故事：

曹丕和曹植都是曹操之子，且都为卞太后所生，是真正的同胞手足。曹植的才智高于其兄曹丕，曹操曾一度想立曹植为嗣。由于种种原因，最后还是曹丕做了皇帝，但是他对才华横溢的胞弟曹植一直心怀忌恨，想方设法迫害他。

有一次，曹丕命曹植在七步之内作诗一首，如做不到就将行以大法。所幸的是，出口成诗是曹植的拿手好戏，他不等曹丕话音落下，便应声而出：“煮豆燃豆萁，豆在釜中泣。本是同根生，相煎何太急!”

曹丕听了以后“深有惭色”，不仅因为曹植在咏诗中体现了非凡的才华，出口成章的本领使文帝自愧不如，而且由于诗中以浅显生动的比喻说明兄弟本为手足，不应互相猜忌与怨恨，晓之以大义。

从这个故事中我们可以看出，曹植把自己与其兄曹丕看成是豆和萁的关系，将原本孤立的豆与萁同他与兄长的共性巧妙地结合在一起，使它们之间存在的某种联系完整地展现在曹丕面前。也正是这样的关联性对比使得曹丕不得不收回成命，而这“七步诗”便成了曹植的救命诗，并得以留传。

我们可以说它是关联化另一种层面上的意义体现，它给我们的启示是，重视事物之间的关联性，在现实生活中可能会帮助我们解决一些难题。教学也是如此，注重这方面的研究，努力做到孤立知识关联化，并将这种方法传授给学生，让他们从中获得更大的收益。

## 3. 孤立知识关联化的教学方法

历史是不断向前发展的过程，而知识也是不断扩展的。对学生而言，掌握这些纷繁复杂而又彼此孤立的知识可能存在一定的困难，这就需要教师为他们开辟一条“捷径”。虽然学习没有任何捷径可走，但是我们可以“授人以渔”，通过关联化的状态让学生迅速地、牢固地掌握孤立知识。

如何将孤立知识关联化，除了上面案例中所提到的方法外，我们还可以参照以下几个方面来实施。

(1) 串线对比

在教学过程中，我们可以采用串线对比教学，也就是通过串线将同一类型但又相互孤立的知识联系在一起，并逐一呈现在学生面前，巩固学生对知识的理解。

例如，历史学科中教授中国近代史中的有关孙中山的内容时，我们可以将他一生的革命活动整理为：1894 年成立兴中会，1905 年建立中国同盟会，1911 年领导辛亥革命，之后又领导了反对北洋军阀统治的斗争。通过这样的串线，学生对革命先驱孙中山的革命历程便有了大概的了解。

(2) 教具对比

我们还可以借助教具进行对比，引导学生将孤立的知识联系起来。以地理教学为例，我们可以将几个独立的地理现象并列放在一起进行对比，让学生了解它们的个性与共性。这样学生既能掌握部分地理知识，同时又能了解与之相关的其他地理知识。

例如，让学生观察欧洲和亚洲的地图，并要求他们总结相关的地理知识。经过对比后，学生可能会得出：欧洲地形以平原为主，亚洲地形以山地、平原为主；同是平原，欧洲和亚洲又存在着不同，欧洲平原横贯东西，亚洲平原多分布在四周；同是河流，欧洲河流一般较短，亚洲河流则多大江大河等。

(3) 列表对比

根据孤立知识的特点，我们可以用表格的形式将它们前后连贯起来形成一个系统，使那些内容孤立、繁杂的知识变得脉络分明、条理清晰。这样学生也可以清晰地理解、记忆知识了。

例如，历史学科中的古代政治改革、重大战役，近代史上外国侵略者五次侵华战争，中国现代史上党的两次重要会议，世界史上的三大宗教、资产阶级革命、两次世界大战等知识教学都可以运用列表对比的方法。

(4) 联系对比

为了避免难点过于集中以及知识之间关联性不强，在实际教学中我们还应联系以前的知识内容进行对比。

例如，在教学有关地球外部力量对地形影响的知识时，我们可以将它们分散到世界分区地理中去讲述：流水地形安排在“东南亚”中，风成地形安排在“西亚和北非”，冰川地形安排在“西欧”。最后我们再将这些学过的知识联系起来进行对比，进而得出完整、科学的结论。

(5) 分类对比

以历史学科为例，我们可以将性质相同或相似的、孤立的历史事件进行对比，要求学生找出异同，并对不同的内容进行分类记忆，对相同的内容进行联合记忆等。

第一种是将性质相同而特点不同的孤立的历史现象进行比较。如秦、隋相比，汉、唐之间的比较等。

第二种是把某些表现相似而性质不同的孤立的历史现象进行比较，分清不同性质，形成不同概念。如美国独立战争和南北战争直接的比较等。

第三种是把性质相同但发生在不同时期的孤立的历史事件加以综合比较，区分异同。如中国近代许多不平等条约及其对中国社会的影响等。

第四种是中外比较。如世界上最先进入奴隶社会的四个国家之间的比较、中国与西欧进入封建社会的比较、中国古代经济发展与西方的比较等。

学习是一种渐进式发展的过程。在这个过程中，学生需要教师的引导，而教师则应该积极采用灵活的教学方式。我们始终坚信，只要为学生架设贯通孤立知识的桥梁，使它们关联化，那么，学生的学习过程将会变得更轻松，教师的教学也会取得更好的效果。

## 八、重点知识探究化

一天，有两个中学生到办公室找教他们希腊文的老师，问道："老师，究竟什么才叫'诡辩'呢？"

这位精通希腊文且又精通希腊哲学的教师并没有直接回答这个问题，而是稍稍考虑了一会儿，然后举例说："有两个人到我这里来做客，一个人很干净，另一个很脏。我要请这两个人去洗澡，你们想想他们两个人中谁会去洗呢？"

"那还用说，当然是那个脏人了。"学生脱口而出。

"不对，是干净人。"教师反驳说，"因为他养成了洗澡的习惯，而脏人认为没什么好洗的。你们再想想是谁去洗澡呢？"

"干净人。"两个青年人改口说。

"不对，是脏人，因为他需要洗澡；而干净人身上干干净净的，不需要洗澡。"教师又反驳说。

接着，他再次问道："如此看来，我的客人中谁洗澡了呢？"

"脏人！"学生重复了第一次的回答。

"又错了，当然是两个人都洗了。"教师说，"干净人有洗澡的习惯，而脏人需要洗澡。怎么样？他们两人到底谁洗澡了呢？"

"那看来就是两人都洗了。"青年人犹豫不决地回答。

"不对，两个人都没洗。"教师解释说，"因为脏人没有洗澡的习惯，而干净人不需要洗澡。"

"有道理，但是我们究竟该怎样解释呢？"两个学生不满地说，"您每次都不一样，而又总是对的。"

教师说："这就是'诡辩'。"

两个学生心领神会地笑了起来……

为了让学生真正明白“诡辩”这一词语的重点内涵，这位教师并没有直接告诉学生，而是采用探究的手段，让“诡辩”以探究的状态展现在学生面前。这样，学生对这一知识便有了更深的理解。

通过这个故事我们知道，探究是解决难题的非常有效的手段之一，对重点问题进行不同层面的探究便会得到不同的结果。同时它也让我们清楚地明白探究化状态对知识理解的快捷性和有效性。

我们的教学应该重视这一方面，并积极开展探究化教学，尝试改变重点知识的状态，让它们以更容易被学生接受的探究化状态呈现出来，引导他们从各个方面去探究重点知识。这对我们的教学来说，无疑是一大改进，更应对了教学革命的要求。

探究化教学是指以探究为主的教学。具体说它是指教学过程在教师的启发诱导下，以学生独立自主学习和合作讨论为前提，以现行教材为基本探究内容，以学生周围世界和生活实际为参照对象，为学生提供充分自由表达、质疑、探究、讨论问题的机会，让学生通过个人、小组、集体等多种解难释疑尝试活动，将自己所学知识应用于解决实际问题的一种教学形式。

而这种形式的教学特别重视开发学生的智力，发展学生的创造性思维，培养自学能力，力图通过自我探究引导学生学会学习和掌握科学方法，为终身学习和工作奠定基础，同时也帮助学生更好地理解并掌握重点知识。

作为探究化课堂教学的教师，我们的任务是调动学生的积极性，促使他们自己去获取知识、发展能力，做到自己能发现问题、提出问题、分析问题、解决问题；与此同时，我们还要为学生的学习设置探究的情境，建立探究的氛围，促进探究的开展，把握探究的深度，评价探究的成败。而作为探究化课堂教学的主人，自然是根据教师提供的条件，明确探究的目标，思考探究的问题，掌握探究的方法，敞开探究的思路，交流探究的内容，总结探究的结果。

由此可知，探究化课堂教学是教师和学生双方都参与的活动，两者将以主体和客体的双重身份进入探究化课堂，对重点知识进行探究、学习。

英语教学中的复合句式、数学教学中的因式分解、二次函数等，它们便是所谓的重点知识。学生对这类知识的学习可能会因为它的复杂而感到困惑，可能会因为它的重要性而感到很棘手，可能会因为把握不住关键而产生似是而非的朦胧感。

在实际教学过程中，如果我们不改变重点知识的呈现状态，只是一味地灌输，那么会给学生的理解和记忆带来极大的困扰。要想克服这一困难，我们应该想方设法地改变重点知识的状态，让探究化走进知识教学，让学生在探究化的过程中学会思考问题。

在重点知识探究化的教学过程中，我们必须实现教师角色的一大转变——由过去的“台前”走到现在的“幕后”，做一个“导演”，安排好适当的情景，激发学生的学习动机，使学生由观众变为实际参与者。只有这样，学生获得的知识才是亲知的，不是闻知的，是切身的感受，实质的理解，是可以凭此参与实践的知识，而不是应付考试的死记硬背的知识。

### 1. 重点知识探究化的前提——启发学生的思维

虽然知识是死的、固定不变的，但是它的运用却是灵活多变的，特别是对重点知识而言。所以，我们的教学过程除了传授知识外，更为重要的还是培养学生的思维，让他们能够积极迅速地思考问题。这就要求我们注重培养学生探究能力和训练他们思维的敏捷性。

我们知道，培养学生的探究能力和思维敏捷性，其实就是要提高学生思考问题的速度，让他们瞬间抓到知识的要点，并能够进行合情合理的思考。

#### 不断启发学生，让他们积极探究

骆玲芳是全国著名特级教师，在教学“能被3整除的数的特征”这一课时，骆老师并没有将教学重点“能被3整除的数的特征”直接告诉学生，而是不断引导、启发学生，让他们积极参与探究活动，最终得出答案。

在上课之初，骆老师导入新课：“同学们，在前几节课中我们已经学习了能被2、5整除的数的特征，我相信大家都能够说出能被2、5整除的数的特征。今天，我们来学习另一种数的特征——能被3整除的数的特征。”

之后，骆老师便在黑板上写下“能被3整除的数的特征”的课题，同时还写了三个数字——33、36、39，说：“大家看看这些数字能被3整除吗？为什么？”

这时，有位学生站起来回答："这3个数都能被3整除，我觉得是因为它们个位上数字是3、6、9，而3、6、9都能被3整除。"

骆老师笑笑说："大家觉得他说得对吗？"

学生都在下面讨论着，骆老师接着在黑板上写下13、46、29，并说："那请你再看看这些数，它们个位上也是3、6、9，它们能不能被3整除呢？"

那位学生算了一会儿，不好意思地说："不能被3整除。"

"看来从一个数的个位上是找不到能被3整除的数的特征的，那么我们又该从什么地方找呢？下面我们一起来探讨吧。"骆老师说。

骆老师让学生拿出准备好的1~5的5张数字卡片，要求他们亲自动手操作，从中选出3张拼成一个能被3整除的三位数。

学生自然被这样的游戏活动吸引了，整个课堂气氛也随之高涨起来。过了一会儿，学生都拼出了能被3整除的三位数，而骆老师便将他们所拼的数字写在黑板上：312、123；153、315；342、423；543、453……

其实骆老师有意将这些数字分类，两个一组，目的自然是为了启发学生思考探究规律奠定基础。

骆老师指着第一组数字，说："这组数都用了1、2、3这三个数字，那么请大家思考，用这三个数还能拼成哪些能被3整除的三位数？"

过了一会儿，学生小李说："还能拼成123、132、213、231、312、321。"

"很好，你还能列出这么多，那你能不能用这3个数字拼成一个不能被3整除的三位数呢？"骆老师继续问道。

经过一段时间的排列后，学生一致认为不能拼出来。

骆老师看了看学生，说："如果我们将1、2、3中的数字3换成4，也就是124，那它能不能被3整除呢？"

经过验证后，学生都说："不能。"

骆老师继续引导学生的思维，说："那么大家尝试用这1、2、4三个数字还可以拼成哪些三位数呢？思考这些三位数能不能被3整除呢？"

学生马上在下面拼数字，结果发现1、2、4这三个数字拼成的所有三位数都不能被3整除，便满脸疑惑地看着骆老师。

"那大家再把1、2、3中的1换成5后，看看拼成的三位数能不能被3整除呢？"骆老师继续说。

学生从实践中得出，它们还是不能被3整除。

“大家再看看把1、2、3中的1换成4结果怎样？”骆老师说。

“这样可以！”大家欢呼着说。

“从刚才一系列的变换我们知道，123能被3整除，若把3换成4则不能被3整除；若把1换成5也不能被3整除；若把1换成4后便能被3整除。”骆老师笑着说，“从这我们可以看出，一个数能不能被3整除到底与什么有关呢？与我们所选的数字又存在着怎样的关系呢？”

针对这样的问题，学生展开了讨论。不久，学生小强站起来说：“我认为，如果把一个数的各个数位上的数字加起来，得出的和能够被3整除，那么这个数就能被3整除。”

“那你能举例说明一下吗？”骆老师追问道。

小强思考了一会儿说：“比如543，它的各个位数上的数字的和是12，而12能够被3整除，所以543也能被3整除。”

骆老师说：“其他同学还有没有不同的想法？”

平时比较机灵的小刚主动站起来说：“我认为，如果一个数的各个数位上的数是从小到大依次排列的，并且它们之间相差的数值是一样的，那么这个数就能被3整除。”

“看来你的脑筋转得挺快的呀，”骆老师表扬了小强，接着说，“但是，你说的这个规律只能对三位数适用。那你看看1234，它的各个数位上的数都是从小到大排列的，而且它们之间的都相差1，你算算看，它能被3整除吗？”

小刚算了算，说：“不能。”

这时，又有一位学生说：“我认为只要数中有一个数字是3，那么这个数就能被3整除。”

骆老师说：“是吗？那你看143这个数，它包含了3，但是它却不能被3整除。”

之后，还有其他学生提出了自己的想法，都被骆老师给否定了。

“下面请大家一起来看看书上是怎么说的，大家先读一读方框中的结语，思考一下自己对这句话是否彻底明白了。想一想这句话中的‘各个数位上的数的和’是什么意思？”骆老师提醒学生说。

此时学生都在仔细阅读方框中的结语，思考老师的问题。过了一会儿，骆老师指着黑板上的数说：“现在我们根据这句话来看看这些能被3整除的数——123、453、315、342，它们的各个数位上的数的和分别是6、12、9、9，这些和都能被 3 整除，因此这些数就都能被 3 整除。”

接着，骆老师又指着另外几个数说：“像 124、123 等数为什么不能被 3 整除呢？它们各个数位上的数的和分别是 7、8，所以不能被 3 整除。大家明白了吗？”

“明白了！”学生齐声回答。

“很好，现在老师想考考大家，以下哪些数能被 3 整除？哪些数不能被 3 整除？为什么？”骆老师边说边在黑板上写下几个数。

学生很快就正确解答了这几道题。于是，骆老师又出了另外一道题：32□4、635□、74□05，说：“请大家在下列每个数中的方框里填上一个数字，使得它能被 3 整除。”

有一个学生立马站起来，根据刚学的知识说：“在第一个数的方框里填上 0。”

骆老师点了点头，说：“那还能填其他数字吗？”

有的学生认为可以填 3，有的认为可以填 5、7。经过讨论，主张填 5、7 的被驳倒了，并得出还可以填 6、9。

“不错，看来同学们的思维还挺活跃的呀，现在老师有一个更高的要求就是，谁能一次说出 635□有几种填法，你又是如何想的？”骆老师进一步引导学生积极思考。

不久便有一位学生站起来回答：“可以填 1，还有 4、7。”

“为什么在方框中填上 1，就能够知道还能填 4、7 呢？”骆老师问。

学生笑了笑，得意地说：“因为它们之间的差都是 3，所以它们各个数位上的数的和也能被 3 整除。”

“对了，这也是一个规律，大家要记住了。”骆老师肯定了学生的回答，接着说，“下面请一位学生随机报一个六位数，其他同学思考它能不能被 3 整除。”

学生小明说：“365000。”

其他学生判断后并验证了它不能被 3 整除。

骆老师问：“那谁能改动这个数的任意一个数位上的数后，使它能被 3 整除？”

学生甲立即站起来说：“363000。”

“思维挺敏捷的呀，那又有谁能想出更简单的办法来判断呢？”骆老师想让学生自己找出更直接的方法。

过了一会儿，学生乙站起来回答："我们可以先将每个数位上是3的倍数画掉，像363000都可以全部画完，那说明它能被3整除。如果画不完，则要将剩下的数位上的数加起来，看它们的和是否能被3整除了。"

"大家认为他说得有道理吗？我们可以用他所说的方法来检验一下，老师现在给出任意八位数——63542890，大家一起来判断它能否被3整除。"骆老师说。

学生首先划去了6、3、9、0，剩下5、4、2、8，接着算出5、4、2、8的和是19，得出19不能被3整除，所以这八位数不能被3整除。

最后，骆老师说："刚才那位学生所说的方法是可行的，其实这种方法也是根据能被3整除的数的特征变化得来的，所以用它来判断任意一自然数都是可行的。"

这样，学生便真正掌握了能被3整除的数的特征。

荷兰著名教育家弗赖登塔尔曾强调："学习数学的唯一方法是实行再创造。"的确，数学教学应该由学生自己去发现，进而探究所要学的知识，而教师的任务则是引导和帮助学生进行这种再创造的工作。

在实际教学过程中，教师要做的就是引导的工作，让重点知识呈现探究化状态，将学生带进探究的情境之中，让他们在过程中享受知识探究的乐趣。

案例中骆老师的教学方法正是不断启发学生，让他们积极参与探究。一开始，骆老师通过设置教学"陷阱"引导学生提出能被3整除的数的特征的假设，接着再让学生自己实践推翻假设，从而引发新的认知矛盾，再一次创设了学生探究的问题情境。这样不仅有效地避免了"能被2、5整除的数的特征"思维定式的影响，而且还进一步激发了学生的求知欲望。

在课堂进行过程中，骆老师还利用游戏教学的功效，让学生在观察的基础上再次提出能被3整除的数的特征的假设，并验证假设是否正确。可以说，它渗透了从特殊到一般的数学思想方法，调动了学生学习的主动性、积极性，同时还指导学生掌握学习方法。

骆老师不仅注意从正面引导学生发散思维进行探究，而且注意从反面引导学生，积累丰富的感性材料。例如，她让学生明白：凡能被3整除的数，用这个数的各个数位上的数无法拼成一个不能被3整除的数。接着再采用调换每个数位上的数字的方法，引导学生判断能否被3整除。这样，学生在思考、探究中便学会从不同的角度分析、比较，最后让他们自己得出能被 3 整除的数的特征。

骆老师紧扣教学重点，既注意遵循学生循序渐进的认识规律，又注重对学生的思维训练和科学解题方法的指导，使学生数学能力的培养真正落到实处。纵观骆老师的整个重点知识探究化的教学过程，我们可以发现，她在促进学生思考探究、发展学生思维、转变知识状态方面具有以下鲜明特点。

第一，灵活调动学生学习的积极性、主动性，让他们参与重点知识探究的全过程，从而确保了学生在学习中的主体地位。

第二，在整个教学过程中，骆老师积极引导学生的逻辑思维，引导他们学会探究同一类数学问题的方法，并指导他们掌握解题的技能技巧等。这体现了骆老师善于引导的教学技能，也凸显了她在教学过程中的主导地位。

第三，骆老师将数学知识的传授、数学思想方法的渗透、学生学习方法的指导、学生思维的训练和数学能力的培养有机地结合起来，取得了优质的教学效果。

总之，骆老师的教学是非常成功的，她那重点知识探究化的教学方法也是值得我们学习借鉴的。

## 2. 重点知识探究化的重要手段——提问艺术

孔子云："不愤不启，不悱不发，举一隅不以三隅反，则不复也。"这句话强调了启发的时机和在学习中的重要作用，而启发又正是探究化教学的重要手段之一。

一谈到启发自然就会联想到提问，我们知道越是具有艺术性的提问，给学生的启发也就越大。因此，重点知识探究化过程主要取决于我们课堂上的有效提问。作为教师，我们应该重视课堂提问，积极运用灵活的提问技巧，激发学生的参与意识，拓展学生的思维。那么对于重点知识探究化而言，提问艺术的重要性又体现在哪些方面呢?

**第一，提问艺术能够调动学生的学习积极性**

现代教学论研究指出，从本质上说，学生产生学习欲求的根本原因不是感知，而是问题。这说明没有问题便难以激起学生的求知欲，同时也证明了只有高质量的问题设置，以及富有探究性的课堂提问，才能触及学生的心理，从而引导他们积极主动地学习知识，顺利地解决问题。

例如，中学语文《叫三声夸克》的教学，针对学生对文中内容难以理解的重点知识，我们可以设计探究性的问题：我们的衣、食、住、行都是由什么组成的，这些组成又是由什么物质构成的呢？这样的问题才能很好地激发学生的思维，使他们逐渐进入我们所创设的探究化的情境之中。

**第二，提问艺术能够引导学生进行知识的创新**

我国著名教育家叶圣陶先生认为："教师不仅要教，而且要导。"这说明富有探究性的提问能够为学生提供清晰的思路，引导他们沿着这一思路自觉地深入学习，并实现知识的创新。

在教学《晏子使楚》时，我们可以先不让学生阅读课文，而是给他们提出相关问题，让他们独立思考。例如，先创设具体情境：假如你是晏子，面临楚王的诬蔑："齐人固善盗乎？"然后提问："你是晏子，那么你将如何反驳楚王呢？"学生各抒己见后，我们再讲解晏子对楚王的反驳，并通过学生的回答与晏子的反驳两相比较，分析总结出晏子是一个怎样的人。

这样显然比直接问"《晏子使楚》表现了什么，晏子是一个怎样的人"更能引起学生思维的兴趣，同时也引导学生深刻理解晏子的反驳技巧，实现学生对知识的创新，对重点的理解。

**第三，提问艺术能够发展学生的思维**

学习主要是培养学生的兴趣，启发学生全身心地投入，并获取相关知识，以及练就各方面能力的过程。在此过程中，如果我们直截了当地把结论告诉学生，那么他们可能会形成思维上的依赖性。这样既不利于学生思维的发展，又会影响他们对重点知识的把握。但是，如果我们采取重点知识探究性的提问，不断地启发、追问，那么学生的思维将会得到更大程度的发展。

例如，在教学《老山界》一课时，文章的中心思想主要是表现红军战士的优秀品质。我们可以从文章最后一句话入手，抓住"老山界是我长征中第一座难走的山"中的"难"字，并将它分成两个小问题："难"表现在什么地方？红军战士又是怎样对待困难的？通过这样的引导，学生在思考的过程中自然会水到渠成地归纳出本文的中心，同时他们思维的敏捷性也得到了锻炼和体现。

**第四，提问艺术有利于学生突破重难点**

有效的提问具有一定的强化作用，能够解决教材中重点难点知识，提高学生的学习效率。在掌握提问艺术后，我们能够巧妙地将重难点贯穿于教学之中，使整个教学过程跌宕起伏、错落有致。这自然会加强学生对疑难知识点的理解、记忆和巩固。

在教学《繁星》这一课时，针对“朗读体会，品味语言”这个环节，我们可以设计这样的问题：找出作者在不同的时间、地点看繁星的不同感受，谈谈这些感受表达了作者怎样的感情？星星对我眨眼说明什么？为什么它们要小声说话？这里表达了作者对星星的什么感情？

这些开放性的问题正和案例中骆老师的教法一样，夹杂在学生的朗读中，让他们体会巴金看繁星时的感受以及优美的语言和意境。

**第五，提问艺术能够带动学生积极思考**

我们知道，对立的事物都是互相排斥的，当遇到这种情况时，便容易引起我们的思考。学生的学习也是如此。在教学中我们抓住学生理解课文过程中所产生的种种矛盾后，再结合重点知识进行提问，便能引导学生积极参与思考，彻底理解重点知识。

例如，在教学《我的老师》这一课时，我们可以这样提问，文中写到“蔡老师从来不打骂我们”，为什么又写“仅仅有一次，她的教鞭好像要落下来”，又打了呢？

再如，《本命年的回想》中有这样两句话：“小米、玉米糁儿、红豆、红薯、红枣、栗子熬成的腊八粥，占全了色、味、香，盛在碗里令人赏心悦目，舍不得吃。可是吃起来却又没有个够，不愿放下筷子。”对此，我们可以提出：既然“舍不得吃”，还“吃起来却又没有个够”，两者是否矛盾？通过这样的提问，学生积极思考后自然会明白，“舍不得吃”是因为腊八粥太珍贵、太好吃，出于珍惜、俭约的心理，体现了舍不得吃它；而“吃起来却又没有个够”是因为“太好吃”——吃起来便忘了其他东西，越吃越想吃。

以上所述足以说明，教师的提问艺术对学生学习以及教师教学的重要性。那么，在实际教学中，我们一定要注重这方面的锻炼，让学生在探究化的知识状态面前享受学习的快乐，领略知识的魅力。

## 3. 重点知识探究化的原则

知识状态是多种多样的，对重点知识状态的改变需要我们的努力，同时还必须遵循重点知识探究化的原则，让重点知识能够以更生动、更容易为学生所接受的状态展现出来。

**第一，辩证地处理学生自主与教师指导的关系**

探究化教学强调学生自主性的同时，并不忽视教师的指导，反而特别强调教师适时的、必要的、谨慎的、有效的指导，帮助学生从探究中增进对重点知识状态的认识，从而使学生的探究素质得以提升。

重点知识探究化一般都伴随着一定的困难，关键是看我们如何指导学生探究，如何改变重点知识的状态，即探究的进度能否由教师预先确定或设计；是否应该先给学生一段时间让他们自主开展非指导性的探究；探究过程中学生自主活动的重点是什么，以及教师重点指导探究包含哪些方面；如何引导，何时介入，介入多少；哪些指导是必要的，怎样指导才算充分，等等。

**第二，强调多样化设计模式**

一提到重点知识探究化教学，我们可能会想到发现式教学，可能会想到对一系列的重点知识进行质疑、假设、验证、讨论、交流等过程。但是，探究化教学不仅仅是发现式教学，它应该有多样化的设计模式。

根据自主获取信息的程度，我们可以将探究化分为两大类：接受式探究与发现式探究。在接受式探究教学中，重点知识的信息是由学生主动从现有资料或现有资源中直接搜集，或向教师直接询问获取。

例如，教师在教完《集合与函数概念》后，给学生布置这样的探究性作业：函数的社会应用、函数符号的故事。这些与重点概念相关的信息学生通过搜索、探究很快就能掌握。

但是，在发现式探究教学中就没有可以直接搜集到的现成信息，而必须由教师引导学生，经过观察、实验、调查、解读、研讨等活动整理分析而获得。在这个过程中，重点知识的状态便以探究化的形式展现出来了。

**第三，面向全体学生，注重个体的差异性**

知识的探究化并不是优秀学生才有能力开展的。因此，在转变重点知识状态的过程中，我们应该给每一位学生参与探究的机会，尤其是那些在班级或小组中较少发言的学生，要给予他们特别的关照和鼓励，让他们有机会、有信心地参与探究。

在开展小组合作探究活动时，我们还应注意观察所有学生的行为，防止部分优秀学生控制或把持局面。让每一个人都对探究活动有所贡献，让每一个学生分享探究的权利和承担探究的义务。

总之，不管是探究能力强的学生还是探究能力弱的学生，我们都应该给予同等机会，给予他们一些适合他们水平和需要的探究任务，让他们对重点知识探究化的学习有所了解和突破。

**第四，确保条件的充足性**

重点知识探究化需要一定的时间和充足的材料，我们必须确保这两个条件。从时间方面看，学生必须有时间表达自己的新想法，有时间进行讨论、探究。我们应该为学生留出充裕的时间，让他们进行交流，让他们以不同的组合方式通过阅读、实验、思考、记述和讨论来把握重点知识的内涵。我们还应该对课程中的重点知识总量加以控制，以便为科学探究活动留出足够的时间。另外，探究化对教师的要求也比较高，同时应有一些制度上的保证来促使教师更好地为学生做好重点知识探究化的准备工作。

**第五，强调学生之间的交流与合作**

探究化的过程需要强调学生之间的交流与合作，因为它可以帮助学生按照一定规则开展重点知识的探究艺术，让他们学会真正与他人交流、向他人阐述自己的想法；学会倾听他人的想法，善待他人对自己提出的建设性意见；学会相互接纳、赞赏、分享、互助等。

在教师的引导下，学生之间的交流与合作充满了客观开放的精神，他们的探究活动也能得以良好进行，同时对重点知识状态的把握也有了显著的提高。

**第六，让学生在探究化过程中体验挫折、享受成功**

经历挫折与失败、成功与兴奋，其中的众多感受和体验便是学生理解知识本质的基础。在具体的重点知识探究过程中，即使学生在探究中走了弯路，或遭遇了挫折，甚至最终也没有找到问题的答案，我们仍然要放手让学生探究，因为他们从中学到了更多有用的东西，也学会了接受探究化的知识状态。

在明确重点知识探究化过程中有挫折、错误、弯路甚至失败的同时，我们还应该适时地给予学生适当的帮助，让学生在探究过程中收获自我努力的果实，体验成功的喜悦。

在了解这些原则之后，我们的教学就要注意这方面的要求，努力改变重点知识的状态，引导学生以更好、更快、更有效率的方式参与探究化学习，让学习变得轻松、自在。

## 4. 重点知识探究化的技巧

探究的过程是思维运行的过程，它给我们展现的是发现问题、分析问题、解决问题的过程。对于重点知识教学而言，我们要做的就是改变重点知识的状态，将之引到探究化的层面。在实际教学中，教师要不断地提高自身的教学技能，用以下技巧将重点知识探究化：

(1) 创设和谐的课堂氛围，让重点知识探究更顺利

知识的掌握、能力的培养以及情感态度价值观的形成，都需要教师的教和学生的学有机结合起来才能实现。重点知识的教学也不例外。它要求我们在教学过程中充分尊重学生、关注学生，确立以学生为本的教育思想，发扬民主，创设和谐的课堂氛围。

只有这样，学生才能感觉到自己是学习的主人，进而积极参与课堂教学，充分开动自己的思维。如果没有教师的民主，那么学生可能不会主动参与，而此时教师的重点知识教学便会成为唱独角戏、一言堂，课堂气氛也会变得异常沉闷，就更不用说学生能积极思考，积极参与重点知识探究化的教学了。

(2) 巧妙设疑，让重点知识探究化

我们应该扮演好重点知识教学实施者的角色，通过巧妙设疑，灵活地将重点知识贯穿于探究之中，并积极培养和训练学生的思维能力以及探究精神，切忌让学生一直处于被动、消极的状态。

我们要千方百计地使学生的大脑积极、高效地运转起来，进而增强学生的探究意识，拓展他们的思维，让他们在探索中更深入地思考重点知识。

如果我们只是让学生从书本上直接找出答案，那学生的思路就会变得狭窄，只会循着教师的思路走，在教师设计的框框里转圈，而且他们对重点知识的理解也会大打折扣。这就需要我们在设疑时一定要掌握好度，让重点知识探究化状态更加自然地展现在学生面前。

(3) 积极讨论，让重点知识探究化更深入

我们在具体教学过程中可以就某一重点知识开展积极讨论，让知识以探究化的状态呈现在学生面前，让他们在讨论中探究知识的构成，并真正理解重点知识的内涵。

例如，高中英语中的定语从句的用法既是学习重点又是难点，我们可以让学生从课文中收集包含定语从句的句子，然后在全班范围内讨论，并适当地给予指导，引导他们在观察和分析的基础上，寻找出隐藏在定语从句后面的用法规律。

(4) 实践操作，让重点知识探究化状态更直接

通过实际操作、实验等活动，学生对重点知识的印象会更深刻。我们应该尝试让学生动手，让他们在实际操作中把握重点知识探究化的状态，逐步寻求解决问题的思路和方法，并进一步发现和掌握解决问题的规律。

例如，在教学长方形的认识时，我们可以让学生准备几个长、宽不同，大小不等的长方形，利用三角板、直尺等学具，亲自测量各个长方形的长边、宽边的长度及它们的角，并进行比较思考。这样，长方形概念的重点知识部分在学生的实际操作中体现出来了。他们不仅知道长方形有四条边、四个角，而且大多数学生通过度量还发现长方形的对边相等、四个角都是直角等特征。

(5) 联系生活，让重点知识探究化更生动

知识来源于生活，又应用于生活。我们应该从学生的实际出发，将重点知识融于探究性的题目之中，引导学生参加探究活动，把重点知识探究化的状态与生活实际紧密联系起来。

例如，在学习《小管家》时，我们要求学生初步了解家庭一周的开支情况，并收集整理好信息和数据，上课时把这些信息、数据制成统计图表，并对统计图进行分析，利用所学的数学知识解决家庭一周开支中遇到的实际问题。

通过这样的探究活动，重点知识探究化状态便更好地展现在学生面前，同时又让学生体会到生活中处处有数学，逐步培养他们把数学作为观察周围事物、分析和研究各种具体现象的工具的意识，提高他们解决问题的能力。

(6) 趣味手段，让重点知识探究化状态更惊喜

以数学学科为例，重点知识的状态呈现难以激发学生的学习斗志，更不用说它会促进学生的学习了。因此，我们可以运用趣味性手段来引导学生，激发他们的斗志，引导他们对重点知识进行探究；可以从社会各个领域的热点问题出发创设有趣情境，给出一些新鲜的、生动的、趣味性的、真实的数学问题让学生探究、解答，提高学生的学习兴趣，进而促进他们对这些问题的探究，培养他们形成正确的数学思想和数学方法等。

例如，在教学“四则运算”时，我们可以创设有趣的情境，展示某公园门票的价目表，成人票2元，儿童票半价，让学生思考：自己和爸爸妈妈一同去游玩，购门票需要花多少钱？再如，教学“统计”知识时，我们还可以让学生绘制奥运会中各国夺得的金牌数的统计表等。

这些趣味性的教学手段不仅激发了学生的学习兴趣，而且还能将重点知识探究化，使学生深入理解知识。

(7) 时间留白，让重点知识的探究更长久

任何艺术形式都很讲究留白，这是给欣赏者自我发挥的空间。优秀作品中，留给欣赏者最为深刻印象的往往不是作品本身所描述出来的东西，而是作品中留给欣赏者自我发挥，思想中自我创造的空间。我们的探究化教学也是这样，如果没有一定时间，学生的探究则会显得缺乏深度。

对此，在课堂教学中，我们还应尽可能多地把探究时间留给学生，充分激发学生的创造潜能，让学生继续保持饱满的探究热情。这样，在课堂中，学生将会时时闪耀出智慧的火花，在思维的发展过程中也会为重点知识的教学添上绚丽的一笔。

教学是一门艺术，探究化教学更是一门艺术，两者都是为了让学生能够更容易地理解知识。我们坚信，只要我们充分发挥重点知识探究化教学，转变重点知识的呈现状态，在探究的过程中巧妙运用提问技巧，那么，无论是学生的学习状况还是教师的教学效果，在一定程度上都会得到改善和提高的。

## 九、引申知识理解化

甲、乙两个鞋厂同时派业务员去非洲某地考察。

甲厂业务员看到当地人都不穿鞋后，立即给厂家发电报：此地人都不穿鞋，毫无商机。随后马上返回了。

乙厂业务员见当地人都不穿鞋后大喜，立即给厂家发电报："此地人都不穿鞋，隐藏着很大的市场，速发鞋过来！"随后，他马上穿上崭新的皮鞋，走访和吸引当地人，很快就打开了市场。

从这则小故事我们可以发现，同是两个拓展市场的业务员，却得出两种完全不同的答案，这说明对待问题，我们应该透过现象，仔细分析，这样才能抓住那些隐藏现象背后的本质。

教学也是一样，有些知识就像上面小故事中的非洲市场，表面看学生很容易理解和掌握，但深入发掘，我们就会发现它背后依然隐藏着很多很重要的知识点。我们应该像那位乙厂的业务员那样，帮助学生掌握引申知识，让他们不再疑虑、不再困惑，不再对那些引申知识视而不见。

引申知识也可以称为隐含在表层知识后面或深层的知识，让学生易于掌握的最好的途径就是让它以理解化的状态呈现。在弄明白为什么要将引申知识理解化之前，我们先来了解一下什么是知识的理解问题。

广义上的"理解"是指揭露事物本质的过程，它是个体逐步认识事物的联系、关系、本质、规律的一种思维活动。而狭义上的"理解"是指利用已有的知识去认识新事物，或把某个具体的事物纳入相应的概念和法则中去，才叫做理解。

通常来说，知识的理解主要指学生运用已有的经验、知识去认识事物的种种联系、关系，直至认识其本质、规律的一种逐步深入的思维活动。例如，学生了解一个词的含义，明确一个科学概念，掌握法则的因果关系，把握课文的段落大意及全文的中心思想等都属于对知识的理解。可以说，不管是初步、不完全或者比较完全地认识知识的联系、本质和规律，只要不限于单纯通过感觉、知觉或记忆的直接认识，都可以称之为知识的理解。

我们知道，理解是掌握一切知识的重要环节，引申知识也不例外。在初级阶段的学习过程中，对知识必须要有直接的感知，但是感觉到了的知识，我们并不能立刻理解它，只有那些理解透的知识我们才能更深刻地感觉它。例如，有些引申知识需要记忆，但在理解化的状态上进行则会增强记忆效果。如果不理解即使是记住了某些公式、定理以及它们的变式，整个学习效果也不会很大。因为理解与迁移、应用的关系非常密切，不理解就难以应用和迁移，则更谈不上对引申知识的正确掌握，以及学习上的高效率了。

因此，引申知识的学习需要理解化的状态来作铺垫，而我们要做的就是转变引申知识的状态。我们可以根据学习对象及其特点的不同，将理解化状态分为：对言语的理解；对事物意义的理解；对事物类属性质的理解；对因果关系的理解；对逻辑关系的理解；对事物内部构成、组织的理解等，力争通过这些理解状态来实现对引申知识的教学。

### 1. 以理解化的状态消化引申知识

引申主要是指对事物内涵、意义的拓展和延伸。比如，“向”本来的意思是“向北的窗户”，后来将其引申为“朝着”“对着”的意思。而引申知识在教学中也是经常出现的，以英语教学为例，英语中有许多名词的单复数词义差别较大，学生较难掌握，容易误用。

例如：This machine can do the work of twenty men.

从上句中的 work 可以引申出 works。前者为单数形式（不可数），意为“工作、劳动”“职业”等；而后者则为复数形式，意为“著作”“工厂”“（机械的）装置、机件”等。

例如：It’s hard work carrying this refrigerator upstairs.

抬这台电冰箱上楼是件辛苦的工作。

The works of these watches are all homemade and wearwell.

这些表的机件均系国产，耐磨性好。

这就是我们在教学中所遇到的引申知识，它在不同程度上给学生的学习以及教师的教学都带来了一定的影响。

## 在“曲问”中讲解引申知识

钱梦龙是全国著名特级教师，也是蜚声中国教坛的语文教育改革家。在教学《愚公移山》一课时，钱老师摒弃了传统的逐字逐句串讲的文言文教法，而是在指导学生自读的基础上，通过对话的形式帮助学生掌握文章的内涵，同时也促进了学生对引申知识的理解。

刚一上课，钱老师对学生说：“上一课同学们自读了《愚公移山》，刚才我检查了一下，同学们学习得很好，老师非常满意！现在我们先一起来把文章朗读一遍，好吗?”

在读完之后，钱老师问：“大家在自读中有什么问题吗?”

有一位学生站起来问：“‘河曲智叟’的‘曲’是什么意思呢?”

“有谁知道这个‘曲’的意思吗?”钱老师见没有学生回答，便说，“那就请大家查字典。”

在查完字典后，有学生回答：“曲，就是弯曲的地方。”

钱老师说：“很好，你读的这个解释是正确的，那么大家知道‘河曲’是什么意思了吗?”

学生说：“河曲应该是黄河弯曲的地方。”

“对，河曲就是这个意思。大家看，有些问题我们只要一请教字典就能够很好地理解了。还有其他的问题吗?”钱老师问道。

又有一位学生说：“第一段里的‘本在冀州之南，河阳之北’，为什么这里用个‘本’字?”

“很好，这个问题提得好。谁能帮助这位同学解决这个问题呢?”钱老师表扬了他后，又把问题的解答交给了学生。

不一会儿，学生甲举手回答：“因为后来太行、王屋二山搬走了，不在这个地方。”

钱老师笑了笑，说：“说得真好！这个‘本’字是跟后文相呼应的。它其实也是埋下了伏笔，目的是让我们更好地理解它的引申含义。这个问题提得好，解决得更好，说明了大家能够思前顾后地读文章了。大家还有什么问题呢？”

有一学生提出：“‘出入之迂也’中的‘之’字该怎么解释？”

“这个‘之’的用法大家可能还没有学过，大概都不知道吧？”钱老师故意这么说，目的是想让学生回顾以前的知识。

这时，学生乙说：“‘之’是结构助词。”

“讲得很好！我以为没有人知道呢。”为了让学生更好地理解“之”在句子中的意义和作用，钱老师接着说，“对了，它是结构助词，不过这个结构助词用法有点特别，如果要翻译这个句子，这个‘之’字要不要翻译出来呢？这句话该怎么翻译呢？”

有一学生回答：“‘之’不用翻译，这句话是说‘出出进进都要绕远路’。”

钱老师说：“回答得非常正确！大家找找在文中还有没有同样用法的‘之’字呢？”

马上就有学生回答：“‘北山之塞’中的‘之’也是这样的用法。”

……

几个学生回答后，钱老师都肯定了他们的说法，接着问：“大家还有其他的问题吗？”看到没有学生回答，便继续说，“没有问题就说明大家都懂了。看来只要大家积极思考，一些简单问题甚至是一些引申知识，还是能够圆满解决的。这说明大家经过自己的努力是能读懂这样的文章的。现在，老师问你们一些问题，看大家真的读懂了没有。这篇寓言共写了几个人？我们先来把它们列出来，大家一起说，我来写，好不好？”

学生一下子提出了许多人物，钱老师一边在黑板上写下了愚公、其妻、其子孙、遗男、智叟，一边问学生：“我们先来熟悉一下这个人物表。大家说说看，这个老愚公有多大年纪了？”

有的学生说他九十岁了，有的学生则认为他不到九十岁。

钱老师说：“那到底是九十，还是九十不到呢？”

这时学生丙站起来说：“不到九十岁。”

“真的吗？你是从哪里知道的呢？”钱老师问。

学生丙信心十足地说：“‘年且九十’中的‘且’字说明了他没有到九十岁。”

钱老师笑了笑，说：“很好，你能够明白‘且’字所隐含的意思，说明你看书非常仔细，这个‘且’就是将近的意思。那么，那个智叟是年轻人吗？为什么？”

有学生回答：“不是年轻人，是个老头，因为‘叟’字是老年人的意思。”

“看来同学们都会从个别字眼找出所引申的知识了，不错，愚公和智叟都是老头子。那老师再考考大家，那个遗男有几岁了？”钱老师说。

一位学生回答：“大概七八岁。”

钱老师很惊讶，说：“你又是怎么知道他是七八岁的呢？”

那位学生骄傲地说：“我是从‘龀’字知道的。书上‘龀’的解释是换牙，而孩子七八岁的时候就开始换牙，这说明他大概是七八岁。”

“回答得很好，大家思考一下，这个年纪小小的孩子跟老愚公一起去移山，他爸爸肯让他去吗？”钱老师继续提问。

学生思考了一会儿，一致认为那个小孩没有爸爸。

钱老师追问：“你们是怎么知道他没有爸爸呢？”

“因为他是寡妇的儿子呀，书上的‘孀妻’就是寡妇的意思。而‘遗男’也表明了他是孤儿，只有妈妈。”又有学生站起来解释。

这时钱老师总结说：“刚才几个问题，同学们回答得都很好，说明大家阅读时认真思考了。上面说的几个字词的意思，老师希望大家一定要掌握好，彻底理解它们所隐含的意思以及引申的意思。接下来，请大家计算一下，这次参加移山的一共有多少人？”

学生看了看书，立即说：“五个人。一个愚公，一个遗男，还有他的三个子孙。”

“三个什么样的子孙呢？”钱老师追问。

“书上说‘荷担者三夫’，那么三个子孙应该是会挑担的。”学生回答。

“有道理，那你又是如何知道愚公自己也参加了呢？”钱老师说。

那位学生又从书上找到依据，说：“书上说‘遂率子孙荷担者三夫’，也就是说是愚公率领了子孙去的。”

“讲得真好！那请你再说说看，‘遂率’前面省略了句子的什么成分？”钱老师进一步引导学生思考。

“好像缺少了主语，主语应该是愚公。”那位学生不是很确信地回答。

“对了，就是缺少主语，这是文言文中常见的省略现象。大家在以后的学习当中一定要注意这方面的知识，要把握好这一内容，对我们更好地理解一些相关引申知识有很大的帮助。现在人物我们已经弄清楚了，接下来看看这个寓言主要写了件什么事?”钱老师说。

学生异口同声地回答：“移山!”

钱老师说：“大家认为这件事做起来难吗？请从文章里找出句子来说明。”

不一会儿，学生说：“很难。文章里有‘高万仞’‘方七百里’两句。‘高万仞’是很高的意思，而‘方七百里’是方圆面积七百里。所以说，山又高又大，很难移。”

“说得真好！移山的任务越艰巨，越能显示出人们不同的精神面貌。”钱老师说，“接下来我们根据这张人物表上出现的人物，来看看他们对待移山这件事的不同态度。在文中有两个人的话意思差不多，大家认为是谁呢?”

学生一致认为是愚公的妻子和智叟。钱老师便让学生找出这两个人的对话，并进行朗读比较，看看两人的态度究竟是不是一样。

朗读后，学生对此有了一定的了解。有位学生说：“智叟说愚公很笨，太不聪明了。而愚公的妻子并没有这样说。”

“那你再说说看，智叟说的这个句子是怎样组织的?”钱老师逐步引导学生思考。

学生思考了一会儿，说：“原文是‘甚矣，汝之不惠’，我觉得应该是‘汝之不惠甚矣’，这个句子是倒装的。”

“那你知道为什么要倒装吗?”钱老师用期待的眼神看着那位学生。

“可能是为了强调愚公不聪明吧。”学生猜测说。

“不错，你的想法是正确的，把‘甚矣’提前，就是强调愚公不聪明到了极点。”钱老师肯定了这位学生的回答，接着说，“智叟说愚公不聪明，而这样的话愚公的妻子是不会说的，这就是两者的不同之处。下面我们再来看一看称谓，愚公的妻子称愚公什么？而智叟称愚公什么?”

学生回答：“愚公的妻子称愚公‘君’，而智叟称愚公‘汝’。”

为了让学生真正理解称呼中所引申的含义，钱老师这样问道：“同是称呼愚公，却有两种说法，这两个词有区别吗?”

“当然有啦，‘君’含有尊重的意思，而‘汝’并没有这层意思。”有一学生站起来说。

“说得有点道理，”钱老师说，“那老师再将‘汝’的意思简单说一下，在古代它是指长辈对小辈，或者是地位高的人对地位低的人的称呼。如果是平辈之间用‘汝’，就有些不尊重的意思了。那么，大家知道智叟叫愚公为什么用‘汝’呀?”

一学生立马站起来说：“因为智叟认为愚公太笨了，看不起他，所以就用‘汝’。”

“嗯，对了，这也是愚公妻子和智叟的不同之处。”钱老师说，“大家再思考一下，还有什么不同的吗?”

过了一段时间，有学生说：“我觉得这两句说得也不一样，愚公妻子认为‘以君之力，曾不能损魁父之丘，如太行、王屋何?’而智叟则认为‘以残年余力，曾不能毁山之一毛，其如土石何?’”

“你能说说这两句在什么地方不一样吗?”钱老师继续问。

“愚公妻子是说愚公不能把小山怎么样，而智叟则是说愚公连山上一根毛都不能动，明显带有讽刺的意味。”学生回答。

“你分析得很好，大家要注意‘曾不能毁山之一毛’中的‘毛’的解释，它是小草的意思。这句话就是说‘不能毁掉山上的一根小草’。大家从这句话中体会出智叟当时是一种什么样的语气?”钱老师说。

学生一致认为含有轻蔑的口气，从而得知愚公的妻子与智叟在对愚公的态度上的不同。

这时，钱老师说：“大家再看看‘如太行、王屋何’与‘其如土石何’这两句，同样是‘如……何’的句式，可是智叟的话里却多一个‘其’字，这又有什么不同，或者说有什么引申意义呢?”

对于这个问题，学生一时不知如何解答，钱老师便说：“智叟的那句话，语气比较强硬，含有‘难道’的意思，用上它则强调了愚公没有用，因而瞧不起他。这就是‘其’字在这里的引申意义。”

学生纷纷点头，钱老师又问：“除了这些不同外还有其他的吗? 我们一起看看这一句‘且焉置土石’，这句又该怎样解释呢?”

学生回答：“它的意思是‘把土石放到哪里去?’”

“对了，就是这个意思。”钱老师肯定学生的回答，“这里的‘焉置’的‘焉’是疑问代词，‘哪里’的意思，不过它却放在了动词‘置’的前面，原来的‘置焉’变成了‘焉置’。同学们要注意这点，它就是我们以后所要学习的‘疑问代词作宾语，宾语要前置’的内容。对这一知识点所引申出的另一知识，大家要好好地理解并消化。”

之后，钱老师又问："对于愚公妻子担心土石的问题，后来解决了吗？是怎样解决的？"

不久，学生在书上找到了答案，说："投诸渤海之尾，隐土之北。"

"那大家觉得愚公妻子提出这个问题，说明了她对移山持什么态度呢？"钱老师还是不断地引导学生，让他们自己找到答案。

有的学生认为是关心，有的认为是担心等。

最后，钱老师总结说："既关心又担心，两者兼而有之。她一方面关心这个技术问题该怎么解决，另一方面又担心自己的丈夫都快九十的人了，还去移那么大的山。而此时的智叟却不是这样，他的态度始终是讽刺。这也是他们不一样的地方。"

……

引申知识有时显得与本来的知识相差很远，要想更好地理解引申知识，则需要教师付出更多的努力。案例中钱老师采取了一贯的教学风格，将学生导入自读、思考、讨论、争辩的情境之中，同时还娴熟地运用"曲问"的技巧。这样，便让学生在师生互答中巧妙地结合课文内容，并很好地理解文言文知识以及引申知识。

例如，在案例的前一部分中，钱老师让学生自己提出问题，有的学生提出"曲""本"以及"之"的解释及用法等。不仅从这些单个字词的解释出发，钱老师还转变了引申知识的呈现状态，让它以更容易被学生接受的、理解化的状态呈现在学生面前，促进了学生对这部分知识的理解。

"他爸爸肯让他去吗？"这是钱老师在教学"孀妻""遗男"时反问学生的。在这里我们应该清楚，钱老师此问的本意在于了解学生是否掌握"孀妻""遗男"二词，但是，他却灵活地运用了"曲问"，问在此而意在彼。

像这样的"曲问"在前面还有几个典型的例子，如问"愚公有多大年纪""智叟是年轻人"等。这种"曲问"对引申知识理解化具有一定的特殊意义，一方面容易激发学生思考的兴趣，另一方面也是重要的作用，就是能够帮助学生逐步理解知识，特别是那些引申知识。

除了让学生理解个别字词的引申知识外，钱老师还精心设计了特殊语句中的文言常识教学，让学生明白文言文中的独特的句式。在这个过程中钱老师也是让它以理解化的状态呈现出来的。

例如，在讲到"遂率子孙荷担者三夫"时，钱老师先让学生计算人数，了解人少而移山，凸显任务的艰巨性，之后引导学生分析“遂率子孙荷担者三夫”这句话，逐渐得出古汉语中主语省略的引申知识。

像这类的还有案例后半部分中的“甚矣，汝之不惠”的倒装，以及“且焉置土石”的宾语前置等，它们在钱老师的教学中都得到了很好体现，而学生对这些引申知识也有了较为清楚的理解。

总之，钱老师对引申知识的教学，既显现出教学的灵活性，同时又使知识状态变得更容易被学生所接受。而这些正是需要我们特别关注、借鉴的地方。

## 范例观摩二

### 诗意地讲解引申知识

江补能是浙江省武岭中学的著名教师。在课堂教学中，江老师能将引申的地理知识变得浅显易懂，富有诗意。

在教授“地球公转”前，江老师提了一个问题：“同学们是否听说过‘坐地日行八万里，巡天遥看一千河’‘日落西山红霞飞’‘自东方迎来黎明的曙光，由西方送走黄昏的太阳’这样的语句呢?”

“听说过!”学生异口同声地回答。

“很好，现在请大家思考一下，我们该如何找出它们所引申的地理知识，又该怎样解释它们呢?”江老师问。

过了一会儿，小王站起来回答：“从地理常识我们知道地球自转的周期是一天，而赤道的周长大约是四万公里，也就等于八万里，再加上地球的引力过大，拽着我们人类一起平稳而飞快地转动，所以，不知不觉中我们就能‘坐地日行八万里’了。”

江老师肯定了小王的回答，继续引导学生：“那么大家再思考一下，这句诗成立的前提是什么?是不是地球上所有地方都是日行八万里呢?”

这一问又引发了学生的讨论，过了一段时间，有位学生回答：“我认为，这句诗成立的前提是只有在赤道上才能成立，并不是所有地方都是这样。我们知道，地球是一个球体，纬度越高纬线的周长就越小，而只有赤道附近的圆周是八万里，其他地方都小于八万里。”

“对了，这句诗就告诉我们，不同纬度在地球自转过程中存在着不同。那么，对于后两句又该如何解释呢?”江老师接着问。

"这个简单，因为地球自转的方向是自西向东的，日月星辰也就东升西落了。所以我们能够看到'日落西山红霞飞'这种美丽的现象。最后那句是因为地球是一个球体，再加上不停地自西向东转，所以才会'自东方迎来黎明的曙光，由西方送走黄昏的太阳'。"机灵鬼小李抢先回答。

江老师笑了笑，说："刚才小李解释得非常好，那我再考考大家，后两句在其他行星上会成立吗?"

学生都在回忆其他几大行星的相关知识。看到学生暂时不能回答，江老师笑了笑说："在行星中有一颗星很特别，它是太阳系内唯一逆向自转的大行星，自转方向是自东向西的。它就是金星，在金星上看太阳就不是东升西落而是西升东落了，大家明白了吗?"

学生恍然大悟……

在教学过程中，江老师创造性地将诗句所引申的意义与地理知识联系起来，促进学生对地理引申知识的理解。像这样的教学方法自然会收到满意的教学效果。

毋庸置疑，引申知识理解化对教师的教学将起着极其重要的作用，对于学生更好地理解、掌握知识而言，也起着某种特定意义上的作用。对此，我们更应该注重这方面的探究，努力将引申知识以理解化的状态呈现给学生，并将转化方法传授给学生，让他们从中获得更大的收益。

转变引申知识的状态，使之以理解化的形式呈现，有时我们可以将这个过程处理得更具生动、更饶有趣味些，让学生接受起来更容易、更愉快。

## 由现象到本质来处理引申知识

徐祝林是浙江省衢州一中的优秀教师，在教学"凹透镜成像规律"这课时，徐老师正是一步步揭开覆盖在本质上的面纱，让学生探索到了真知，真正理解了引申知识。

徐老师先让学生用凹透镜或近视眼镜镜片进行初步实验，轻易得出凹透镜是成虚像的结论。之后，徐老师又让学生结合上节课学到的"凸透镜成像规律"的实验，设计实验方案来揭开刚才所得结论的引申知识的本质。

各小组在充分讨论、交流、总结后，得出了各自的实验方案。大都是先把蜡烛、凹透镜和光屏依次放在光具座上，且使它们的中心位于同一水平线上；将蜡烛分别放在二倍焦距以外、二倍焦距上、一倍焦距至二倍焦距间、一倍焦距上和一倍焦距之内，并调节光屏的位置，记录数据及所观察到的现象。

紧接着便是实验操作，这个过程正是透过现象、探索本质的过程，也是将引申知识逐渐理解化的过程。在这个过程中，学生一个个显得异常兴奋。徐老师不断地巡视学生的实验情况，并给予相应的指导。

等实验结束后，各小组汇报了自己的实验数据及现象。这时，徐老师进行了归纳总结：1. 凹透镜不能成实像；2. 物距越长，像就越小；3. 物距越小，像就越大；4. 凹透镜只能成缩小的虚像。

为了巩固学生对知识的理解，加强他们对知识的记忆，在了解凹透镜成像的规律后，徐老师给他们布置了这样的作业：1. 戴近视眼镜的人，在看报纸时，应该离报纸近点还是远点，所看到的字才能大点？2. 根据书中两幅不同的眼镜在观察报纸上字时的图，思考哪幅图中眼镜的镜片是凹透镜？若某位同学戴的是第二幅图中的眼镜，那他是远视眼还是近视眼？

徐老师的课堂让学生更容易透过现象把握本质，更容易掌握引申知识。这主要还得归功于徐老师的教学艺术。因为，学生在课堂上的实验过程正是理解的过程，它所体现出的是引申知识理解化的特征、方法以及过程，让学生能够完全掌握知识的本质和内涵。这种知识的理解化需要教师和学生之间的合作，共同探索出隐藏在现象背后的引申知识，让它们以更容易被学生接受的状态呈现。

现象和本质的关系是辩证的，既是对立的，又相互依存、相互转化。在实际教学中一定要巧妙运用两者之间的关系，可以为学生的学习引申知识奠定基础。其实，在我们的日常生活中就存在着许多的隐藏本质的现象，以及引申的内涵。例如，当我们从比较远的地方走向一个平面镜子的时候，我们会有这样的感受：镜子中的像由小变大。是否真的是镜子中的像会变大呢？答案是否定的。因为平面镜中的像是物的直接反应，物不变，像亦不变。镜子不可能改变物的大小。

这好比是我们在远处观看高山时，觉得山并不是很高，而当我们在山脚下仰望时，则觉得山特别高。事实上，山的高度并没有改变，改变的只是我们观看的角度而已。

从这里可以看出，我们只有抓住事物的本质，才能真正了解事物真相，才能从更深层次去理解引申知识。我们的教学也应这样，尝试着让学生在理解中拂去现象的遮掩，寻找知识的本质，让那些引申知识都变得容易理解。

## 2. 引申知识理解化的三个阶段

(1) 初级阶段的理解

知识的理解有不同的阶段，第一就是初级阶段的理解，又叫知觉水平的理解，主要是对客观事物进行“是什么”的揭示。在学习的初级阶段，学生对知识必须有直接的感知，它也是引申知识理解化的初级阶段。例如，在学习关于“力”的知识时，学生一开始认识力和力所作用的物体的质量的联系，只知道力有大小，还未曾达到揭露“力”的本质、规律的程度。这只是在对知识特征进行分析、综合的基础上，进行辨认、识别、确定名称的过程，还没有完全上升到引申知识理解化的层面。

(2) 中级阶段的理解

中级阶段的理解主要是揭露客观事物的“为什么”的问题，揭示客观事物的本质、客观事物之间的联系。以“力”的知识为例，随着学习的进一步深入，学生知道了“力”不但有大小，还有方向、着力点等，知道力是事物之间的相互作用，知道只有改变物体运动状态的作用才是力，以及力有三大要素，即力的大小、方向和作用点。

这些知识在某种程度上说便是有关“力”的知识的引申，揭示的是“为什么”的问题。学生对它的学习则需要达到一定的理解水平。比如概念、原理、法则的学习，必须达到这种水平的理解，以掌握同类事物、同类现象的共同的、关键的特征。而我们则要努力改变引申知识的状态，让学生真正理解这些引申知识。这就是引申知识理解化的中级阶段。

(3) 高级阶段的理解

高级阶段的理解是在揭示知识“为什么”的基础上逐步实现类化、具体化、系统化，将相关知识并入已掌握的知识中去。它是引申知识理解化的高级阶段。例如，我们引导学生将对力的理解与力的运动、力的速度的关系联系起来，从而建立或调整新的认知结构。这样就实现了引申知识的迁移和应用，让引申知识理解化状态得到了更完美的展现。

总之，这三个阶段对学生的学习来说是必经之路，而对我们的教学来说，也是关系着知识教学的效果。因此，在教学中我们应该把握好这三个阶段，引导学生更好地掌握引申知识。

## 3. 引申知识理解化的教学方法

在具体教学过程中，我们一方面让学生更好地理解引申知识，另一方面则要注意影响学生对引申知识理解的因素。接下来，我们来探讨一下除了上述几种方法外，还有哪些方法能够解决引申知识理解化的问题。

(1) 注意经验和感性材料的积累

为了促进学生对引申知识概念的形成，并帮助他们理解，我们应该引导学生加强有关经验和感性材料的积累。苏联心理学家鲁宾斯坦曾说："任何思维，不论它是多么抽象和多么理论的，都是从分析经验材料开始的，而不可能是从任何其他东西开始的。然而直观的、感性的要素只是抽象思维的出发点，思维从这个出发点出发，而后离开它，摆脱它。"这说明了对引申知识的理解，需要我们提供感性材料以及经验，采取各种有效方式帮助学生更好地理解它们。

(2) 加强知识间的联系和渗透

我们知道，理解是以旧知识、旧经验为基础的。但是在学习过程中，有些知识前后联系不紧密，有些新知识跨越程度又比较大，这时所产生的引申知识，学生便很难掌握。对此，我们要不断加强知识间的联系，使知识自然、适时地进行渗透，让学生顺利地掌握引申知识。

例如，在教学乘法分配律时，我们可以从数的认识进行渗透，让学生明白34是由3个十、4个一组成的，30和4这两个数的和就是34。这便为学习乘法分配律中的"两个数的和与一个数相乘"进行了渗透，让学生明白其中所隐含的知识。

(3) 有利于发散学生思维的问题设计

明确提问的目的是引申知识理解化顺利进行的条件之一。虽然课堂提问的目的服从于总的教学目的和任务，但是在具体教学过程中，我们应根据每堂课的教学目的、任务以及知识提出不同类型的问题。在提问前我们应该反复设计提问的目的、范围、程度、角度，并加以限定，提问的内容应具体、明确。

以语文学科为例，现在的教材深入浅出，可读性强，我们应该转换思考角度，让那些引申知识以更好的状态呈现，进而激发学生的学习积极性。例如，当我们问学生：雪化了以后是什么？学生的回答可能有好几种——“水”“春天”等。这样的问题就显得立意鲜明，具有一定的启发性。又如，在教学《从百草园到三味书屋》这课时，讲到三味书屋的教学方法后，我们可以这样问：三味书屋与百草园在学习环境、教课先生、学习内容上各有什么不同？作者向往的又是哪种儿童教育呢？如此提问便牵引学生思考，让他们更好地理解引申知识。

(4) 把握关键特征

一般认为，知识的关键特征越明显，学生学习则越容易。引申知识的学习也是这样。在具体教学中，我们可以采用扩大引申知识特征的方法，让知识特征以理解化状态显现，从而促进学生对引申知识的学习。例如，采用实物直观、模像直观、挂图等手段，使引申知识的关键特征明显化、易于理解化，帮助学生更好地学习、理解知识。

(5) 多角度挖掘教材

在教学之余我们应该认真思忖教材，多角度地挖掘教材，仔细分析那些引申知识，把握它们的各种表现形式，逐渐让它们以更容易被学生接受的状态呈现，为学生有效地学习引申知识，教师有效地教学引申知识作必要的铺垫。

知识的理解包含了各种类型，有层次较低的知识理解，也有难度较高的知识理解。而我们这里所谈的引申知识理解化则属于后者。它不仅需要学生具有一定的思维能力，还要求我们善于转变引申知识的状态，让它们以理解化状态呈现给学生。我们相信，学生在这样的教授方法以及知识状态下，再难以理解的引申知识都会得到圆满的解决。

## 十、分散知识结构化

在欧洲经济复兴时期，有一家生产巧克力的工厂，经营者是老麦克斯。老麦克斯是一个做事十分严谨的人，他将工厂打理得井井有条，所有员工都恪尽职守，生意也越来越红火。

后来，老麦克斯的儿子小麦克斯接手了巧克力工厂，不久以后，原本红红火火的工厂却即将面临倒闭，所有的员工都愁眉苦脸，小麦克斯更是一筹莫展。

一天，当工厂终于再也无法经营下去的时候，小麦克斯找到了老麦克斯。他大声抱怨道："这个工厂再也无法经营下去了，所有的员工，所有的机器都太落伍了，他们根本就毫无用处。"

面对暴躁的儿子，老麦克斯什么也没有说，他默默地来到工厂工作。一个月以后，让所有人期待的结果发生了：原本马上就要倒闭的工厂突然奇迹般地"活"了过来。看到这样的情景，小麦克斯既惊讶又不服气，他总说老麦克斯一定在将工厂转让给他的时候动了手脚，所以机器才会毫无作用。

于是，小麦克斯将工厂从上到下、从里到外检查了一遍，可是他发现机器还是原来的机器，员工还是原来的员工，没有任何改变。

"真的没有变化吗?"老麦克斯问道。

小麦克斯想了很久，说道："好像一切都井井有条，工厂好像一个时刻运转的大机器一样。"

看着糊涂的儿子，老麦克斯笑了，他说道："每个人、每个机器都有他们自己的位置，发挥着他们自己的作用。你却将人员安排得一片混乱，该有很多人的岗位上人员总是不够，而不该有太多人的地方，员工却多到将车间挤得水泄不通。而且主要的生产线机器都被你分散开来放在了不同的生产基地，使得工作效率大大降低。长此下去，工厂里到处一片混乱，工人与机器都不能各司其职，工厂又怎么会好呢?”

听到这些，小麦克斯惭愧地低下了头……

在这个故事中，工厂是同样的工厂，机器是同样的机器，工人更是同样的工人，为什么老麦克斯与小麦克斯管理的结果却有如此大的不同呢?

答案其实很简单，那就是分散的事物自身的作用很小，而将分散的事物结构化以后，每个“分支”都有了紧密的联系，那么这些原本弱小的力量凝聚在一起，就能发挥巨大的作用。

老麦克斯是一个做事严谨、一丝不苟的老者，他将工厂打理得井井有条。工厂有了合理的结构支撑其正常运作，致使工厂的效益一天比一天好。小麦克斯却因为经验不足，不仅人员没有得到合理的分派，机器也被分开来利用。大的力量被分散成了一个个弱小的力量，这样当然会使工厂面临倒闭。

这个故事正是向我们展现了合理的结构与分散的结构所形成的不同结果。知识也像是一个工厂，每个分散的知识也都有自己的“位置”。只有它们都按一定的结构排列，按一定的顺序展现，各知识之间都紧密、合理地连接在一起，这样，学生学习起来才会轻轻松松，我们的教学效率才能得以提高。

在日常教学中，教师可能深有体会：很多学生平时上课的表现很不错，学习成绩却总是不好。究其原因，不是因为他们不聪明，也不是因为他们不用功，而是因为分散的知识在他们的大脑中没有形成合理的结构。这就像一个拥有许多工具却不会使用的木工，他们不能快速地找到自己所需的知识，最后严重影响了学习成绩。因此，为了避免事倍功半，为了提高学生的学习成绩，为了提高教师的教学质量，面对一些分散的知识，我们应该设法将它们合理地结构化。

分散知识指的是关联性不明确，逻辑性不强的知识。一般而言，分散知识常常会使学生感到困惑，感到“无从下手”。常言道：一篇好的文章结构要“凤头”“猪肚”“豹尾”。但是，如果在一篇课文中，出现了一百个十分优美的句子，但是句与句之间关系错乱，甚至是毫无联系，每个句子都以独立的姿态存在，试问这样的文章，谁又能看得懂呢?

同样，在学习中，如果知识呈现分散状态，没有任何结构关联，那么，它们就如同一盘散沙，不能发挥应有的作用。面对分散的知识，学生很可能既难以理解又不能运用自如。

可以说“分散”与“结构”是呈对立状态存在的，但它们之间又有着不可分割的互补关系。分散知识正因为没有一定的结构，所以又可以组成知识系统。当知识以分散形式呈现时，在学生头脑中，它们只是独立的知识点，不能形成系统的知识体系；而当分散知识形成合理的知识结构后，会使知识本身更加生动、更加有魅力。

### 1. 分散知识结构化的重要意义

布鲁纳是美国著名的心理学家和教育家、结构主义教育思想的代表人物。他认为，掌握事物的结构，就是使许多别的东西与它有意义地联系起来，然后通过这种关联性全面地去理解它。简单地说，知识结构就是学习事物是怎样相互连接在一起的。

布鲁纳曾这样说道：“不论我们选教什么学科，务必使学生理解各门学科的基本结构。这是在运用知识方面的最低要求，它有助于学生解决在课外所遇到的问题和事件，或者在日后训练中所遇到的问题。”

在新课的学习中，如果学生获取的是分散的、缺乏联系的无序知识，那么他们是无法认清知识的本质并解决问题的。因此，教师要引导学生分析、搞清各知识点间的内在联系，将知识重新编码、排序，使之由点成线、由线成面、由面成网、由无序而系统。

知识是能力的载体，让学生掌握结构化的知识，是培养学生能力、提高学生科学素质的重要前提。懂得了知识的基本结构，不但能较容易地理解整个内容，而且有助于记忆，还可以缩小“高级”和“低级”知识之间的差距，实现知识的迁移。

不仅如此，分散知识结构化对学生的学习还有更深远的影响。

(1) 让学生思路更清晰，学习更轻松

知识一旦分散了，在思路上就会出现“接不上”的现象，阻碍学生的学习思路。学生没有清晰的学习思路，自然也就没有了认知重心。

例如，近代史中有很多历史事件，它们的产生、发展、结果等都有一定的因果关系，在知识结构中都有相应的位置及其作用。但如果它们分散开来，学生学习起来就会扰乱记忆规律，不能深刻地理解历史知识的基本原理，学习也就变得更加困难了。相反，如果将分散知识结构化就会让知识间的基本思路、基本原理更加清晰。学生准确掌握了基本原理，那么其他知识也就迎刃而解了。

(2) 提高学生学习效率和记忆效果

从学生的记忆看，布鲁纳认为："除非把一件件事情放进构造好的模型里，否则很快就会忘记。详细的资料是靠表达它的简化方式来保存在记忆里的，学习普遍的或基本的原理的目的，就在于保证记忆不会全部丧失，而遗留下来的东西将使我们在需要的时候把一件件事情重新构思起来。高明的理论不仅是现在用以理解现象的工具，而且也是明天用以回忆那个现象的工具。"

布鲁纳的观点凸显了知识结构对学习者的重要性，如果没有合理的知识结构，分散的知识只会降低学习效率与记忆效果。

所以说，将分散知识结构化会在建立合理记忆结构的同时，又提高学生的记忆水平，加强知识记忆的持久性。

## 用情景构建结构框架，让分散知识找到"归属"

李宗清老师是陕西省镇安县中学高级教师，他时刻注重培养学生拥有完善的知识结构，更通过提问引导，将原本分散的知识融入到完善的知识结构中，有效地提高了学生的学习质量。我们来看下面的案例。

上课后，李老师说："今天，我们一起来学习第17课的内容：先进的科学技术。先让我们一起来回忆一下以前所学的知识。好，请同学们看黑板。"

这时，黑板上出现了关于秦汉时期欧亚形式的挂图。李老师继续说道："秦汉时期是我国历史上第一个封建国家的统一发展时期，秦王朝的建立，结束了春秋战国以来诸侯争霸的历史局面。随之而起的汉王朝，再加上当时中国周边各民族的活动范围，其疆域更为辽阔。与此时西方日益兴起的罗马帝国，就形成了东西称雄的局面。在当时这一时期，欧亚大陆上几乎同时出现了安定的局面。这种统一和安定的政治形势应该说为经济的发展提供了一个必要的前提。那么，此时，秦汉时期我国的文化发展到了一个什么样的水平呢？今天就让我们一起来看一看。”

李老师将中国科技馆的组合挂图贴到黑板上，说：“同学们请看这张图片，知道这是哪里吗?”

学生们齐声答道：“中国科技馆。”

“中国科技馆，非常正确!”李老师指着挂图继续说道：“那么，今天就让我们到秦汉科技馆中，让我们领略一下秦汉科技的发展。我们的秦汉博物馆是一个虚拟博物馆，在我们的博物馆中分为了三个展厅。让我们首先进入四大发明馆。好，哪个同学能给大家说一说我国古代的四大发明有哪些呢?”

教室里立刻小手林立，看到学生们这么积极地配合教学，李老师非常高兴。通过科技馆的挂图，学生的思路马上清晰了。此时，围绕四大发明展开思考，实际上已经开始有了知识结构的雏形。

最后，李老师请了学生小明回答问题。

小明答道：“有造纸术、印刷术、指南针和火药。”

“回答得非常好。”为了引导学生们将原有的分散知识也能放入正确的结构当中，李老师便又围绕这一结构的核心问题问道，“那么，在我国古代的四大发明中，应该说，造纸术是出现时间比较早的一项，造纸术的发明与文字的发明有一定关系。请同学们回忆一下在造纸术出现以前，我们的文字都曾经出现在什么地方呢?”

一名男生回答：“出现在兽骨上。”

“他说出现在兽骨上，非常好。还有没有？我们继续思考。”

学生们开始积极思考，到处搜寻着相关的信息。有人回答：“在竹木简上”，有人回答：“在石头上”，更有人回答：“在龟壳上”“在绢帛上”……

听了学生们的回答，李老师笑了笑说道：“在绢帛上，就是在丝织品上。下面让我们来看一看这张图片?”李老师将一幅陶瓷的图片展示出来，继续说道：“刚才同学可能没有提到，这个就是陶器。那么，在陶器里面呢，也有文字，再来看一看。”李老师边说边指向了另一幅有文字的图片说：“这张图片是刚才那个陶器里面的文字拓片。”

说完又演示下一张图片：“这张图片大家比较熟悉，这是刻在什么上的?”

学生们异口同声地答道：“牛骨。”

“是牛骨，甲骨文。而且刚才还有同学提到了青铜器，这件青铜器叫毛公鼎。”李老师边说边指着相应的图片，“那么，同学们是否注意到了在鼎的内壁有密密麻麻的文字。这就是毛公鼎的文字拓片。而且刚才有同学提到了竹简，这是什么时期的竹简?”

学生回答：“秦简。”

“接着看，刚才最后一位同学提到了，写在了丝织品上的这个文字，我们把它称之为帛书。现在我们思考一下，在以上这些文字载体中，你们认为可以用做书写材料的有哪些呢?”

学生小于说道：“有帛和竹简。”

“她说有帛和竹简，非常好。下面我们来看一段文字资料，这是《史记》当中的一段记载。”李老师读道：“天下之事无小大皆决于上。上至以衡石量书，日夜有呈，不中呈不得休息。原文大意：天下事无论大小都由皇帝一人来裁决，以至于皇上要用秤来量这些奏章。那么，皇上批阅这些奏章呢，白天和夜里都是有定额的，不完成这个定额皇上是不能休息的。”

“但是，无论是哪种工具，都不便于推广。所以，人们还要不断探索。下面我们看看西汉前期，人们又发现了怎样的书写材料，请同学们把书翻开到第86页，86页小字的最后一段，让我们带着问题阅读一下课文。”

学生们的思想变得更加活跃了，通过回答问题、读课文等方式，各种相关的知识都找到了自己应有的位置。学生读完后，为了让这个知识结构能更加饱满、完善，李老师又问道：“西汉前期人们发现的书写材料是什么?”

“纸。”学生们高声回答。

“很好，但是早期发明的是麻纸，它仍然存在有很多弊端。哪位同学愿意回答一下?”

学生小童回答：“纸粗糙，书写不方便，而且王宫贵族求体面，这个纸也太难看，而且色泽也不是很光亮。”

这时另一名学生补充道：“我觉得它的做工也太麻烦了，产量很低，不易推广。”

“说得非常好，这位同学发现了可贵的信息。麻纸的制作过程是很复杂，而且产量特别低，这就制约了它大规模的推广。所以，人们还在继续探索看看能不能再找出来更为廉价的、质量更好的、制作起来比较方便的纸。后来是谁改变了这一现状?”

学生齐说：“蔡伦。”

经过一系列的提问，终于引出了重点知识“蔡伦造纸”。而之前所有的知识都成为重点知识的铺垫，学生对整个知识产生的过程更加清晰，对知识的理解、记忆也更加深刻。李老师继续进行提问：“有哪位同学愿意介绍一下蔡伦？”

小明说道：“蔡伦，东汉时期的一名宦官，他在总结前人经验的基础上，又经过自己不断地实践，不断地改进了造纸术，发明了实用、又可大面积推广的纸。可以说他的发明，为我们今后的发展做出了十分宝贵的贡献。”

小明的回答赢得了同学们热烈的掌声。

李老师继续说道：“蔡伦改进了造纸术，那么，人们为了纪念他，就把他造的纸称为‘蔡伦纸’。公元 3 到 4 世纪这种纸开始由我国传到了国外。下面我们来看一下它的传播过程。同学们请看这张图。”

出示传播图。

“同学们看一下，公元 4 世纪，造纸术首先传到了……”

学生回答：“朝鲜。”

“接着是……”

“日本。”

“然后呢？”

学生们根据图的指引说道：“公元 7 世纪传到了日本。下一步，公元 8 世纪传到了阿拉伯，公元 12 世纪，分别传到了欧洲和非洲。公元 16 世纪，又传到了美洲；19 世纪，传到了大洋洲。”

李老师又问道：“当纸被源源不断地生产出来的时候，请同学们认真思考一下，纸在我们生活当中有什么作用呢？”

学生们争先恐后地举手回答。

学生小红说道：“做成书本，各种报纸、杂志。”

学生小风说道：“它是传递信息的一种方式，可以用它写信。”

“说得很好。造纸术深刻地影响着人类文明的发展进程。曾经有一位著名的美国学者这样评价造纸术：‘纸对于西方文明整个进程的影响，无论怎么估计都不过分。’当我们在认识到造纸术的伟大意义时，也请同学们冷静地思考一下，造纸术发展到今天，是不是也给我们带来了不利的影响？”

李老师的提问再次引起了学生们的思考。

学生回答道：“造纸过程要排废纸，然后是废水、废气。有些人乱扔以后又会造成污染。而且，因为它的原料之一是木材，树木也会因此而减少。”

这时，另一名学生急忙说道：“现在可以制造再生纸，可以大大降低污染与浪费。”

“说得非常好！我这里有一个这样的数据：每回收 1 吨废纸，可造再生纸 850 千克，节省木材 3 立方米，相当于 17 棵大树，节水 100 立方米，节省化工原料 300 千克，节煤 1.2 吨，节电 600 度。”

将知识分成不同的板块，学生的思考有了更为明确的范围，不仅降低了思维的负担，这种过程更让学生形成了清晰的知识结构。之后，李老师又用同样的方法将学生引入到了另一个板块中——医学。

李老师继续说道：“好了，现在我们离开四大发明馆，看看医学馆又有哪些成就。大家有人看过中医吗?”

一部分学生回答道：“看过。”

“很好，相信即使没有亲自看过中医的学生也一定在电视上看过类似的影视片段。古代医学可谓是博大精深，其中有一位著名的人物——张仲景。有哪位同学愿意介绍一下张仲景?”

学生小于又一次举手说道：“张仲景是我国东汉时期一位著名的医学家，他的主要成就在于他完成了一部医学专著叫《伤寒杂病论》。在这本书中，他详细阐述了中医理论和治疗原则，而且还收录了三百多个经典药方，被后人称为‘中方之祖’。”

小明补充道：“张仲景在医学上做出了非常伟大的贡献，后人把他尊为‘医圣’。在他的家乡，医圣的家乡——河南南阳，人们就修建了‘医圣祠’来纪念张仲景。”

“回答得非常好！还有其他的著名人物吗?”李老师又问道。

学生小红急忙回答：“还有华佗。”

“那么，你可以介绍一下他吗?”

小红继续说道：“华佗是我国历史上一位非常有名的医生，华佗是沛国曹县人。因为他医术高明，所以人们称他为神医。曾经还产生了著名的‘华佗刮骨疗伤’。……”

学生们滔滔不绝地发表着自己的见解，在不知不觉中，各种分散的知识已在围绕知识结构主干提出的问题中，逐渐产生了联系，找到了正确的位置。

李老师说道：“我们学习了秦汉时期的医学成就后，我们再来到数学馆。

其中有一部非常著名的著作，有哪位同学愿意回答一下？”

学生们纷纷举手，最后小刚回答道：“是《九章算术》，在这本书里记载了一些当时比较先进的计算方法，比如说我们都知道的负数运算，还有一元二次方程等内容。”

“很好！有哪位同学有什么要补充的吗？”李老师问道。

一名女生回答道：“还有一些土地丈量、谷仓容积、堤坝修建、税收等内容。”

“非常好，这些内容都运用了数学，与当时的实际生活也有着密切的关系，更为我们今后的发展奠定了坚实的基础。”

李老师说完，又有一名学生急忙说道：“老师，还有一部西汉时期的数学专著，它叫《周髀算经》。在这本书中提到了勾股定理的一个特例，勾三股四弦五。这个问题的提出在世界上是第一次，它要早于西方将近500年的时间。”

教室里再次爆发出了热烈的掌声，学生们都为自己的“博学多才”而欢呼，看到各种知识都聚集在了一起，知识结构越来越完整，李老师欣慰地笑了。在接下来的讨论中，学生表达了更多的意见，通过讨论，分散的知识在头脑中形成了更加完善的知识结构，教学取得了非常大的成功。

这是一堂历史课，但是这堂历史课在李老师的设计下，呈现出了与众不同的氛围，也体现出一个鲜明的知识呈现特点。那就是原本分散的知识不用经过复杂的教学过程，就这样在轻松的一问一答中、在师生的讨论中，形成了完整的知识结构。更让学生在回忆知识的过程中，形成了清晰的思路，也深刻体会了知识的魅力。

历史知识是十分繁复琐碎的，并且根据课程主题的不同，讲授的知识有时就会显得比较分散。时间一长，这种相近而又分散的知识容易使学生产生记忆混淆甚至错乱。在本案例中，李老师在上课伊始就为学生的思路建立了一个知识结构的主框架——历史博物馆。在历史博物馆中根据各种知识的不同领域，分成了不同的主题馆。因此，当学生在“进入”博物馆以后，思路就会根据每个主题馆的不同特点而变得清晰，形成初步的知识结构。

在接下来的教学中，李老师除了进行必要的知识引导，更多的是发挥学生的主动性，让他们通过回忆、回答，将自己原有的那些分散的知识也重新归纳、整理、加入到知识框架中去，为这个“单薄”的框架“添砖加瓦”，使之成为一个坚固的“知识大厦”。

这样做，不仅使学生在互动中重新审视了自己知识结构中的不足，更让学生将分散知识纳入知识结构中，使学生更深刻地理解了这些知识，为以后的记忆、运用打下了良好的基础。

就这样，分散知识通过一步步教学，逐渐形成了合理的结构，学生对历史知识有了更系统的理解，更清晰的思路，学习效率自然会得到大大的提升。

## 利用结构图，让分散知识结构化

孔繁刚老师是上海市上海中学国际部史地教研组组长，1994年被上海市人民政府授予特级教师称号。

孔老师认为既然让学生花费那么多心思去掌握知识，那么知识就该发挥它最大的潜力为学生提供服务。如果知识分散，自身都“前言不搭后语”，学生又怎么能清晰地学习，清晰地掌握，清晰地运用呢?

因此，在长期的施教中，孔老师总是把培养学生合理的知识结构排在培养目标的第一位。在教《20年代的国际关系》一课时，由于这篇课文涉及面广，内容复杂，所以知识的呈现形式就显得有点分散，结构框架不是很清楚。于是，孔老师就用结构图表的方法，将分散知识结构化。为学生构建起了一个完整的知识框架，让知识各归其位、各司其职，更让分散的知识清晰明了地呈现在学生面前。课程开始前，孔老师将本课内容按一定的结构框架印发空白知识结构表，人手一份。然后让学生通过跟随教师的思路，把空白结构表在讲解的过程中填完整。

课程一开始，孔老师便说道：“同学们，我提一个问题，借了别人的钱要不要还?”

学生们异口同声地回答：“当然要还。”

孔老师又说道：“同学们可能认为这个问题太简单了。但是，如果这时债主冲进了欠债人的房子，打死了他的孩子，捣毁了他的家具而且把他的房屋也烧掉了。请问，这时该先还债主的债呢，还是先赔偿债务人的损失呢?”

听到一个如此奇怪的问题，学生们一时语塞了。

孔老师笑了笑：“我并不是要求大家讨论这个问题，而是告诉你们这是发生在20世纪20年代初国际关系中两位外交家之间一段真实的唇枪舌剑。今天我们讲的第二十三章第三节《20年代的国际关系》就与这个问题有关。”

这时，学生的注意力立刻被拉到了主题上，而且这种新颖的导入方式极大地激发了学生的学习兴趣，让他们的思维在围绕主题展开想象的同时，更引发他们对主题内容的思考，为下面将分散知识归纳到知识结构打下了良好的基础。

孔老师顿了顿，继续说道：“这里讲的20世纪20年代的国际关系主要指欧洲的国际关系。现在，每个人手上都有一个空白的表格，这是我们今天整节课的知识结构图，大家可以通过这张结构图进行学习。首先，我们先看一下知识的背景。第一次世界大战后，在欧洲形成了一个怎样的国际格局或体系？它的实质是什么？”

经过短暂的思考，学生小刚说道：“凡尔赛体系，它的实质是通过对战败国德国的惩罚在战胜国列强之间进行分赃，同时西方资本主义国家联合起来武装干涉苏维埃国家并对它实行经济封锁和政治孤立，在此基础上建立欧洲新秩序。”

孔老师接着小刚的话题，说道：“在凡尔赛体系中，法国一度恢复了它在1870年普法战争后失去的欧洲大陆霸权地位。然而进入20世纪20年代以后，欧洲的国际关系在维护凡尔赛体系的旗号下开始发生深刻而微妙的变化。其变化首先发生于社会主义国家苏俄同西方资本主义国家之间的敌对关系出现了松动与缓和。”

说完，孔老师在黑板上画出了与学生手中格式一模一样的结构图，并将第一标题写在了结构图的最上层。

然后说道：“十月革命后，苏维埃国家同西方资本主义国家之间的军事对抗关系怎么会在进入20世纪20年代以后出现松动与缓和呢？”

学生小红快速思考后回答：“苏维埃俄国在列宁领导下击退了帝国主义的武装干涉，粉碎了国内白卫军的疯狂进攻，在社会主义制度与资本主义制度之间的第一轮军事对抗中赢得了胜利，使帝国主义用军事手段扼杀苏俄的企图化为泡影。”

“回答得非常好！”孔老师继续说道：“与此同时，苏俄期望十月革命火种在短期内燃遍资本主义世界的局面，随着德国革命和匈牙利革命的失败也未能实现，东方的民族解放运动和独立运动虽然声势浩大，但也没有形成对资本主义统治中心的致命打击。这样，进入20世纪20年代以后，苏维埃国家同资本主义国家之间出现了某种‘均势’，使得双方都得面对现实，承认事实。”

孔老师一边讲解，一边将这些细小的“枝节”纳入结构图中。

然后，孔老师请学生们阅读课本61~62页，说道：“两种不同社会制度的国家关系，由军事上的对抗向和平共处的过渡，是在双方‘均势’的前提下，以经济为动力，以贸易为突破口，出现了转机。最早同苏俄签订贸易协定的是英国，而它的政府首脑就是列宁说的第一流的资产阶级生意人——?”

学生们一齐回答：“劳合·乔治首相。”

“非常正确。接着，又是以英国为首的协约国发起在意大利热那亚召开一次讨论‘复兴欧洲经济问题’的国际会议。会议首次邀请社会主义国家苏俄和战败国德国参加，这样，它实际上成了西方国家同苏俄的一次谈判。”说完，孔老师在结构图的第二层写下了框架的另一个内容：热那亚会议。

而学生也同样在自己的结构图中填写了重要的知识内容，让知识结构越来越清晰，重点也越来越突出。

孔老师说道：“苏俄在接到与会的邀请后，十分重视，决定派出以列宁为团长、外交人民委员齐切林为副团长的阵容庞大的代表团前往热那亚。同时其他8个苏维埃国家：乌克兰、白俄罗斯、格鲁吉亚、亚美尼亚等也授权苏俄代表保护他们的利益。

“虽然后来列宁因工作、健康和安全等原因没有出席会议，但向会议说明：‘代表团的组成及拥有最广泛的全权和列宁本人参加完全一样。’会前，列宁亲自参加了会议的准备工作，作了许多重要的指示。请同学们看第62页第一段小字，其中哪一句话你最感兴趣，或认为最重要，最敏感，最关键，最难理解?”

孔老师连着提问了四五个学生，几乎都集中在“列宁要求代表团‘不是以共产党人的身份，而是以商人的身份到热那亚去’”这一句上。这句是整体知识结构中的一层重点知识，为了让学生对知识间的结构与联系形成清晰的思路，孔老师便利用提问将这些内容有机地串联在一起，使知识结构图的第二层内容更加丰富。

在接下来的教学中，孔老师又用同样的方法将知识逐步归入到结构图中。通过清晰的板书表现，使原本分散的知识出现结构的雏形。而学生的结构图随着时间的推移，也一点点填满，分散知识“结构化”也就成功完成了。学生通过结构图更轻松地掌握了分散知识，教学取得了非常好的效果。

在本案例中，孔老师运用结构图表的方式，将分散知识结构化，并取得了非常好的教学效果。

我们都知道，结构图主要是注重视觉上的教学效果，给学生一种直观的感受——结构清晰、简洁明了。因此，这种知识呈现形式适用于很多分散知识，无论是范围大，还是范围小的。

结构图可以让分散知识以更适于学生理解的结构呈现在他们面前。在孔老师的这堂课中，他首先发放了空白的结构图表，然后利用提问的方式引起学生对知识的好奇心与探索的兴趣，然后在这种情绪的驱使下，学生的思路就始终围绕主旋律进行，避免了“跑题”。之后，孔老师又一边讲解，一边让学生根据知识的推进将结构表填写完整。就这样，学生在填写完结构表的同时，各种知识也清晰地呈现在了他们面前。

将分散知识结构化有很多种方法，其中运用结构图是我们在教学当中使用率最高的教学方法之一。结构图不仅可以从视觉上给学生一种清晰明了的感觉，而且利用结构图还有一个最大的优点，就是在画结构图的时候，我们可以只给出空的主体框架，然后让学生共同参与构建。在这个过程中，学生可以发挥自己的见解，提高他们学习探究的能力。由学生参与构建过程，让分散知识以更符合学生记忆习惯的形态呈现，从中学习如何将分散知识结构化。

当然，填写空白结构图表的方式只是将分散知识结构化的方式之一，但无论运用怎样的图表，都要注意以下两点。

(1) 形式简洁

我们根据分散知识的特点，为学生画出相应的结构图表，形式应简洁。例如，分散知识结构化只要可以用一个图表能标清楚的，就绝不要用两个图表进行表达；用五个步骤就能讲清楚的，就绝不要用十个步骤去分析它。

结构图讲究的是视觉直观上的清晰感，因此就要避免那些无谓的繁琐环节。否则原本分散的知识虽然形成了一定的结构，但是简单的知识却会因此变得复杂，那么教学效果就大打折扣了。

(2) 脉络清晰

由于结构图表一般都比较简洁，因此很多知识只是出现了大概的内容，或者其中的几个重点知识。在结构图表中，除了注重体现知识的结构外，还要注重知识间的关联性，要环环相扣、脉络清晰。结构图表根据分散知识的不同需求，也有不同的表现形式。

①树形知识结构图

树形结构图是我们日常教学当中十分常见的一种结构图，它主要的特点就是分散知识结构化以后，呈现出来的就像是一棵树的形状。核心知识是“树的主干”，而其他分散的知识则是“树的枝叶”。

这种结构图的特点是，虽然看似“分散”，但是每个分散的知识又由“树的分叉”紧密地联系在一起，形成一个完整的知识结构。

②宝塔形知识结构图

这种知识结构形如宝塔，其特点是强调基础知识的扎实。因此，在将分散知识构建成宝塔形知识结构图时，要注重将分散知识中比较基础的知识放在结构中的最下方，为学生们以后的学习、理解打好基础。

在这个过程中，如果学生对某些知识已经十分了解，就可以适当地省略掉，为学生减轻学习负担。这种将分散知识结构化的过程中，我们要格外注重知识之间的层次感。

## 2. 分散知识结构化的原则

在将分散知识结构化的同时，我们还要注意分析所有分散知识的不同特点，将各个知识放在一个大的平面与知识背景下进行全方位地分析，一定要防止知识面过窄而出现片面性。有时合理的知识结构不一定是“全能”的，而“全能”的知识结构也不一定就是适合学生的。

福尔摩斯是英国作家柯南道尔笔下家喻户晓的神探，他如何能在扑朔迷离的案情中独具慧眼、出奇制胜呢？柯南道尔在《血字的研究》中给福尔摩斯的学识范围开列了一张颇有意思的简表：

①文学知识——无；

②哲学知识——无；

③天文学知识——无；

④政治学知识——浅薄；

⑤植物学知识——不全面，但对于莨菪制剂与鸦片却知之甚详，对毒剂有一般的了解，而对于实用园艺学却一无所知；

⑥地质学知识——偏于实用，但很有限，但他一眼就能分辨出不同的土质。他在散步回来后，能把溅在裤子上的泥点，根据颜色和坚实程度说明是在伦敦什么地方溅上的；

⑦化学知识——精深；

⑧解剖学知识——很准，但无系统；

⑨惊险文学——很广博，对近一世纪中发生的一切恐怖事件都深知底细；

⑩善使棍棒，精于刀剑拳术；

⑪关于法律方面，具有充分实用的知识。

这张简表说明福尔摩斯显然不是个全才，但有着明显的职业所需要的知识结构，尽管用今天的眼光来看，柯南道尔所主张的侦探人才的知识结构不一定是最佳结构，但他给了我们一些重要的启示：要想具备某种才能，必须要有相应的某种知识结构，要取得某一事业目标的成功，不一定要掌握所有的知识。

分散知识呈现形式分散而没有结构，没有关联，但并不是所有的知识我们都必须将它组成合理的知识结构，而应该根据目标的需要，有所取舍，有所侧重，不能为结构而结构。

要将分散知识建立成一个最佳的知识结构并不是一件容易的事。因此，在确立自己的知识结构和怎样分配分散知识之前，首先应该掌握一些建立合理的知识结构的原则。这些原则不是一般意义上对学习者的要求，而是必须遵循的准则，离开这些原则的支撑和指导，要建立任何具有实际意义的知识结构都是不可能的。

(1) 整体性原则

分散知识结构化的整体性原则，概括成一句话："专博相济，一专多通；广采百家，为我所用。"也就是说，无论知识多么分散，多么琐碎，在进行结构化以后一定要有整体性。

整体性原则体现的是知识内在的逻辑联系和必然性。在建立自己合理的知识结构时，必须从总体上来考虑知识的功能和效应。片面的零散的知识不可能提高一个学生认识能力和解决问题的能力。知识的内在结构和体系的建立，要由浅入深、由表及里、由个别到一般，要符合学生学习知识的认知规律。

(2) 层次性原则

我们在将分散知识建立合理的知识结构的时候，必须注重从低到高（或从高到低）的顺序。在纵向（或横向）联系中，划分基础层次、中间层次和最高层次。

将分散知识结构化并不是单纯地将知识归纳到一起，而是建立合理的联系，合理的结构。如果没有基础层次，较高层次就会成为“空中楼阁”；而如果没有较高层次，只有基础层次也显示不出水平。因此，任何层次都是同等重要的，不能忽视。

（3）比例性原则

比例性也就是各种分散的知识在结构化以后，为了顾全大局，在知识结构中的数量和质量之间要有合理的配比。其中，比例性原则应根据所形成的结构的培养目标来确定。目标方向不同的知识结构，各种知识在结构中所占的比例自然也就不同了。例如，如果学生的学习成绩非常优异，那么在进行结构化的时候，难度大的知识可以多学；如果学生学习成绩一般，那么在进行结构化的时候，就应当多注重基础知识的巩固，不要好高骛远，顾此失彼。

（4）动态性原则

将分散知识结构化以后，所建立的知识结构决不能处于僵化状态，而必须是能够不断进行自我调节的动态结构。

动态性原则体现的是知识的发展规律，我们不能抱着“一劳永逸”的心态，期望将分散知识一次性建立成一个不变的知识结构。分散知识涉及的知识面很广，因此，在将这些知识结构化的过程中，学生每个人对知识的掌握程度与所需程度是不一样的。或许这部分学生需要将分散知识组合成这样的结构，或许其他同学就要将知识组合成那样的结构。

可以说，这种动态性原则是为了适应科技发展、知识更新、研究探索新的课题和领域等因素的需要，使学生全面发展而存在的。这个原则应随着学生年龄的不断增大，技能的不断提高而日益增强。

（5）相关性原则

相关性原则体现的是知识的相互依赖、相互牵连的内在本质特点。我们都知道，所有的知识都不是孤立和分散的。即使看似分散的知识，只要我们经过仔细地分析、推敲，都能从中找到相应的联系。特别是一个学科，一门知识总是和它相邻的学科和知识有着或多或少、或深或浅的联系。一个分散的知识，也会有与之相联系的知识体系。

因此，在将分散知识结构化的同时，一定要注意各知识之间的相关性，然后根据相关性建立合理的知识结构，从而构成知识相互影响、相互促进的互动态势。否则各种知识之间相互没有相关性，这个分散知识即使从结构上看似一个合理的知识结构，但是从内在的角度看，它仍然是一堆分散的“沙子”。

（6）迁移渗透性原则

分散知识结构化过程中要遵循迁移渗透性原则，体现出知识相互交叉，相互派生的特征。

知识是不能孤立存在的。因此，即使是分散的知识，我们也一定能够寻找出与之相伴的内容，然后进行结构化。因为相近、相关的知识不仅可以互相促进，而且在一定情况下也可以相互转化和派生。尤其是随着新的科学方法和思维观念的出现，知识之间的相互渗透、相互迁移日益增多，比如数学已经越来越多地渗透到多个学科领域，等等。

将分散知识结构化的目的不仅是要让学生掌握现有的相关知识，同时，还要善于将已有知识相互渗透，将知识学活，用知识创新知识，使自己的知识结构变为一个不断向外扩张的体系。

我们在分散知识结构化的过程中应坚持以上几个原则，以便锻炼学生的思维灵活性与关联性。这样，在以后的学习中，当学生遇到分散知识的时候，这种思维就会帮助他们在头脑中将各种知识进行有机地组合，使之形成合理的知识结构，提高学生的学习能力。

### 3. 分散知识结构化的教学方式

在教学中让学生明确一个教学内容或一个章节知识体系的基本结构，是教师进行课堂教学的最重要的目的。因此，将分散知识结构化的时候，要注重知识的基本结构。在把握好主线之后，将其他分散的知识按照一定的要求与标准，放到一个完整的知识体系中进行归纳、综合。

将分散知识结构化可以让分散的知识更有组织性，更易于理解和掌握。除了我们经常运用的结构图表法之外，还有很多方式，常见的有以下几点：

(1) 线形知识建构

我们可以将分散的知识通过穿线结网式的整理，然后构建成线形知识结构，或是立体的知识结构。

其中，线形的知识结构主要以各分散知识之间的关联性与层层递进性为主，它的结构相对单一；而立体型知识结构则更加完整，知识间的联系可以是层层递进的关系，也可以是对比的关系。这种立体的知识结构中，知识的涵盖面更加广泛，也更加有助于开发学生的逻辑思维。

线形知识结构就像是一串冰糖葫芦，而立体的知识结构就更像我们之前所说到的“知识树”。

(2) 在原有的知识结构中“补漏”

这种方法就是将分散的知识归纳到学生已有的知识结构中去，而非重新构建一个新的知识体系。

将分散的知识通过引申、联想，与已有的知识建立联系，使之成为已有知识结构中的一部分。这样，我们不仅在分析、归纳的过程中将分散知识结构化，更要在这个建立的过程中对已有的知识结构进行检索，形成更加完整的知识结构。

(3) 按学科知识的不同进行结构化

这种结构方式就是将所有分散的知识进行节能型分析、整理，然后将它们按照不同的学科特点，进行有机地组合，形成合理的知识结构。

例如，将所有分散的知识进行分析、整理，然后按不同的科目归入不同的知识结构中去。

(4) 按个体知识的不同进行结构化

个体知识结构为个体头脑中知识的构成状况，表现为各种门类、各种层次知识的比例及相互关系。也就是根据学生个体的不同差异，进行合理地组合。

例如，学生甲是一名成绩十分优异的学生，而学生乙是一位成绩相对较差的学生。当同样的分散知识呈现在两人面前时，就可以根据他们不同的个体特点组合出不同的结构。

学生甲可以将自己已经掌握的知识放在知识结构中相对不重要的位置，成为辅助知识，或者直接将已经掌握并且深刻记忆的知识暂时从知识结构化中

“省略掉”，以给更多有用的知识“腾地方”。而学生乙则可能要将所有的分散知识都纳入自己的知识结构中，并根据难易程度的不同，进行有效地排列整理，形成完整的知识结构。这时，学生甲、乙都将分散知识进行了结构化，但根据不同的个体差异，所形成的知识结构也就不尽相同。

17世纪捷克著名的教育家扬·阿姆斯·夸美纽斯在《大教学论》中，曾这样说道：“不要把许多杂乱的词句塞在脑子里。”所谓合理的知识结构，就是既有精深的专门知识，又有广博的知识面，具有事业发展实际需要的最合理、最优化的知识体系。

合理的知识结构是学生进一步学习的基础，将分散的知识结构化不仅可以为学生打好基础，更让原本支离破碎的知识变得更加清晰，学生学得愉快，学得轻松，能力自然也会得到更好的提高。

## 十一、基础知识深刻化

有一位智者给人们出了一道数学题：

1×1=1

11×11=121

111×111=12321

1111×1111=1234321

11111×11111=123454321

111111×111111=？

1111111×1111111=？

11111111×11111111=？

111111111×111111111=？

某甲看到这道题后立刻动手演算起来；某乙不屑地看了看某甲，似乎在嘲笑他，这种题还需要动笔算，他自己便开始了心算……

时间一秒一秒地过去了，他们还没有正确计算出所有的结果。这时来了一位年龄不大的小孩，他看了看题后便随手在后面写下了12345654321、1234567654321、123456787654321、12345678987654321。所有的人都以为他是乱写的，可是等某甲、某乙两人将所有的答案做出来后，所有的人都惊呆了：他们的答案正和那位小孩写的一样。

这时，大家向那小孩投去了敬佩的目光，而那位智者也露出了神秘的笑容……

这位小孩能够快速、准确地写出所有答案，是他的天资聪明，还是其他人的愚钝？是他对知识的灵活运用，还是其他人的循规蹈矩？面对“金字塔”式的基础数字运算，我们当中也许有的人会像某甲、某乙一样，老老实实地进行演算；也许有的人会像那位聪明的小孩一样，直接观察结果，从数字中寻找规律，以一种更直接的感悟方式找到答案。

同样是乘法计算的基础知识，不同的人却有不同的解题步骤。这就要看他们是如何使乘法计算变得更准确、更深刻了。故事中的某甲与某乙的做法可以说是按照乘法法则逐一计算的，是乘法最基本的基础运用，而那位聪明的小孩则找到了捷径。这则故事告诉我们，无论做什么事情都要善于观察事物的外部特征，不要急于动手，要善于找到其内在的规律，使它具有深刻性。

我们的教学也应如此，应该积极寻找转变基础知识状态的方法，让它们以深刻化的状态呈现，从而深化学生对基础知识的理解。

基础是事物发展的根本或起点的意思，埋墙基为基，立柱墩为础，本意指建筑物的地下部分。基础知识则是指一些最基本但又对以后的学习有影响的知识，如字、词等。

学习基础知识时，学生可能会觉得没有新意，因而记忆和理解都可能会大打折扣。而这对学生的学习将带来一定的负面影响。这种情况也促使我们的教学必须跟上改革的步伐，寻找更适合学生接受的教学方式，让基础知识以更容易被学生接受、掌握的状态呈现。

基础知识的深刻化不仅使基础知识得以升华，同时在实际教学中也具有极其重要的意义。

**第一，有利于学生增强记忆效果、获取新知**

在学习知识的过程中，我们大部分都是在已知的基础上去感知、认识未知的知识。作为认识的初级阶段，基础知识是非常重要的，它就好比一座大厦的根基，打得不牢固便有可能影响到整座大厦的质量。

深刻化的知识状态还有利于增强记忆效果。学生对基础知识记忆不牢，常常是因为对象内容复杂、表象模糊、操作错误或技术不熟练等原因所造成的。而对象及时重现和再认识是克服遗忘的有力措施，深刻化便起到了加深印象的作用。通过对知识状态深刻化的认识，基础知识在学生脑海里的记忆程度也会有所加强。

**第二，有利于发展学生的智力，培养学生各方面的能力**

发展学生智力、培养学生能力的有效方法是丰富学生的想象力，促进形成想象的表象形成。

例如，地理教学中有许多地理概念的掌握都是以表象为基础，而一些难于直接从表象中概括出来的抽象概念，也多是通过其他有效手段来达到对概念的理解的。当某一基础的地理事物或现象比较复杂时，就需要我们将它们深刻化，让学生既产生浓厚的学习兴趣，又牢固地掌握知识，进而促进学生智力以及各方面能力的发展。

### 1. 基础知识深刻化的重要手段——比较

我们知道，有了比较才能更好地鉴别，才能让知识状态更深刻化。比较是一种重要的逻辑思维方法，可以说它是一切理解与一切思维的基石。通过比较我们对事物的现象可以看得更清，对事物的本质也有一定的理解。

在实际教学过程中运用比较法，是转变基础知识状态的关键手段之一。北京市西城区教育教学研究中心的宋夫让教师，曾以地理学科为例，按照逻辑将比较法分为以下几大类。

(1) 类比法

它又可以分为同类事物的比较和不同类事物的比较。所谓同类事物的比较就是一种确定同类事物异同点及其本质的一种常用的比较方法。

例如，在教学《长江和黄河》时，宋老师事先制定了一个类比表，让学生阅读并分析该表。通过表中各项比较可以得出如下结论：

①长江和黄河都是世界著名长河，二者相比，长江更长。

②长江和黄河的流域面积相差很大，长江流域面积是黄河的2.4倍。

③二河都发源于青藏高原，都流经我国约1/3的省（自治区、直辖市）。

④上游都汇入许多大支流，都经过险峻峡谷，水力蕴藏极为丰富，都建有大型水利工程。

⑤中游二河的相似点是：都接纳许多大支流；明显的相异点是：长江已流入平原，而黄河却穿行在黄土高原上，并有大量泥沙进入河内。

⑥下游二河最明显的相似点是：都无大支流注入；而相异点是：长江进入三角洲后，河宽水深，而黄河却成为世界闻名的“地上河”。

⑦长江水量（年径流量）是黄河水量的20倍，又有众多湖泊调节，水量丰富稳定；黄河水量较少，且每年发生凌汛，“地上河”的问题也需根治。

宋老师通过这样的类比，把相关的基础知识以深刻化的状态呈现，学生对于两条河流的相关知识都有了一定的了解。

不同类事物的比较，主要是用来确定不同类事物异点及其本质的比较方法。这种比较方法并不是找出相同或相似点，而是找出不同点，使它们更加鲜明、突出，以区别不同类事物间的本质差别。

例如，在教学季风形成的原因时，宋老师说："海陆热力性质差异是形成季风的重要原因。海、陆是不同性质的物体，物理性质等诸多方面都有很大的差别，但我们在分析这部分内容时就要紧紧抓住热容量不同且差别很大的特性。这种日常生活中常见的感受，是比较容易被学生所接受的，同时也会加强知识状态的深刻性。再如，在教学岩石硬度鉴定时，我们不仅可以用两种不同岩石相互刻画的办法，也可用指甲、小刀等不同物体刻画，来确定岩石的硬度。这些都是不同类事物相比，突出属性差异的例子。在这一过程中，基础知识正以深刻化的状态呈现在学生面前。"

(2) 顺序比较法

把要学习的材料和已学习过的材料加以比较的方法，也是通常采用的比较法。

宋老师说："例如，在教学南美地形时可以与北美地形相比较，找出相同点（科迪勒拉山系及其分布，面积广大的平原和高原）和异点（平原和高原的分布等）。再如，在讲南美气候时，常与非洲气候相比较等。"

这种比较就要求我们对已知材料要准确掌握，因为它是在假定对材料准确掌握前提下进行的。假如对比物是模糊不清的、被扭曲的、甚至是完全错误的，那么，这种比较不仅是低效的，也可能是完全失败的。因此，它的运行需要教师对已知材料作简明的提示，使已经形成的表象再现，使基本概念清楚明确。

(3) 对照法

这是一种同时把两种或两种以上未知事物加以比较的方法。它的目的一方面是肯定这些事物和现象的共性，另一方面也是找出共性基础上的个性，突出个性特征。

宋老师说："例如，我国四大高原，教材中对高原已有明确的解释：高原一般是指绝对高度大而相对高度小的广阔地区。四大高原同属高原，这是共性。它们之间又有哪些个性？教材中说这四大高原海拔都在1000米以上，但是面貌各有特色。各有些什么特色呢？我们可以从以下几个方面来进行对照比较：

青藏高原：边缘和内部都分布着一系列雄伟的大山脉，平均海拔在4000米以上，是世界上最高的高原，号称“世界屋脊”；多雪山和冰川，成为巨大的天然“固体水库”；位于我国西南部。

内蒙古高原：位于我国北部；海拔一般在1000米左右；除少数山脉外，地面起伏较小，多为一望无际的原野。

黄土高原：位于长城、秦岭、太行山脉和祁连山脉东端之间；海拔1000~2000米；地面覆盖着深厚疏松的黄土层，这是世界上黄土分布最广最厚的地区。

云贵高原：主要分布在云、贵两省；海拔1000~2000米；地面起伏较大，崎岖不平，是个多山的高原，多山间盆地，喀斯特地形广布。”

通过上述的对照比较，我们可以将它们归纳为：青藏高原是世界最高的高原，多雪山和冰川；内蒙古高原起伏较小，多为一望无际的原野；黄土高原是世界上黄土分布最广最厚的地区；云贵高原崎岖不平，喀斯特地形广布。即一个抓住其高，一个抓住其平，一个突出黄土，一个突出喀斯特地形。这样，那些基础知识便以深刻化的状态明显地呈现在学生的面前了。

宋老师说：“再如，以英国和法国经济发展特点的对照比较，也会获得较好的效果。英、法都属发达的资本主义国家，这是基本属性。在共性之下也有明显的差异：英国是世界上资本主义工业化最早的国家，工业在国民经济中一直占绝对优势，农业不占重要地位。而法国是世界上资本主义工业化较早的国家，是资本主义工农业都发达的国家，农业在国民经济中占重要地位。同样，我们还可以举出恒星和行星，暖锋和冷锋，迎风坡和背风坡，上升气流和下沉气流，暖流和寒流，冬至和夏至，南极和北极，背斜和向斜，地垒和地堑，山地和平原，城市和农村，各种不同运输工具等的比较。”

综上所列，基本上都属于同类相反性质的比较，对比的结果常常可以给学生留下鲜明而又深刻的印象，特别有助于他们对这些基础知识的理解和记忆。

(4) 自身纵比法

不与其他事物进行外部比较，而是从内部分为几个阶段，进行纵向比较，目的在于研究过去，观察现在，推断未来。

宋老师说："例如，以淮河为例，淮河在长期历史时期里是一条举世闻名的害河，淮河流域曾是'大雨大灾，小雨小灾，无雨旱灾'的地方。而现在，这个过去十年九灾的地方，已实现丰衣足食，成为我国重要的粮棉产区。黄土高原也是个典型的例子。谈黄土高原至少要谈到三个时间段落：地质历史时期黄土高原上黄土的形成；人类历史时期对黄土高原上茂密森林和草原的破坏，以及由此引起的严重水土流失；近几十年来大力植树种草，保持水土，创造良好生态环境的艰苦斗争。如果不从历史上谈黄土高原，学生就难以认清它的真面目，难以更好地认识黄土高原改造工作的艰巨性和长期性。"

在自然地理教学中，我们运用纵比法，可以把某一地理事物或现象的发生、发展、消亡表述得极其清楚，让基础知识以深刻化状态呈现。

宋老师说："例如，利用喀斯特地形发育示意图，可以清楚地看出高原区的石芽、漏斗；山地区的峰林、洼地；平原区的石灰岩残峰等三个明显不同的地形发育阶段。再如，造山运动及山脉发育过程中的青年、壮年、老年期山地地形特点和发展规律；河流上、中、下游特征和发展规律；地壳物质的循环等。"

按比较内容和项目，可以将比较法分为单项比较和综合专题比较两类，前者只比较事物的某一特点或某一个方面，后者是就两个或两个以上事物作多面综合比较。按比较的方式和手段，可以分为以下几类：

①语言比较：利用语言及文字进行比较。

②列表比较：利用表格进行比较。

③地图比较：利用地图进行比较。

④图像比较：利用各类图像进行比较。

总之，比较的方式有很多种，对于转变知识状态来说，比较则是最有效的手段之一。作为教师，我们应该灵活掌握这一手段，为学生创造更多的、更容易接受的基础知识状态。

## 范例观摩一

### 在游戏中让基础知识逐渐深刻化

黄爱华是广东省著名的特级教师，曾获深圳市"鹏城青年功勋奖"奖章，现任深圳市福田区教育局教研中心副主任。在实际教学过程中，黄老师采取一系列的直观比较、对比游戏的教学手段，不断激发了学生的学习积极性，让他们在轻松的环境中愉快地理解知识、掌握知识。

在教《数的大小比较》时，黄老师从上课开始便尝试着运用直观比较的教法，让学生对基础知识有一个清晰的认识。

黄老师拿出一张自己的照片，问学生："大家知道照片上的人是谁吗?"

学生被老师这样的举措吸引住了，一个个想着老师今天怎么让我们看照片呢，觉得挺有意思的，认真看了看后，笑着说："那不是黄老师您自己吗?"

黄老师笑了笑说："对，那你们猜，照片中的我在干什么呢?"

"登山啊。"学生回答。

"不错，这是暑假我和同事一起去旅游时拍的照片。大家能否从这张照片中看出我是在什么地方吗?"黄老师继续问。

学生小花站起来说："是在一座山上，而且还是座不一般的山。"

"那是当然，这座山海拔两千多米，是一座非常有名的山。你们知道是什么山吗?"黄老师不断提示学生。

学生都在下面议论着，顿时教室里便热闹起来了。

不一会儿，黄老师一边运用课件展示图片一边说："我给出一个提示，它是我国有名的'五岳'之一，请你们猜猜可能是什么山?"

这时黄老师在大屏幕上展示出：东岳泰山 1532 米，南岳衡山 1290 米，西岳华山 2160 米，北岳恒山 2017 米，中岳嵩山 1440 米。

经过讨论，一部分学生认为是华山，而另一部分学生则认为是恒山。机灵鬼小强却有这样的思维，他说："我敢肯定老师登的那座山不是泰山、衡山、嵩山。"

黄老师连忙问他："为什么呢?"

小强信心十足地说："因为刚才老师告诉我们这座山有两千多米，而这三座山还没有满两千呢!"

"很有见地，那我再给大家一点提示，它是'五岳'中最高的山。"黄老师表扬了小强后继续启发学生，并用课件同时展出一张自己站在由金庸题词的"华山论剑"石碑旁的照片。

学生顿时大悟，齐声回答："是华山!"

黄老师点点头说："是的，刚才我们大家一起比较了五座山的海拔高度，其实在生活中还有许多数也可以拿来作比较的。关键是要求我们善于直观判断，会从给定的条件中直接找到自己所需要的，今天，我们一起学习《数的大小比较》。”

随后，黄老师在黑板上板书“数的大小比较”，同时也写下有“个、十、百、千”的数位，且每个数位下面相应地各有一个可以装卡片的口袋，左右各有一份。如下所示：

千 百 十 个 千 百 十 个

□ □ □ □ □ □ □ □

对黄老师的所作所为，学生们愣是不解，不知道黄老师究竟要耍什么花招。就在学生猜测的过程中，黄老师说：“我们现在来做个抽签游戏，目的是让大家体验一下直观判断，大家请看大屏幕中的游戏介绍及规则。”

一听还有游戏玩，学生更加高兴，都有点迫不及待了。在熟悉规则后，黄老师将学生分成两组，并分别取名：长江队和黄河队。这时每组各选了一位男生上前抽签，这两位选手都表现得信心十足。

第一次抽签结果：长江队抽到5，黄河队抽到3。长江队成员欢呼雀跃。

黄老师随机问了一位长江队成员：“你为什么高兴?”

“因为我们抽到的5比他们队的3要大呀。”那位学生回答。

黄老师又问了一位黄河队成员：“现在你有什么想法呢?”

“这才是个位数上的数字，没关系，最后结果还要看千位上的数呢。”那位学生很有自信地说。

游戏继续进行着，最后的结果是：长江队2935，黄河队7463，2935 < 7463。这下轮到黄河队欢呼雀跃了，因为最后是他们赢了。

从这直观、单个数字的观察中，学生学会了数字的比较，初步了解了有关数的大小的基础知识，黄老师很是欣慰，接着他提出了这样的问题：“大家思考一下，如果长江队千位上也抽到了7，那么7935和7463又该怎么比呢?”

针对这一问题，学生的求知热情也随即高涨起来了。经过观察判断，学生小张回答道：“千位上的数如果一样，只要比百位上的9和4，9比4大，所以7935比7463大。”

黄老师说：“很好，如果长江队最后抽到的是0，那又怎么办呢?”

“那样长江队的千位上就是0，变成了935。”小张说。

“是啊，那935和7463比，哪个数大?”黄老师继续追问。

这样，学生逐渐领悟到：在比较数字时，要从数字的整体去观察，四位数比三位数大，如果位数一样多，只要看首位上的数字，首位数字大的这个数就大。

为了让学生彻底明白数的比较问题，黄老师仍旧采取直观、游戏的教学方式，以深刻化的知识状态呈现基础知识，让学生在这一过程中不仅学会观察，而且还要学会辨析、学会转换思维方式。

于是，在学生对数字的比较问题有了一定的认识后，黄老师又让学生做另外一种抽签游戏，帮助他们在深刻化的游戏环节中轻松地理解知识。

这次游戏规则是由学生自己确定，每一次抽到的数字也由他们自己决定放在哪一位上。游戏就这样开始了，各位选手都以饱满的激情投身其中，长江队先抽到9，抽签者把9放在了千位；黄河队抽到4，他把4放到了百位。在黄河队其他学生的讨论、辨析后，认为放在个位比较好一些，抽签者便把4放在个位上。

此时，黄老师问长江队抽签者："抽到9后的感觉轻松吗?"

从第一个游戏中他们已经知道如何比较数的大小，再加上经过自己观察、分析，得知自己抽的数字是最大的。因此，他清楚自己获胜的机会，便扬扬得意地回答："很轻松，因为我抽的数字是9，在所有的数当中是最大的。"

黄河队队员则不以为然，立刻做出不甘示弱的姿势。

第二次抽签结果是：长江队抽到1，并把1放在个位；黄河队抽到6，把6放在百位。

这时，黄老师还是问了长江队的抽签者："你觉得现在有没有压力呢?"

这位抽签者与原来抽到9的那位不一样，经过状态分析后，他明白自己这次所面临的压力，说："当然有啦，如果接下去被他们抽到两个9，那我们就完蛋了。"

全班学生都被他的这句话给逗乐了，黄老师笑笑说："你能有这样的思维是很不错的，是的，如果对方接下来抽到的两个都是9，经过分析我们发现你们肯定会输。那么你认为百位上抽到几，才能够增加赢的筹码呢?"

他回答："根据刚才的知识，我认为最起码要比他们抽的6大。"

第三次抽签结果是：长江队抽到3，把3放在十位；黄河队抽到5，把5放到十位。

现在只剩下最后一次抽签了，两名抽签者都把放数字卡片的口袋使劲地摇了又摇，郑重其事地从里面抽出最后的、关键的数字。结果是长江队抽到0，他把0放在百位，组成9031；而黄河队抽到2，他先把2放在千位，一看不妥，赶快把2和百位上的6交换位置，组成6254。结果很显然是长江队获胜。

在黄河队最后调换数字的过程中，黄老师看出了学生已经学会从数字的状态中辨析，看到了基础知识深刻化呈现的意义，于是率先鼓掌，随即全班响起了热烈的掌声，有为长江队成员获胜而欢呼的，也有为黄河队最后调换数字而欢呼的，更多的是为这充满情趣而又记忆深刻的课堂欢呼。

基础知识的状态越深刻、越直观，学生就学得越容易，产生的效果也越好。这就需要我们教师在教学过程中进一步转变基础知识的呈现状态，让学生在深刻化的知识状态中更好地接受知识。案例中黄老师独特的教学模式就做到了这一点。

黄老师将学生置身于自己精心设计的问题情景及游戏之中，打开他们的思维，让他们在参与生动活泼、妙趣横生，又富有个性的数学教学活动的同时，加深对基础知识的理解和掌握。

对于《数的大小比较》的导入教学，有的教师可能会引用教材上的例题进行导入，有的则可能会从摆出生活中的一组数据来引出课题，黄老师却是运用多媒体课件展示一张自己登山的生活照片，并让学生仔细观察。接着再让学生通过与现实的直观比较来判断，大胆猜测山的高度，为接下来顺利展开教学奠定了基础。

我们知道，黄老师的这种手法是醉翁之意不在酒，而在于照片背后精彩的数学问题。一方面他根据教材内容恰当引用生活照，其中考查学生对“五岳”的了解程度，为对基础知识的讲解埋下了伏笔；另一方面从学生的直接感知出发，由山的高度激发学生对数的大小比较的现实需要，从而开启学生的思维，展开本课的主题讲解。

《数的大小比较》这课的目标教学，关键在于让学生掌握数的大小比较的方法。有的教师可能会选择和学生一起讲解例题、尝试解答的方式，接着再揭示解题规律，安排大量练习进行巩固，达到熟练掌握的目的。而案例中的黄老师则采取了更为直观的、容易让学生深刻记忆的方式，即做游戏。

在第一个游戏中，黄老师并没有要求学生说出数的大小比较方法，但在抽签的过程中，黄老师巧妙组织了位数相同以及位数不同的数的大小比较，逐渐使学生明白其中的道理。他就像一位神奇的魔术师，不断施展魔法促使学生对游戏、学习过程的投入，帮助学生用自己的想法、经历和思维模式建构学习内容。正是在这样的情境中，学生对数字的状态有了初步、直观的判断，有了自己的观点，而此时黄老师又从学生的观点中提炼出数的大小比较的策略。这样的过程说明学生的判断得到了肯定，也说明基础知识深刻化获得了较好的成效。

在第二个游戏中，黄老师不仅仅是让学生观察数字的状态，更让他们在数字状态的基础上进行比较辨析，让深刻化知识状态呈现得更加完美。

## 观察法——让基础知识深刻化

林良富是浙江省特级教师，他在教授《圆柱的认识》时，是这样安排的：上课之初，林老师运用多媒体给学生展示两个长方形，同时让学生思考：第一个长方形平面向后平移产生一定的厚度，会得到一个什么形体？第二个长方形平面围绕宽所在的一条直边旋转一周后，会得到一个什么形体？

此时学生都在认真观察屏幕上的两个长方形，想象它们经过变化后应该是什么样子。不一会儿，林老师便用多媒体演示了从长方形到长方体、圆柱体的形成过程，进一步加深学生对这两种图形的认识。

这样，在林老师的引导下，学生对图形的思维便从平面几何过渡到立体几何，同时也学会观察两种不同情况下的长方形所构成的不同图形，并在自我想象中沟通了面与体的关系。

学生初步认识圆柱是如何由长方形幻化而成的，也就是说他们对圆柱有了一定的感性认识，积累了一点个体经验。这正是林老师将基础知识深刻化呈现的直接结果。

过了一会儿，林老师便让学生举例说说生活中所见到的圆柱体物体，学生说出了很多种：茶叶罐、热水瓶、蛋糕盒……

在学生举例的同时，林老师用多媒体有针对性地展示了两个高矮不一的圆柱体。此时在直观几何与抽象几何的碰撞过程中，学生的几何直觉和空间观念都得到了一定程度的发展和更新。

为了让学生对圆柱有更深层次的认识，林老师又给他们提供了长方形、正方形、平行四边形、梯形图片及圆柱模型等学习材料，要求他们观察并思考相关问题。

经过一段时间的观察、思考后，学生清楚了圆柱的底面特征，知道圆柱的侧面是个曲面，还了解侧面展开图在什么情况下是长方形、正方形，以及展开图与圆柱底面周长、高的关系，等等。

我们知道，学生的几何知识可能来自丰富的现实原形，而他们的个体经验则是发展几何知识的基础，也是感受、理解抽象几何观念的有力支撑。

林老师能够立足于学生的个体经验，并通过经验回忆、实物观察、想象、联想、分析、推理等多种教学途径，帮助学生感知和体验几何图形的现实意义，为深刻化状态的实现做了必要的铺垫，进而让学生初步了解二维与三维空间相互转换的关系，在更深层次上发展他们的几何观念。这些都是值得我们学习的地方。

在林老师的课堂上，学生在知识面前仔细观察，在自己的脑海里建立清楚的认识，同时也进行必要的想象，这些是要靠林老师的灵活掌握。而从直观几何到抽象几何再到推理几何的一个个过程，又给学生提供了观察的机会和让基础知识深刻化的可能，最终促使他们作出正确的判断，获得了满意的教学效果。

当然，并不是所有的观察都能得到正确的答案，但关键是要重视这样的思维，有了这样的思维才有可能使基础知识的状态得以转变。在我国古代曾有《两小儿辩日》的故事：

孔子到东方游历，途中看见两个小孩在争论，就问他们在辩论什么。

一个小孩说："我认为太阳刚出来时距离人近，而正午时距离人远。"另一个小孩却认为太阳刚出来时离人远，而正午时离人近。

前一个小孩说："太阳刚出来时大得像车上的篷盖，等到正午时就像盘子碗口那样小，这不正是远的显得小而近的显得大吗?"

另一个小孩说："太阳刚出来时清清凉凉，等到正午时就热得像把手伸进热水里一样，这不正是近的就觉得热，远的就觉得凉吗?"

孔子听了，不能判断谁是谁非。两个小孩嘲笑说："谁说你智慧多呢?"

是呀，这两个小孩的说法都是从自己的观察中得出的，我们姑且不论他们谁对谁错，但他们这种积极观察的思维是值得肯定的，也是值得我们学习的。

在具体教学过程中，基础知识深刻化对学生的接受和学习会带来很大的影响，而观察正是一个使之深刻化的行之有效的方法。

## 范例观摩三

### 动手操作，让基础知识更深刻

李仁霞是山东省高密经济技术开发中心小学的优秀教师。在教学基础知识时，她主要通过让学生动手操作，进而促进基础知识深刻化的转变。

上课之初，李老师边说边用多媒体出示了课件主题图："告诉大家一个好消息，数学王国里的小精灵要带我们到游乐园去参观，大家高兴吗？"

"高兴！"学生异口同声地回答。

"大家看，这里的景色有多美呀！现在，小精灵想问大家，这里的哪些物体表面有角呢？"李老师接着问。

这时，学生一一说出那些有角的物体。

李老师表扬他们："同学们找的可真多！老师把这些角都画在纸上，接下来请大家仔细观察，并将它们分成三类，该怎么分呢？为什么要这样分？"

学生们马上对这些角进行分类。过了一会儿，李老师说："现在谁愿意来展示一下自己是怎样分的？"

学生甲自告奋勇地站起来说："我是把直角的作为一类，第二类是比直角小的，第三类是比直角大的。"

李老师笑笑说："那你用什么方法来验证这些都是直角呢？"

学生甲不慌不忙地拿出直角三角板说："我是用三角板上的直角来比的。"

"你真聪明！还会运用身边的学习工具。"李老师表扬了他，说："现在请你告诉大家你是如何用这种方法来验证其他两类角的呢？"

学生甲清了清嗓子，说："我们可以用三角板上直角的顶点对准角的顶点，一条直角边和角的一条边对齐，若角的另一条边在直角边的里面，则这个角就比直角小。"

李老师问其他学生："大家同意他的说法吗？"

"同意！"学生齐声回答，顿时响起了热烈的掌声。

"很好，那么我们给这些比直角小的角起个名字，数学上它就叫做锐角。"李老师总结道，"那第三类你是如何验证的呢？"

学生甲说："这和前面的方法一样，我们用三角板上直角的顶点对准角的顶点，一条直角边和角的一条边对齐，若角的另一条边在直角边的外面，则这个角就比直角大。”

李老师说：“这位学生的方法是可取的，我们也给这些比直角大的角起个名字，在数学上就叫做钝角。这就是我们今天要学习的《锐角和钝角》。”

在李老师的讲解下，学生们恍然大悟，对锐角和钝角的概念有了较为深刻的印象。为了让这一基础概念知识更好地被学生接受，李老师又准备让学生动手操作了，说：“接下来请大家用纸折一个直角，看谁折得快，折完后再用小棒或活动角来做一做锐角和钝角，并和其他同学说一说自己做的是什么角。”

这会儿课堂上更热闹了，学生们都主动给同学展示着自己的操作成果。过了一会儿，李老师说：“同学们做得真好！在我们生活中许多物体的表面都有各种各样的角，大家仔细观察书中的这些物体表面有哪些角？并用彩笔在书上描一描，再跟同学说一说是什么角。”

在学生照做之后，李教师说：“同学们真了不起！现在大家都知道什么是锐角和钝角了，其实这些各种各样的角在生活中的用处都很大。课后回去请大家将书上的‘生活中的数学’的角找出来，并和爸爸妈妈说一说。”

怎样才能让人们对事物的认识更透彻呢？深刻化无疑是一剂良方。案例中李老师的教学方式正说明了深刻化的知识状态是非常有利于学生学习的。《锐角和钝角》这课主要是让学生明白这两个概念，让他们在已有知识的基础上认识锐角和钝角。

李老师积极运用教学艺术，通过各种手段让基础知识以深刻化状态呈现。上课之前，李老师通过创设小精灵带学生参观游乐园的具体情境，并充分利用教材所提供的主题图，以此激发学生的学习兴趣，使学生明白数学来源于生活。这为基础知识深刻化做了一个很好的铺垫，让学生初步进入学习的状态。

之后，李老师选取各种各样的角让学生在原有知识的基础上分成三类，引导学生独立探究，留给学生独立思考的空间。学生在找一找、议一议、分一分、说一说的活动中感受到成功的喜悦，自然而然地就引出了本节课的教学内容——“锐角和钝角”。

学生在比角、找角、动手量角、比较角的大小的操作过程中亲身体验什么样的角是锐角，什么样的角是钝角。李老师这一环节的设计可谓是“一举两得”。在这一过程中学生各方面的感知能力都得以增强，从而使锐角和钝角的基础知识概念在他们头脑中留下更深刻的印象，加深他们对基础知识的理解。

后来，李老师让学生描一描书上的各种角，以及开放的作业设计，将锐角和钝角的知识放到现实生活当中，让学生观察生活中哪些地方存在着角，这些角有什么用途。这样一来，基础知识的深刻化状态便在学生的脑海中留下了难以磨灭的印象，在某种程度上加深了学生对知识的理解与掌握。

## 2. 基础知识深刻化的教学方法

基础知识深刻化状态的呈现给学生的学习带来了巨大的方便，在实际教学过程中除了上述案例中的方法之外，我们还可以参考以下方法：

(1) 直观比喻

在教学时我们应该积极创设教学情境，让学生在特殊的情境中能够集中注意力观察、分析。这样不仅会激发学生的兴趣，更使我们的教学获得事半功倍的效果。例如，教学生认识数及记数这些基础知识时，我们可以从这些数字的形状出发，用一些学生熟悉的事物引起学生观察、比较。如 1 像粉笔，2 像鸭子，3 像耳朵，4 像小旗，5 像钩子，6 像口哨，7 像银锄，8 像葫芦，9 像蝌蚪。

知识在这种状态中，学生的视觉判断力会得到有效的锻炼，我们可以充分利用这一点，找一些既与知识相关又新颖、有趣的“事物”进行类比，以此来创设教学情境、激发学生的观察兴趣。

(2) 类比推导

知识是死的，但教法是活的。教师应努力改变知识的表现形式，促进它与其他知识的对比，使之以更直观、更深刻的状态呈现在学生面前。

以数学学科为例，教师在教授图形的对称性时，可以将等边三角形、等腰梯形、圆、扇形等一一展示出来，并告知学生其中一种图形的对称原理，随后让他们自己观察、分析，找出这些图形的共性等。

(3) 诱导设问

作为学生的引路人，我们应该牵引着他们行走，但是最主要的作用还是导。在教学的过程中，我们可以运用富有吸引力的提问方式，如从基础知识的状态入手等，加以点拨引导，让学生紧跟我们的思维，从中领悟、掌握基础的知识。

例如，在对圆的概念教学时，我们可以向学生提出这样的问题：圆的发现对社会的进步起了重要的作用，比如汽车、火车、自行车的轮子都是圆形，为什么它们都做成圆形而不做成三角形、四边形或者椭圆呢？对于这个问题，学生经过分析知道：如果做成三角形、四边形它就无法转动；如果做成椭圆，车子前进时就会忽高忽低。只有圆可以，因为圆形车轮上的点到轴心的距离相等，行驶起来不会像椭圆那样颠簸。在这样的提问下，学生自然加深了对圆的定义的理解。

(4) 课外活动

除了在课堂教学外，我们还应积极开展课外教学活动，如各种竞赛、游戏等。因为各种活动能够活跃学生的思维，对提高他们各方面能力有着积极的推动作用。当然，前提必须是这些活动都是有利于基础知识状态向深刻化转变。

例如，带领学生参观故宫，让他们从状态上感受故宫建筑物的位置和顺序，从而与学过的有关课文进行比较，使知识深刻化的状态得以有效的展现，从而进一步加深学生对原来知识的理解。

## 十二、难点知识精细化

很久以前，一些小混混儿常常用带饵的鱼钩去引诱鸡，鸡发现饵后就去啄，小混混儿马上收鱼线，鸡便不声不响被他们偷走了。

一财主家的小男孩觉得有趣，便学鸡的样子，趴在地上吞鱼钩，结果不小心把鱼钩吞到了嗓子里。

财主大急，请了许多大夫前来救治。鱼钩吞下，扎在嗓子上，必须往上提出来，才能解决问题，但因鱼钩有倒刺儿，往上提势必会划破小男孩的嗓子，破坏声带，后果不堪设想。对于这一难题，这些大夫都束手无策，摇头叹息。

这时，来了一位有经验的老人，他向财主要了如下东西：蚕蛹、猪油，然后很快把鱼钩取了出来。

他的做法如下：

一、把蚕蛹涂抹上光滑的猪油；

二、把涂了猪油的蚕蛹一个个紧紧穿在小男孩嘴巴外的鱼线上，形成一个“蚕蛹棒”；

三、把蚕蛹棒捅到小男孩的嗓子上的鱼钩处；

四、把蚕蛹棒轻轻下按，使鱼钩脱离嗓子，让倒刺儿扎入蚕蛹棒；

五、轻轻把蚕蛹棒提出嗓子。

从这则故事我们不难发现，老人在解决鱼钩扎在嗓子上这个难题时，并没有手忙脚乱，而是把其解决过程加以分解：用涂抹了猪油的蚕蛹穿成棒，捅到嗓子鱼钩处，不是往上提，而是往下按，待鱼钩脱离后，再往上提，从而使难题不难，顺利解决的。在面对难点知识的教学时，教师也应该像老人那样，将难点知识赋以精细化的状态，使学生的学习变得更轻松。

为什么说精细化状态是教学难点知识的有效手段之一呢？为什么难点知识需要精细化呢？

对于难点知识中的抽象问题，通过实物演示或语言描述等精细化状态的手段使它们具体化、形象化，从而减少学生理解抽象问题的困难；对于难点知识中的复杂问题，通过精细化状态的手段使之简单化，并进行“拆开”“组装”，这样就给学生的理解和掌握奠定基础；对于难点知识中的隐蔽问题，运用精细化状态的手段可以引导学生进行观察分析，揭示现象，抓住本质；对于难点知识中的深奥问题，即难点集中的内容，通过精细化状态的手段采取分散难点、各个击破的方法，可以使之变得更容易被学生接受……

这些手段及结果都可以说明，难点知识应该精细化，且必须精细化。作为一种教学手段，它应该被我们教师所掌握，同时也应该被学生所接受。

难点知识是学生难于理解、难于掌握的内容。这些内容，或较抽象，或较复杂，或较深奥，或较隐蔽。难点知识意味着学生难学，同时也意味着教师难教，一般是由于学生难学而导致教师难教，抑或由于教师难教而造成学生难学，二者往往是相互影响、相互制约的。确定难点，要根据学生水平，不能主观臆断，否则就会脱离实际；攻克难点，需要师生之间相互配合、思维同步，否则就会事倍功半。

教学过程中的难点知识是如何形成的呢？概括起来主要有以下几个方面：第一，学生没有知识经验基础或者知识经验基础很薄弱；第二，学生原有的经验或者知识是错误的；第三，需要思维的转化，如从宏观到微观等；第四，内容抽象、过程复杂、综合性强等。

从某个角度来说，教学过程实际上就是突破难点的过程。因此，确立教学难点，将其较好地展现在学生面前就成为教学设计的一个关键，也是教学活动的“重头戏”。而精细化则是一种较为满意的转化难点知识的手段，因为它的精致细密的形态，可以将那些难点知识较为完美地呈现。

### 1. 拆分难点知识，使其精细化

对于难点知识中的抽象特征，通过实物演示或语言描述等精细化状态的手段使它们具体化、形象化，从而减少学生理解抽象问题的困难；对于难点知识中的复杂特征，通过精细化状态的手段使之简单化，并进行“拆开”“组装”，这样就给学生的理解和掌握奠定基础；对于难点知识中的隐蔽特征，运用精细化状态的手段可以引导学生进行观察分析，揭示现象，抓住本质；对于难点知识中的深奥特征，通过精细化状态的手段采取分散难点、各个击破的方法，可以使之变得更容易被学生接受……

## 巧妙设计教学情境，突破难点知识

杜蓉是湖北省宜昌市三中的高级教师。在教学初中化学《空气》这一课时，她巧妙地将学生带入既定的教学情境之中，帮助他们突破难点知识，探索到转变有关空气的难点知识状态的有效方法。

上课初始，杜老师做了一个比较夸张的动作——深深地吸了一口气，学生看到老师这样的动作后，都学着老师的样子用力地吸了口气。

杜老师笑笑说：“大家对我刚才的表现是不是觉得很好奇呀？现在再请大家做一个深呼吸动作。”

学生按照老师的要求做过之后，杜老师接着说：“今天我们要学习的课题就是刚刚大家吸入的空气。”

学生恍然大悟，原来杜老师一开始的动作是为了引出今天的课题。杜老师继续说：“空气对于我们来说应该是比较熟悉的，它无色无味，又不容易察觉。那么，我想考考大家，能否用一个简单的实验或列举实例来说明空气确实存在呢？”

可能这一问比较简单，一下子就有许多学生举手回答，学生甲一边上台演示一边说：“把一个空的集气瓶放入盛满水的水槽，向下压，集气瓶内的水无法上升到顶端，这就说明集气瓶内确实存在着空气。”

杜老师笑了笑，并没有作出任何评价，而是继续让其他学生回答。

学生乙拿出一个压扁的塑料袋，将它抖开后再将袋口系住，一边用双手挤压塑料袋一边说：“当挤压塑料袋时，我便能感觉到两手之间有压力，这是因为塑料袋内充满了空气。它可以说明空气的真实存在性。”

学生丙随后站起来说：“我们用一个注射器在空气中抽拉一下，然后再向水中推挤，这时我们会看到有许多气泡从针头冒出。这也可以说明空气确实存在。”

在这三位学生回答之后，其他学生也纷纷表达了自己的想法：有的说用扇子朝着脸扇时，我们感觉有风，那是因为空气在流动；有的说起风时外面的树叶会动，那是因为空气的流动形成了风；有的说我们经常看到那些五颜六色的气球在天上飘，那也是因为气球里面有空气；还有的说平时用打气筒给车胎打气的过程就是将空气压入车胎，等等。

“很好，刚才大家所说的，都能够说明空气确实存在，那么，老师请大家再思考一下，空气中含有哪些气体成分呢？又该如何证明这些气体的存在呢?”杜老师进一步引导学生，逐渐将难点知识以精细化的状态一一展现在学生面前。

过了一会儿，学生小李站起来回答：“应该有氧气，因为氧气是我们生存的必要条件，没有了氧气，我们便会窒息。还有就是，某些物质能够在空气中燃烧也是因为空气中含有氧气。”

杜老师点点头说：“不错，没有氧气，我们人类及动物是不能存活的，我们现在吸入的空气中主要就是氧气。”

听了杜老师的讲解，学生小张逆向思维后，站起来说：“我们吸入的大部分是氧气，那我们呼出来的大部分是二氧化碳，这说明空气中是含有二氧化碳的。还有，平时我们曾见过这样的现象，向空集气瓶内倒入澄清石灰水，振荡后石灰水变浑浊，这也证明空气中确实含有二氧化碳。”

接着，又有几位学生站起来回答，有的说空气中还有水蒸气，像早晨我们所见到的露珠就是空气中的水蒸气冷凝而成的小水滴；有的补充说夏天从冰箱里取出一瓶啤酒，过一会儿，瓶外会出现许多小水珠，这是空气中的水蒸气遇冷凝结而成的。

“看来大家已经从生活经验和以往的研究活动中了解到空气中含有氧气、二氧化碳和水蒸气，”杜教师一边总结学生的发言，一边继续引导学生，“空气中除了这些气体外还有其他气体，各种气体在空气中所占的比例问题，已经由科学家们经过漫长的科学探究而解决了。接下来，我想让大家分组尝试解决这样一个问题：设计一个实验，并能粗略地测定空气中氧气的体积比例。”

这正是杜老师将难点知识以精细化状态呈现的技巧。

这时，前后左右的四位学生组成一个实验小组，大家聚在一起进行实验、讨论。此时的课堂气氛高涨，俨然一个学术讨论会。

过了一段时间，每个小组选出代表发表见解。学生小玲站起来总结："我们认为，取一定体积的空气（一个集气瓶），把火柴点燃伸入集气瓶中，等火柴熄灭后，用原来的总体积减去后来剩余的体积，就是氧气的体积，再通过计算，便可以得出氧气的体积比例。"

杜老师说："小玲同学这组是利用物质在空气中燃烧消耗氧气来测定空气中氧气的体积，这说明了他们抓住了关键点，她们这种思维是难能可贵的。其他同学对此有什么看法呢？他们这组的实验是否还需要改进呢？"

不一会儿，善于质疑的学生小代站起来说："如果按照她们的方案进行，我认为燃烧后气体的体积减少量无法测定。"

杜老师笑了笑说："我也同意你的看法，那么又该如何解决这个问题呢？"

在杜老师的允许下，小代走上了讲台，一边讲述一边用粉笔画着："我们可以先将一支较长的蜡烛放在水槽底部，并向水槽中加水，使水面低于蜡烛，之后再点燃蜡烛，并将一个集气瓶倒罩在蜡烛上方，当蜡烛熄灭后，由于集气瓶中的氧气被消耗了，所以瓶内压强会减小，而外界大气压就会将水直接压入集气瓶内。这样，水面上升多少就表明氧气的体积是多少。"

"啪啪啪！"班上响起了热烈的掌声。杜老师随后说："看来大家对小代同学的方案都表示赞同，其实我也比较欣赏她的方案，她巧妙运用自己所学的物理学知识，利用倒吸入瓶内水的体积，来明确被消耗氧气的体积，从而测算出一定体积的空气内所含氧气的体积。可以说她的方案很有创意，那么大家觉得还有没有需要完善的地方呢？"

学生你看看我，我看看你，都没有作出回答。杜老师说："既然大家觉得没有地方需要改善了，那我们就让小代这组的同学演示一下，检查她们的实验结果与科学家的结论是否一致？"

杜老师给她们准备了一个带刻度的集气瓶，让她们演示，以便于观察体积的变化。经过一段时间的实验，得出的结果是水上升的体积约为集气瓶容积的1/10。

"我们知道，科学家们得出的结论是氧气约占空气的1/5，那为什么在小代她们这组的实验中气体减少的体积远远小于1/5呢？"杜老师依旧引导学生思考。

机灵鬼小磊站起来说："那是因为蜡烛燃烧时放热，使剩余气体膨胀，所以液面上升的体积数会偏小。"

"好的，你的意思是说，我们要等到装置完全冷却到原来的温度后，再进行观察，是吗？"杜老师问。

小磊点点头，后来按照他的说法又重新做了一次实验，结果还是偏小。学生对此产生了疑惑，都在思考着到底该如何操作才能得出正确的结果。

这时，杜老师给出了提示："小磊的提议也不能很好地解决问题，大家可以思考一下，蜡烛燃烧后生成物是什么状态？"

这一提示起到了推波助澜的作用，学生知道了蜡烛燃烧生成了水和二氧化碳，二氧化碳是气体，占据了一定的体积，所以实验结果偏小的道理。

杜老师接着又引导学生："现在大家知道了其中的道理，那么该如何改进呢？"

有学生提议用木棒，这立即又被其他学生给反驳了，因为木棒燃烧后也会生成二氧化碳气体。有的学生提议改用在空气中能够燃烧，但又不生成其他物质的可燃物。可是这又很快被其他学生给否定了，因为燃烧一定会有新物质生成。经过几次反驳后，学生一致认为，可以改用燃烧后不生成气体的可燃物。

此时，杜老师笑了，说："对了，体积变小是因为产生了其他气体，那我们用燃烧后不生成气体的可燃物进行实验，则会得出准确的结果。现在我就给大家介绍一种可燃物——红磷，它在空气中燃烧，只生成一种白色固体，我们用这个方案得出的结果就应该正确了。接下来，我给大家演示这个实验。"

在杜老师的实验结果中，学生得出了水上升的体积大约为集气瓶容积的1/5，与空气中氧气的体积比相近。

最后，杜老师说："为了便于操作和观察，某些细节上的问题还有待改进、完善，希望大家课后继续思考，并利用课余时间到实验室亲自做一下实验。"

这样，有关空气的难点知识在精细化的状态下得以逐步展现，一堂深刻而又活泼的化学课便圆满结束了……

对于教师的教学来说，转变难点知识的呈现状态非常重要。我们要想方设法去寻找转变知识状态的方法，让学生不再觉得难点知识是那么难以接受，同时也让自己的教学变得更具有吸引力。

精细化状态是促成这种转变的最佳选择之一。像案例中的杜老师那样，逐步将学生带入既定的教学情境之中，引导学生接触精细化状态的知识，为学生的学习及教师的教学都带来了不同寻常的效果。

杜老师巧妙地选取了课堂情境，并将以前的研究成果和学生的生活经验与本节的知识联系在一起，帮助学生更容易地掌握了难点知识。

为了让学生能够很好地理解难点知识，杜老师的做法可谓是灵活巧妙。一开始她便拓展了教学时空，使教学资源进一步扩大化，通过吸气的方式将学生带进课题的研究之中，并要求他们运用自己的方法证明空气的存在。这既为新的、难点知识的学习进行了有效的准备，又为课堂教学的进一步深入奠定了基础，同时还培养了学生的动手能力，以及收集、分析和加工整理信息等能力。紧接着又是让学生想办法确认空气中的其他成分，这一过程进一步激发了学生的学习欲望，引发他们的思维认知冲突，难点知识的精细化呈现得以顺利地进行，帮助学生从更深层面把握难点知识的内涵。

我们常说学生是知识的主动建构者，而学生对知识的热情程度，以及在学习过程中所表现出来的精神状态和情绪，对教师的课堂教学效果都有着一定的影响。而案例中的杜老师较好地把握了这一点，组织学生从各方面了解空气的组成部分，既展现了精细化状态知识的表现过程，又积极有效地锻炼了学生的思维能力，让他们学会采用多种方式、从多种角度了解空气知识内容，从而形成了良好的认知结构。这对学生发现真知、把握真知有一定的帮助，也让他们在寻找真知过程中体验精细化状态知识所带来的快乐，并逐步将课堂气氛推向了高潮。

总的来说，杜老师的这堂课体现了循序渐进、层层深入的特点。她在一定程度上转变了难点知识的表现状态，积极鼓励学生大胆猜想，并重视对他们各方面能力的培养，激励他们大胆参与。这不仅使杜老师作为引导者和组织者的作用得以充分发挥，同时也展示了她深厚的教育教学功底和课堂驾驭能力。更为重要的是，她让学生慢慢接受难点知识的精细化呈现，让他们能够适应这种状态的知识。

## 巧妙设计问题，使难点知识精细化

王莺是浙江省特级教师，也是杭州市十佳青年教师之一。在教学过程中，王老师善于从问题设计上做文章，让那些难点知识的状态得以改变，同时也让学生在自己艺术性的提问中发散思维，逐渐掌握难点知识。

上课之初，王老师通过交流调查报告来确定研究的主题，将学生带进难点知识。王老师说："我们今天继续学习《西门豹》。我们知道，西门豹刚到邺这个地方所看到的景象是田地荒芜、人烟稀少。面对这样的景象，他立即展开了调查。昨天我们一起跟着西门豹进行了调查，还要求每位同学写一份'关于邺田地荒芜、人烟稀少的原因的调查报告'。现在我们来看看大家所填的报告。"

学生们纷纷展示自己的报告，王老师随机抽取了一位学生的报告，说："我们就以这位同学的报告为例，请其他同学对照自己的调查报告，思考一下他的调查报告有哪些地方值得你学习，你对他是否有什么修改意见。大家清楚了吗?"

"清楚了!"学生异口同声地回答。

在对照过后，有一个学生站起来说："我想补充的是，我认为造成邺这个地方田地荒芜、人烟稀少的原因有两个：一个是巫婆和官绅头子以河伯娶媳妇为借口骗取老百姓的钱财，迫使那些没钱的人家都逃到外地去了；另外一个原因就是邺这个地方年年闹旱灾。"

"补充得很好，这说明你读书非常仔细。你能不能用更简洁的话语来概括这两个原因呢?"王老师继续追问。

这一问将学生的思维转向了概括能力方面的训练，同时也将这一难点知识进行了精细化的处理，学生思考片刻后说："天灾人祸。"

"很好，"王老师一边肯定他的回答，一边又提出了其他问题，"看来大家都知道了事情的真相，西门豹自己肯定也明白这些。针对这一原因又该怎么办呢？我们可以先假设当初魏王派往邺的不是西门豹，而是其他官员，当该官员知道事情的真相后，他会如何说，又会如何做呢?"

学生都在思考王老师所说的情景，不一会儿，小裴站起来回答："如果来的是贪官，那么他肯定会勾结巫婆、官绅，一起骗取老百姓的钱财；如果来的是清官，那么他可能会派兵把巫婆、官绅抓起来杀了。"

"不错，能够辩证地看待问题，你的分析也挺全面的。"王老师表扬小裴后，继续说："我也曾这样想，西门豹权力应该比较大呀，派兵把巫婆、官绅抓起来不就解决问题了。可是他为什么不这样做呢？你们认为西门豹的做法巧妙在什么地方呢?"

王老师这一问便水到渠成地将学生带进了另一个思维空间，为接下来对难点知识状态的转变奠定了一定的基础。她继续提示学生："我们要解决这个问题，应该重点分析什么？该如何进行呢?"

“我觉得这要从西门豹的言行上去分析，可以从书上找出描述西门豹言行的句子。”学生小卢站起来回答。

王老师说：“好的，接下来就请大家带着这个问题仔细阅读课文，并画出相关的句子，仔细体会体会西门豹的说法、做法究竟巧妙在哪里，也可以和其他同学交流一下意见。”

学生朗读完文章并进行小组讨论后，王老师又开始提问：“大家是从哪些句子中体会到西门豹做法的巧妙？”

针对这一问题，学生们都争先恐后地回答。有的学生说是抓住“这样说来，河伯还真灵啊。下一回他娶媳妇，请告诉我一声，我也去送送新娘”来体会的，认为西门豹在这所说的“送送新娘”其实是送巫婆上西天，接新娘回家，是一语双关；有的学生说是抓住“不行，这个姑娘不漂亮，河伯不会满意的。麻烦你去跟河伯说一声，说我要选个漂亮的，过几天就送去”来体会的，认为这是西门豹将计就计，以新娘不漂亮为由，既挽救了新娘，又惩治了巫婆；还有的学生说是抓住“巫婆怎么还不回来，麻烦你去催一催吧”来体会的，认为西门豹让官绅头子去催一催，实际上就是非常巧妙地铲除了官绅头子；其他学生说是从“那些官绅一个个吓得面如土色，跪下来磕头求饶，把头都磕破了，直淌血”来体会的，认为西门豹虽然没有将他们投进漳河，但也惩罚了这些官绅，对他们起到了一定的威慑作用，这又让老百姓从他们的求饶声中明白了巫婆和官绅所做的都是骗钱害人的。

“我发现大家都是抓住西门豹的话来体会他做法的巧妙的。不错，西门豹的话确实是话中有话。那么，大家知道当时他又是以怎样的语气说的吗？大家可以尝试着读读这些句子，之后再选择自己体会最深的句子，力争读出西门豹的话外之音。”王老师逐渐放开问题，让学生自己去体会、去深思。

不久，有一学生主动站起来朗读：“这样说来，河伯还真灵啊。下一回他娶媳妇，请告诉我一声，我也去送送新娘。”

王老师问他：“你自己觉得读得满意吗？”

“不满意。”

“为什么呢？”王老师追问。

他想了想说：“我认为西门豹说这话时是带着讽刺的口气的，其实他并不认为河伯很灵。况且说这话时他已经想好该怎么做了，应该表现得胸有成竹，因此‘送送新娘’这几个字要读得慢些。”

“你的分析很正确，那你现在重新读一遍。”王老师鼓励他说。

这次，他果然不负众望，读出了西门豹的话外之音。

接着，学生小陈站起来朗读：“不行，这个姑娘不漂亮，河伯不会满意的。麻烦你去跟河伯说一声，说我要选个漂亮的，过几天就送去。”

读完之后，王老师说：“刚才小陈在读三个‘不’的时候，语气特别坚决，看来他已经领会了西门豹的将计就计，通过坚决的语气让老百姓信以为真，同时还间接地救了新娘。”

一阵掌声后，学生小刘站了起来，朗读道：“巫婆怎么还不回来，麻烦你去催一催吧。”

王老师问：“大家觉得小刘读得怎样呢？”

一位学生发言说：“还行，不过我觉得‘巫婆怎么还不回来’还应该读得更急一些，而‘麻烦’一词则要读得客气点。这样就能表现出西门豹不露声色地严惩官绅头子了。”

“分析得很有道理，从大家读的这些语句中可以看出，西门豹不仅巧妙地惩治了巫婆、官绅头子，而且还教育了老百姓。书中这样说，‘这一天，漳河站满了老百姓’。大家设想一下，这些老百姓知道事情的真相后都会说些什么呢？请大家选择一个角色，可以是官绅、乡里的书生、老百姓、小孩等，将他所要讲的话写下来。”王老师又提出了这样的问题。

面对这样既具开放性又能调动学习热情的问题，学生们都表现得很有兴趣。不一会儿便有几位学生抢着回答了，有的是从小孩的角度去想的，说：“哦，原来巫婆说的话都是假的。”有的是从书生的角度说：“西门豹有胆有识，实在高明！高明！”还有的是从农夫的角度说：“哎！以前我们怎么会相信巫婆的鬼话呢？多亏西门豹大人，以后我们就有好日子过了！”

王老师逐一表扬了他们，说：“老师从大家的话中可以体会到，大家都是在赞扬西门豹。西门豹的做法确实巧妙，既惩治了官绅头子，又给其他官绅树立了典型，同时还让老百姓不再迷信，这样人祸便解决了。对于天灾，文中最后一段也写到了，大家再仔细品读一下最后一自然段。”

学生认真朗读课文后，王老师又提出了更为开放的问题：“这节课的主要内容现在已经讲完了，下面老师还有几个问题需要同学们思考一下：第一，西门豹为什么不直接把巫婆抓起来杀了？第二，课文前面说邺这个地方人烟稀少，但后面怎么又写到了河伯娶媳妇的日子，漳河边上站满了老百姓？第三，西门豹为什么不把其他官绅也投进漳河？第四，书上说，到了河伯娶媳妇的日子，巫婆背后跟着十来个穿着绸褂的女徒弟，巫婆为什么不把她们送给河伯？老师希望大家课后好好研究研究这些新问题，逐渐开阔自己想问题的思路，下一节课我们再一起讨论这些问题。”

这样，一堂充满问答的生动课堂便落下了帷幕……

学生是课堂学习的主体，只有全体学生积极参与，积极动脑思考，才能获得较好的课堂效果。孔子亦云：“学而不思则罔。”学生如果不积极思考，是不会有收获的。但是有一点必须重视的是，无论是从知识认知上，还是从知识阐释的角度上，学生都很难达到自觉的程度，这就需要教师的引导与点拨。

因此，能够真正让学生在心灵上触动、在知识上领悟、在理解能力上提高的并不是滔滔不绝的讲解，而是一些具有艺术性的提问，以及问答后的讨论与点拨，这样难点知识便以精细化的状态呈现在学生面前。这才真正有助于放飞学生的思维，调动学生的积极性与主动性，进而提高课堂教学效率。

案例中王老师的课堂教学正是一个很好的例证。一开始，王老师创造性地以调查报告的形式导入，直接地让学生明白这堂课探索的主题。接下来的便是一连串的、极具艺术性的问题。当王老师提出这些问题后，她便要求学生积极思考课文内容，并将阅读训练和思维训练紧密结合在一起，使自己更好地掌握难点知识的教学步骤，同时还为学生构建了比较宽广的思维框架。在这样的学习过程中，学生既能读懂课文，找到语言转换的时机，又学会从不同的角度思考惩治巫婆、官绅头子的办法。这对启发学生思维、激发学生创新意识、发展综合素质等都有很大的帮助。

我们可以将王老师的教学过程概括为：将难点知识、问题摆在课堂教学的中心；艺术性提问促进学生自主学习，并将难点知识精细化处理；在学生独立或讨论解决问题后，再提出更开放的问题。这样的教学模式所取得的效果是有目共睹的，也是值得我们借鉴学习的。

在学生“边读边说”的环节中，他们的交流既是读的过程中自我感悟的呈现，又是学生思维灵动与阐述的锻炼过程，更重要的还是王老师提问的艺术魅力的体现。王老师抓住课文中西门豹所说的三个重点句，让学生根据自己的水平和习惯反复读。这样，在读和思考的过程中他们自然领会文中所要表达的意思，同时这也是难点知识精细化的展现过程。

对于王老师让学生写出老百姓想说的话这一环节，不同的角色有不同的特点，因此每位学生都能设想出不同的语言，表达的内容也就各不相同了。可以肯定的是，难点知识在精细化状态下使学生更易于理解。

总之，王老师的艺术性提问让所有学生参与了以思、读、写为中心的综合训练，不仅使难点知识精细化状态得到了完美展现，而且也提高了学生各方面的能力，活跃了课堂气氛，取得了满意的教学效果，可谓是一石三鸟。

## 范例观摩三

### 迁移法促成难点知识精细化的转变

前面我们已经了解到，在心理学上曾有迁移的说法，包含正迁移和负迁移。在知识领域也有所谓的迁移法，例如，新旧知识、技能之间存在着相同或相似的因素，这就是产生迁移的客观因素。学生的分析、概括能力，以及知识状态都是产生迁移的主观因素，分析、概括能力水平越高，知识精细化程度越高，难点知识也就越容易产生迁移，越容易被学生所接受。

朱群是山东省胶州市洋河镇洋河小学的优秀教师。在多年的小学数学教学过程中，特别是在知识与技能，过程与方法，情感、态度、价值观的三维目标指引下，朱老师有了一些更理性的认识以及更有效的实践，在攻克难点知识上，取得了丰硕成果。

**教学片段 1：**

在教学异分母分数的加减法时，朱老师先让学生用竖式计算整数加法和小数加法，以及同分母分数加法，复习计算法则及注意点，并分别提问："整数加法为什么数位要对齐？小数加法为什么小数点要对齐？同分母分数相加，为什么分母不变，分子直接相加？"

这样，朱老师便将这一难点知识进行了正迁移，逐渐将精细化状态赋予难点知识之上，引导学生发现它们的共同因素——计数单位相同才能相加，从而让学生学会运用新旧知识所存在的内部关系，将"计数单位相同才能相加"的法则迁移到异分母加减法的计算中去，通过通分使计数单位相同，达到主动获取精细化状态知识的目的。

考虑到两位数乘法和三位数乘法在算理和算法上都是一致的，在教学三位数乘法时，朱老师带领学生先复习两位数乘法，突出乘的顺序、积的对位原理，逐渐将知识以精细化状态呈现出来。在学习新课时，朱老师稍加指点，便让学生在容易接受的知识状态下做到由此及彼、触类旁通，真正掌握知识。

难点知识的共同因素并不能保证迁移的自动发生，这就需要我们像朱老师那样，引导学生观察和理解这些共同因素，尽量提供促使学生辨认共同因素的情境，将精细化状态悄无声息地融入难点知识之中，鼓励学生寻找、探索、发现共同因素，通过相互作用去顺应或转化难点知识。实践也证明，共同因素越多，就越容易发生迁移，精细化状态也就更容易展现。

当然，在教学中我们还要鼓励和培养学生形成一种寻找相似性、统一性的意识，这样有助于迁移的实现，也有助于难点知识精细化的呈现。

**教学片段 2：**

在教学过程中，朱老师曾出这样几道题："0.35 米 = （　）厘米，0.965 千克 = （　）克，0.45 小时 = （　）分。有些学生往往会得出 0.45 小时 = 25 分的错误答案，这是学生在十进制小数的刺激下作出的错误反应，也就是心理学上所说的负迁移所产生的影响。

为了解决这个问题，朱老师便将各种不同的量进行归类，让它们的精细化状态得以完整地呈现，从而让学生进行比较，得出长度单位、质量单位都是十进制单位，而时间单位的进率则是六十进制的道理。

考虑到整除与除尽、直线与射线、求比值与化简比、质数与互质数等难点概念，单凭孤立的概念讲述是不足以让学生深刻领会的，朱老师选择对比教学，既突出了个性，又显示了差异性，使难点知识的状态得到了应有的转变，学生也能准确无误地掌握它。

虽然以前的知识对新学习的知识可能会起到正迁移的作用，但是，如果先前获得的知识没有得到巩固，那么后来学习的知识就有可能会干扰旧知识，发生像案例中把时间单位的进率弄错的"笑话"。因此，案例中的朱老师立即采取了对比的教学手段，帮助学生找出它们的不同之处，防止负迁移的发生。

在教学中，朱老师帮助学生辨析所学难点知识的本质特征，去伪存真、由表及里，认清知识间的相似与差异。这有利于难点知识精细化的进一步发展，同时也是值得其他教师学习的地方。

**教学片段 3：**

在教学"商不变性质"时，朱老师先让学生利用"商不变性质"列式计算如下几题：300支铅笔装一盒，9500支铅笔能装几盒？还剩几支？学生列式为9500÷300=31（盒）……2（支）。然后让学生进行验算，验证结果是否正确。在学生产生疑问时，朱老师再让学生不缩小被除数、除数直接进行计算、验算，发现余数不是2而是200。

此时，朱老师便再一次进行指导：“运用‘商不变性质’进行简算时所得的商不变，但如果有余数，余数一定要按被除数、除数扩大或缩小的倍数进行扩大或缩小，才能得出正确的计算结果”。

通过这样的激发疑问、引起思考的练习，学生对所学的难点知识才能深刻理解，牢固记忆。在进行这种练习时，教师的“讲”和学生的“练”一定要保持协调一致，该讲的时候就要讲，讲在重点处、疑难处、关键处。通过教师的讲，让难点知识的状态得以转变，让学生更深刻、更牢固地掌握知识，从而达到事半功倍的效果。

在新课改的大潮下，教师的教学也将面临一场巨大的革命，由于教学内容及难点知识的不同，教学方法也应有所改变。这就要求教师能够纵观学科全局，注重知识结构，逐步将难点知识精细化的进程贯彻下去；引导学生建立较好的接受机制，使难点知识在前有孕育、中有突破、后有发展的过程中，逐步展现出精细化的知识状态来。这样，学生才能在教师适当的指导和帮助下更好地理解难点知识。

### 2. 难点知识精细化的教学方法

如何转变难点知识的问题已经摆在了教师面前，需要我们做的事情很多也很紧迫。攻破难点知识，我们可以把难点知识渗透到专门性练习或诱导性练习中，以获得由繁变简、由难变易的效果；或者从日常生活、生产中学生所熟悉、所掌握的知识入手，由浅入深、由易到难逐一解决；或者通过实验操作、生活实践在实践中化抽象为形象。以下几点也可以为我们的教学作参考：

(1) 层次分明、把握适度，让难点知识精细化逐步推进

教师教学的主要目的在于发展学生的思维，而发展思维便要求教师的教学策略及提出的问题必须接近学生思维的最近发展区。如果策略不准确或是问题太容易，则不利于开拓学生的思维，也达不到预期的教学效果。

对此，我们要注意把握适度，让难点知识清晰地、层次分明地呈现出来。

我们可以设计一些铺垫性小问题帮助学生理解难点知识，做到既使自己设计的知识状态深浅适度，能够层层深入、环环紧扣，又能体现出知识结构的严密性、科学性、条理性，从而给学生以清晰的层次感，让学生在我们的引导下适应层层推进的精细化状态。

(2) 启发性导入，让精细化过程有个好开端

万事开头难，对难点知识状态的设计也是一份苦差事。我们知道，发散性、启发性的知识是学生智力发展的决定性因素。在实际教学过程中，我们应该以发展学生思维为主线，规划教学中知识的状态问题，重视对难点知识状态的设计，例如，尽量少问一些“是不是、对不对”的问题，一定要确保学生对精细化状态的知识有一个很好的接受环境，并能有效地促进学生分析能力的提升，达到启发思维、发展智力、培养能力的目的。

例如，在教授四边形的定义时，我们可以先出示一张三角形纸片，然后随便剪去一个角，问学生这样的问题：三角形剪掉一个角后还有几个角，几条边？你能按照三角形的定义来给四边形下个定义吗？你能把四边形转化成三角形吗？

(3) 选择关键内容，让精细化状态顺利展现

在实际教学中，教师应该善于选择适当的知识内容进行探索分析，努力将教材中既定的难点知识转化成容易接受的状态，以展现难点知识的发生、发展过程，并借助具有内在逻辑关系的、精细化的状态呈现，促进学生思考，逐步培养他们发现问题、分析问题和解决问题的能力。

在面对实验教学过程中的难点知识时，我们更要注意选择适当的内容，逐渐将复杂的实验过程简单化、精细化，将繁杂的实验条件精细化，同时也使得实验现象变得清楚、明显，让学生的学习过程变得更轻松，不再害怕难点知识。

(4) 营造情境，将学生带进精细化状态的氛围

在学习过程中，学生可能会遇到很多难点知识问题，而这些问题便会成为阻碍学生追求真知、探索真理的拦路虎。我们要做的就是清扫拦路虎，运用各种教学手段将精细化状态慢慢地赋予难点知识之上，并为学生营造一种特殊的情境，帮助他们在知识状态的转变过程中吸收知识的精华。

例如，在物理教学中讲授电磁感应的知识后，有的学生对电磁感应中电能

的来源产生了疑惑。这时我们可以通过一定的问题来转变这一难点知识：为什么线框在非匀强磁场中的摆动会很快减弱？学生会从这样精细化的知识状态中去探究，进而得出：安培力做负功，机械能减少，机械能转化为电能。也正是这样的知识状态及问题将学生带进探索的过程，不断激发他们的思维火花，让他们逐渐发现隐藏在难点背后的真知。

(5) 引导配合，让精细化状态的知识更容易接受

作为一名教育工作者，在具体教学中我们担任的角色是引导者。当然，这不是要求学生脱离教师，像科学家一样去重新发现和创造。因为这不仅不符合学生心理发展的特点，而且还会极大地挫伤学生的学习积极性，否定了教师在教学中的作用。

因此，我们一定要做好引导者的工作，指导学生从精细化的角度思考问题，按照循序渐进的步伐，遵守由易到难的原则，从而逐步加大知识的难度；在难点知识的数量上也应该由少到多，给学生一个逐步适应的过程；在实际操作过程中也应从教学实际和学生的实际出发，既激发学生的兴趣和动力，符合学生的年龄特征，又要紧密联系精细化的知识状态等。

(6) 释放空间，让精细化的知识状态自然呈现

英国化学家戴维曾说："我的那些最重要的发现是受到失败的启示而做出来的。"因此，我们应该给予学生更广大的空间，放手学生拼搏、探索，允许他们对难点知识做更多的假设，肯定他们的各种猜测等。这样，当难点知识以精细化状态略微呈现时，学生就能敏锐把握知识的脉搏，轻松接受精细化状态下的难点知识。

课堂教学是一门独特的艺术，只要我们巧妙并灵活地运用它，就能够给我们的教学及学生的学习带来前所未有的震撼。当我们在难点知识的转化上积极探索时，当我们有能力将难点知识以精细化状态展现在学生面前时，学生对难点知识的认识自然会得到提高，教学效果也会得到提高。

## 十三、类同知识归一化

某集团公司老总，一天到晚忙得团团转，但效率非常低下，为此，他很苦恼，便向管理大师请教对策。

管理大师详细询问了他的工作情况后，给了他一条建议：换掉你的秘书。

老总不解："我的秘书忠心耿耿，任劳任怨，我怎么舍得换掉?"

"必须换掉！马上换掉!"管理大师斩钉截铁地说。

老总无奈，只好接受了管理大师的建议，并任用他推荐的人做了秘书。

三天后，奇迹出现了，处理同样的业务，老总节约了大量的时间，工作立刻轻松了不少。老总不解，向管理大师问其中的奥妙。

管理大师回答："之所以让你换掉秘书，是因为你的日常工作都是秘书给你安排的，但你的秘书缺乏条理性，不懂得把你要处理的事务归类。而我给你推荐的秘书，则把你需要处理的所有事情按类别和轻重缓急进行了分档处理。比如，你必须签署的文件优先放在自己办公桌最醒目的地方；你需要应酬的宴会、开业仪式等，他也按重要性安排了顺序；把一些无关紧要，只需要你浏览的文件放在最后，这样你就能有条理地处理公务，办事效率自然就大大提高了。"

这则故事告诉我们，应该学会对类同的事物进行归一化处理，让事物变得更有条理，处理起来更一目了然，有的放矢，而不能眉毛胡子一把抓。

这对教师的教学也具有一定的启发。故事中新任秘书的归一化处理手段，显然比所有文件堆积在一起，让老总处理起来更有效率。而类同知识归一化的教学则要求教师通过各种方式，有意识地将类同的知识点进行对比，并找出知识间的相似或不同之处，以便学生更好地理解、掌握知识。

毋庸置疑，归一化状态的知识既有利于学生对类同知识的学习，提高他们发现问题、分析问题、解决问题及其他方面的能力，又能够提高教师的教学效果。因此，我们一定要重视归一化的知识状态，灵活运用对比等有效的教学手段，让类同知识以更容易被学生接受的状态呈现出来。

### 1. 类同知识归一化的教学实践

类同就是大致相同的意思，比如甲物与乙物之间存在着相同的一面。而类同知识主要是指有部分联系的知识，像等差数列与二级等差数列、气旋与反气旋，等等。面对这类知识，学生的学习可能会因为知识的外在表现形式相似而感到困扰，同时它也会给教师的教学带来一定的负面影响。

归一包含有统一的意思，我们可以将它看成是事物呈现的一种状态。而将类同知识归一化就是改变类同知识的呈现状态，让它以最容易被学生接受的状态呈现，这对我们教师的教学来说意义深远。

#### 范例观摩一

郭振海是安徽省宿州市祁县中学的优秀语文教师，在教学过程中他成功地实施了类同知识归一化教学，让学生从中获益匪浅。

讲解完《孔乙己》这一课后，为了让学生能够更好地理解孔乙己的悲惨命运，郭老师引导学生在课文中找出作者对“被打折了腿”的孔乙己和在此之前的孔乙己在买酒动作上的对比描写。

过了一会儿，小志站起来回答：“在没有被打折腿之前，孔乙己买酒的动作是‘排出九大文钱’，而在打折腿之后则是‘摸出四大文钱’。”

郭老师表扬了小志，说：“很好，那么大家思考一下，为什么作者分别用两个不同的词描写孔乙己的动作，这样写又有什么特定的含义呢？”

下面顿时响起了议论声，有的学生说：“这只不过是作者为了避免重复而已，没有什么特定的含义。”有的学生则认为：“应该有特定的含义，作者用两个不同的词表现出了孔乙己不同的处境，也说明了他买酒时的不同身份。”其他学生也提出了自己的看法。

郭老师笑了笑说：“看来大家的意见不统一呀，那么老师告诉大家，刚才有位同学的回答是正确的，两个不同的词表现了孔乙己在不同境遇下的不同心态，而这两个不同的动作说明了孔乙己的悲剧命运。”

学生都略有所思地点点头。

“好，现在大家已经知道了孔乙己的悲惨遭遇，那么，同学们还记得我们以前学的《范进中举》吗?”郭老师问。

“记得!”学生异口同声地回答。

“现在请同学们试着比较一下孔乙己和范进这两个不同时代的知识分子，看看他们之间有什么相同和不同之处?”郭老师提出了这样的问题。

这时，同学们都在认真思考郭老师的问题，不一会儿，语文课代表站起来回答：“他们两个人遭遇不同，范进 20 岁就开始参加科举考试，一直到 54 岁才中举人，但也彻底改变了家道贫寒的窘境，使乡邻和丈人胡屠户都刮目相看；而孔乙己虽然很早就参加了科举考试，但是至死连半个秀才都没有捞到，反而因为偷窃被丁举人打断了腿，以至最后是死是活也没有人去关心。这就是他们的不同之处。”

郭老师肯定了语文课代表的回答，循循善诱地说：“不错，这就是他们在个人遭遇上的不同，但是他们不同的遭遇是不是同一个原因导致的呢?”

这便为类同知识归一化奠定了基础，同时也启发了语文课代表的思维，她说：“他们都是深受封建科举制度的影响。”

“对了，范进和孔乙己都是受封建意识、科举制度毒害颇深的下层封建知识分子的典型，他们之中一个终于爬了上去，跻身于统治者的行列，享受着荣华富贵；一个始终没能爬上去，穷困潦倒，默默地消失于人间。尽管他们的遭遇不同，但他们都是科举制度下读书人的两种必然结果。这就是他们的相同之处。”郭老师补充道。

郭老师不断地将类同知识以归一化状态呈现，归一的对比又不断启发着学生。享有“小博士”之称的小龙站起来说：“还有不同就是周围人物对主人公的态度方面。范进中举前家境贫穷，甚至家里没有米了，母亲都饿得两眼昏花，让范进去集市卖了生蛋的鸡来换米度日。面对他这样的情景，众人是从不过问，而在范进中举后，他们则拿了鸡蛋、白酒，背了米，捉了鸡来庆贺。特别是丈人胡屠户在范进中举前后由骂到捧的态度转变。而孔乙己因为始终连秀才都没有捞到，咸亨酒店的人们，从店主人到伙计，从大人到小孩对孔乙己只是嘲笑——笑他没有考取功名，笑他穷困潦倒，笑他迂腐。而这些人的相同之处就是都受到封建科举制度的毒害反映。”

这时响起了热烈的掌声，是对小龙回答的充分肯定。

为了让学生更进一步了解旧社会的知识分子一直都受封建文化毒害的事实，接下来郭老师将孔乙己和范进两者的形象作了详细的比较，使得这一类同知识以更容易被学生所接受的状态呈现出来。

郭老师说：“小龙刚才说得非常好，他能够明白周围人物都受到封建科举制度的毒害。其实受封建科举制度毒害最深的是知识分子，大家思考一下，孔乙己和范进这两个知识分子在形象上又有哪些相似和不同呢?”

有的学生回答：“我觉得孔乙己虽然未曾进学，却颇有几分清高，特别喜欢孤芳自赏。文中说他虽然饿得脸色青白，却始终不肯脱下又破又脏的长衫，对自己认识几个无用的废字沾沾自喜，甚至以自己是个读书人而自命不凡。”

“不错，我们可以概况出孔乙己是一个很清高的人。”郭老师肯定这位学生的回答后，接着说：“我们一起看文中的话，当别人取笑他时，他还要强辩几句：‘你怎么这么凭空污人清白……’当别人问他‘当真认识字么?’他却显出不屑置辩的神气。也就是说他始终固守‘君子固穷’的道德理念。这些描写都足以说明孔乙己的自视清高。”

郭老师说：“我们一起回想一下范进，他非常惧怕胡屠户，在无端遭受辱骂后，还连连说道：‘岳父见教的是。’当向胡屠户借盘缠时，被胡屠户一口啐在脸上，骂了个狗血喷头。他却只能忍气吞声、卑怯畏缩。这些我们用一个什么词来加以概括呢?”

“自卑!”学生异口同声地回答。

“对了，范进是典型的自卑自贱、懦弱猥琐、甘受屈辱的性格。他自卑自贱的性格在随着他考中举人的进程中逐渐减弱，这也只是针对胡屠户、众邻居等一切地位比他低的人而言。我们知道在高官面前，范进仍然是一副卑怯畏缩的奴才嘴脸。”郭老师补充并总结，“孔乙己的清高使他不能正确地认清自己，把自己的缺点当做宝贝，并固守不变，最终造成了自己的悲剧人生。而范进则只记住了八股文章，钻入了牛角尖，在自卑自贱中苟延残喘，成为人们批判的对象，是腐儒的代名词。这清高和自卑正是他们两个人形象的极致表现。”

在郭老师的讲解中，学生马上明白了孔乙己和范进的清高与自卑。郭老师说：“除了清高与自卑外，他们还有就是迂腐和圆滑。这些主要表现在他们的话语之中，下面请大家思考一下。”

过了一会儿，郭老师说：“我们知道，孔乙己的语言是很有特色的，因为他动不动就‘之乎者也’，在给小孩子们分茴香豆时，他有一句经典的话：‘不多不多！多乎哉？不多也。’他抱着过时的、陈腐的观念不放，像这样陈腐的语言便是他迂腐性格的表现。所以说，孔乙己已成为一个典型的抱残守缺的形象，是迂腐的化身。”

当学生体会到这点后，郭老师又说：“与之相比，范进却表现出了圆滑的性格，范进的这一性格特点主要表现在与张乡绅的交往之中。文中是这样说的，当范进中举之后，张乡绅前来攀附，说了这么一番话：‘适才看见题名录，贵房师高要县汤公，就是先祖的门生，我和你是亲切的世弟兄。’范进的回答是：‘晚生侥幸，实是有愧。却幸得出老先生门下，可为欣喜。’其实范进明知张乡绅的攀附之词是无稽之谈，却以一句‘幸得出老先生门下’给予了认同。这正是范进世故圆滑的表现，在范进以后的行事中仍然随处可见。”

在郭老师将知识归一化的讲解中，学生知道了孔乙己的迂腐既是腐朽理念的表现，又是自抬身份的行为。而从范进的圆滑中却看出他城府颇深，谙熟官场陋习。

郭老师说：“刚刚讲的是迂腐与圆滑，接下来我们来看看他们的善良和虚伪。从课文中我们知道，孔乙己虽然有很多缺点，但是他这个人的性格也有着善良的一面。关于这一点我们可以从他给孩子们分茴香豆这一情节中看出。一个穷困潦倒的人，仍然从自己碗中分出不多的一部分茴香豆给孩子，如果不是一个善良的人，是很难有这种行为的。另外，他教小伙计写字也是出于真心实意的，也是善良的表现。但是，范进的表现就不是这么回事了，大家知道是怎样的吗?”

这时有学生说：“是虚伪的，课文中说到当范进在胡屠户受银假作谦让时，明知从此再不需要他接济，却说了这么一句话：‘眼见得我这里还有这几两银子，若用完了，再来问老爹讨来用。’这就充分说明了范进是虚伪的、狡诈的。同时他的这一性格仍然贯穿他的一生，在他母亲死后，一次与张乡绅到高要县打秋风，在宴席上不肯用银镶杯箸，以证明他对母亲的‘孝顺’，却在燕窝碗里拣出一个大虾元仁子送到嘴里。这恰恰说明他是虚伪的。”

"记得挺详细的啊，分析得也很好，"郭老师表扬了那位学生，"我们从此可以概括出两者的善良与虚伪，知道了孔乙己的善良为自己赢得了一定的同情，而范进的虚伪则招来了众多的指责。"

郭老师继续说："我们知道了孔乙己具有善良的一面，而范进有着虚伪的一面。那我们可以说，孔乙己的一生是可悲又可怜的，他的一切表现其实都是一种自我安慰。原因就在于他没有正确认识自己。他穷困潦倒的苦相，正是他精神无所寄托的表现。而在这种状态下，他只能退回到心灵深处的自我安慰中去，并在盲目的自命不凡和别人的取笑声中自我解嘲，释放心灵深处的压力。他的一事无成以及最终在贫困中死去，都是来自他心灵深处的自我否定，也是他自我价值彻底崩溃后的结果。"

听了郭老师的这番话后，学生对孔乙己形象的认识又上了一个台阶，对这种归一化的知识状态也有了较为清晰的认识。

"而范进则不一样，"郭老师接着说，"在科举考试屡考屡败的过程中，范进的心灵已经承受了巨大的压力。考试失败一次，压力便膨胀一倍，而一旦侥幸成功，这一事实又强烈地刺激了他的神经，当下意识的痛苦一旦解脱之后，就出现了那种疯癫的状态。这便说明范进的神经是脆弱的，精神是麻木的。可以这样说，孔乙己和范进这两种性格截然不同的人，都与他们的精神状态有着很大的关系。"

这样，学生对孔乙己和范进两人的形象都有了一定的了解。为了让学生更好地理解文章的写作手法，郭教师进一步提高了教学的层次，说："今天大家表现得都很棒，在教师的启发、讲解下，大家知道了孔乙己和范进这两个人物形象的不同及相同之处。但是除了这些，这两篇文章在表现手法和主题上也存在着相同之处。"

看到学生一个个略带好奇的眼神，郭老师继续说："《孔乙己》是以半封建半殖民地社会的缩影——咸亨酒店为中心，采用白描的手法，叙述了孔乙己后半生的不幸遭遇，刻画了孔乙己热衷功名、自命清高的迂腐性格，同时揭示了辛亥革命前中国封建社会冷酷的社会现实；而《范进中举》则是集中描写范进中举前后的心理、地位、生活的变化，采用夸张与讽刺的手法，着力描写了范进中举后欢喜得发疯的情状，刻画了范进热衷功名的性格，同时反映了当时世态炎凉的社会现实。它们的相同之处就在于对社会现实的批判。"

从郭老师的讲述中，学生既明白这两篇课文在表现方法上的不同，同时又清楚了文章的主题是对封建科举制度和封建社会的鞭挞和控诉。

将类同知识归一化不仅可以使知识得以淋漓尽致地表现，还可以使学生更清晰地记忆它，更彻底地理解它。案例中郭老师的教学过程正是一个很好的说明。他一步步地将学生带到特殊的教学情境中，让知识显现出归一化的状态，帮助学生牢固掌握课堂知识。

对于孔乙己两次不同的买酒动作问题：孔乙己第一次出场时，他面对一群“短衣帮”的嘲笑，“排出九大文钱”；后来被打折了腿、受尽了封建科举制度无情摧残的孔乙己却只能伸出满是泥土的手，从破衣袋里“摸出四大文钱”。郭老师组织学生思考讨论、总结。将一个炫耀的“排”字和一个无奈的“摸”字放在一起进行比较并使之归一化，这有利于学生更好地理解孔乙己可怜可悲的命运，更深入地认识封建科举制度对下层知识分子的毒害和摧残。

在《孔乙己》这篇课文中使类同知识归一化的同时，郭老师还选取了与这篇课文相类似的《范进中举》，并引导学生从个人遭遇、众人对主人公的态度等方面进行比较。有了这样的比较之后，学生对于封建文化和封建教育对读书人的毒害，以及对于封建科举制度的罪恶的认识都会变得更深刻，同时也能够深深地感受到不同时代的作家对腐朽的封建科举制度深恶痛绝的相同态度。

特别是对孔乙己和范进这两个人物形象的分析和比较，更能体现出郭老师的教学水平。孔乙己这一人物与范进在受到封建科举制度戕害这一层面上是一样的，而郭老师正抓住了这样的类同，引导学生得出他们在清高、自卑；迂腐、圆滑；善良、虚伪等方面的差异，并使之始终归一于封建文化和封建教育的弊端。这便是郭老师教学艺术所在，是他实践将类同知识归一化的过程的体现。

我们可以说学生所获得的认识都是在郭老师将类同知识归一化的过程中产生的。他不仅扩大了学生的知识领域，充实了学习内容，而且还培养了学生的阅读能力和分析能力，加深了学生对教学内容的理解和掌握。因此，在教学过程中，我们应该学习郭老师的做法，对类同知识进行归一化教学，促使学生更好、更快、更准地把握知识。

## 在比较中践行类同知识归一化

前面我们已经知道，对比是实现类同知识归一化的有效手段。我们是否应该让类同知识在异同的对比中变得更加具体、更加清晰，是否应该让类同知识在归一化的呈现状态中变得更容易被学生所接受呢?

答案当然是肯定的。为此，教师应该积极创设有利于教学的教学情境，把握类同知识归一化的各种表现形式，并试图从这些形式中不断地归纳、演绎出艺术性的教学模式，让类同知识更好地呈现给学生。

(1) 相似对比——让类同知识归一化

相似对比是指教师引导学生在似与不似之间找出知识的细微差别。虽然这项工作做起来比较难，但它能以最大的限度发展学生的智力，帮助学生更好地掌握知识。我们来看下面的案例。

在课文《驿路梨花》中，“我”和老余在山间小屋“发现墙上写着几行粗大的字：‘屋后边有干柴，梁上竹筒里有米，有盐巴，有辣子。’”对于这句话而言，教师可以从“盐巴、辣子”入手，帮助学生在相似对比中理解知识。

教师问学生：“大家知道什么是盐巴、辣子吗?”

“当然知道，不就是平时我们经常见的盐和辣椒嘛!”学生回答。

“不错，盐巴和辣子是云南、四川等当地老百姓的口语，严格地说，它们似乎不怎么规范，现在在正规场合用得也很少，可能会给人‘老土’的感觉。那大家能不能在课文中找出另外的‘土里土气’的词呢?”教师进一步提问。

学生说：“是菌子。”

教师肯定学生的回答，说：“是的，菌子是某地对蘑菇的方言称呼。那么大家思考一下，为了语言的高雅，我们能否将盐巴改成盐或食盐，将辣子改成辣椒，将菌子改为蘑菇呢？为什么?”教师继续问学生。

学生回答：“不能，如果把它们都换了的话，文章就似乎没有一点原来的韵味了，再说了，那样就不像是哈尼小姑娘说的话了。”

“很好，从哈尼小姑娘口中说出的盐巴、辣子、菌子，虽然让我们觉得有点土，却土得质朴，土得亲切，体现出了浓郁的乡土气息。从这我们可以发现，为了表现特定环境中的特定人物，增强文章的生动性，我们可以适当地运用一些符合人物身份、民族习俗、地方特色的方言和口语，大家在以后写作当中也可以学习这样的手法……”教师如是说。

从这个例子中我们发现，“盐巴”与“食盐”“辣子”与“辣椒”“菌子”与“蘑菇”都是同一事物的不同名称，关键是教师如何将这些类同知识以归一化的状态呈现，让学生学会同中求异、同中归一，引导他们在极其相似的知识中找出它们的细微差别，进而理解知识。

我们来看看全国著名特级教师于漪老师是怎样在相似对比中展开类同知识教学的。

课文《荔枝蜜》中有这么一句话："喝着这样的蜜，你会觉得生活都是甜的呢。"虽然这句话显得很普通、很平常，部分语文教师可能不会要求学生仔细推敲，但是于漪老师却慧眼独具，设计了这样的对比句让学生思考作者为什么用"甜"字：①喝着这样的蜜，你会觉得生活都是幸福的呢。②喝着这样的蜜，你一辈子都忘不了。③喝着这样的蜜，你会觉得生活太够味儿了。

经过对比、讨论分析后，学生觉得这四种说法似乎差不多，但是也存在着优劣之分，①②两句与"蜜"无关，③句与"蜜"有一定联系。

后来在于漪老师的引导下，学生知道了还是原句最好。因为荔枝蜜是甜的，而生活也可以用苦、甜来形容，于是，荔枝蜜的甜与生活的甜就很自然地联系在一起了。

相似对比后的"甜"便成为沟通荔枝蜜与生活这两种不同的事物的桥梁，而于漪老师设计的这一组对比句则让类同知识的状态得以转变，让学生最终在同与不同、似与不似之间体会到语言的奥秘，享受了类同知识归一化所带来的不一样的感受。

(2) 同向对比——让类同知识归一化

同向对比是指将相同的知识，或性质相类同的事物放在一起进行对比，促使学生通过新旧知识之间的联系来加强理解、巩固记忆。

以《从百草园到三味书屋》为例，在文中有这样一段话："三味书屋后面也有一个园，虽然小，但在那里也可以爬上花坛去折蜡梅花，在地上或桂花树上寻蝉蜕。最好的工作是捉了苍蝇喂蚂蚁……"

为了让学生真正理解鲁迅这篇文章的内涵，教师可以在教学过程中摆出鲁迅二弟周作人写的《书房》：书房小鬼忒调皮，扫帚拖来当马骑。额角撞墙梅子大，挥鞭依旧笑嘻嘻。带得茶壶上学堂，生书未熟水精光。后园往复无停趾，底事今朝小便长？

经过同向对比，学生自然会明白鲁迅先生的文章和他二弟的诗，都反映出旧时私塾生活的枯燥乏味，体现两人少年时向往自由、追求欢乐的心态。这对鲁迅原文的理解将会起着推波助澜的作用。

通过将周作人与鲁迅对旧时私塾生活的描写进行同向对比，便让这一类同知识以归一化的状态呈现，这对学生的学习而言自然是很大的推动。像这样的同向对比在我们的文言文教学中也是比较常见的，词类活用问题便是典型代表。例如，在《狼》中“其一犬坐于前”的“犬”的解释是“像狗一样”。为了让学生掌握这一知识，并真正理解名词活用的用法，我们可以找出与它相类似的词语进行对比，如蜂拥、林立等，让学生对这一类同知识有一个清楚的、归一的认识。

再如，《石钟山记》中“今以钟磬置水中，虽大风浪不能鸣也”的“鸣”的解释，它是动词的使动用法，是“使它鸣”的意思。为了让学生明白这种手法，我们同样可以采取同向对比的教学方式，为学生架起知识的沟通桥梁，并让他们了解与之相类似的动词使动用法。

像这样古今汉语的同向对比，不仅可以加深学生对原文的理解，还能够减缓学生对文言文学习的恐惧，让学生明白古今汉语之间是相通的。更为重要的是，让学生在面对类同知识时不再困扰与忧虑，而是能更好地理解。

(3) 异向对比——让类同知识归一化

异向对比是指将相类同的知识材料放在一起进行对比，引导学生把两者的差异性揭示出来。它包含两种情况，一种是同一知识材料不同方面的对比，另一种是看似不同却又有着类同的知识材料之间的对比。我们以《记念刘和珍君》一文来看同一知识材料不同方面的对比。

《记念刘和珍君》这课主要是表现鲁迅对“三一八惨案”的态度，对烈士的哀悼，以及对敌人的愤慨。如果教师直接分析文中材料可能不会给学生留下深刻的印象，但是我们将周作人写的《关于三月十八日的死者》一文与鲁迅的这篇文章加以对比的话，便会带来不一样的效果。

例如，周作人在文中写道：刘女士是我的学生，“在见到刘和珍的遗体时，觉得十分可哀”，“好象看见我的妹子……好象是我现在的两个女儿的姐姐死了似的。”而鲁迅却说：“她不是‘苟活到现在的我’的学生，是为了中国而死的中国的青年。”“我应该对她奉献我的悲哀与尊敬。”周作人在文中写道他的哀感：“一是死者之哀苦与恐怖，二是未完成的生活之破坏，三是遗族之哀痛与损失。”而鲁迅则认为“一是当局者竟会这样的凶残，二是流言家竟至如此之下劣，三是中国的女性临难竟能如此之从容。”

这是同一知识材料不同方面的对比，它能够让知识以归一化的形态展现在学生面前，让他们对《记念刘和珍君》这篇文章有更深入的理解。而看似不同却又有着类同的知识材料之间的对比也能够做到这一点。

例如，对《荷塘月色》中“叶子出水很高，像亭亭的舞女的裙”的理解，我们可以让学生将“美女”与“舞女”进行对比，引导学生掌握它们的差异性：一个表现的只是一种静态的美，而另一个表现出的却是一种动态美。

这正是类同知识归一化的状态呈现。无论是静态的美还是动态的美，它们都是为了突出“荷塘月色”的美。

通过这样的对比，学生自然会领悟文章所表达的意境，知晓个别词语的特定内涵，这对于开拓学生思维、巩固学生对知识的理解是非常有益的。

## 2. 类同知识归一化的“四步曲”

鲁迅先生曾经说过：“教师愈会比较，就愈有益处。”这说明了教师的教学过程应该要有比较。而比较法的运用又是将类同知识归一化的行之有效的手段之一，但我们运用它的时候，也要注意一定的逻辑性。

郭福华是浙江省台州市第一中学的知名教师，他巧妙地将“德意志和意大利的统一运动”按照四个步骤进行比较，让类同知识以归一化的状态呈现在学生面前。

**第一步：确定命题**

要进行比较必须先要有命题、有中心。在确定命题时应以可比性为前提，以命题在实现教学目标中的价值为标准。郭老师认为德意志和意大利统一运动之间有着一定的联系，可以进行比较。

命题的确定为类同知识归一化的顺利进行奠定了基础，同时也为学生更好地理解类同知识创造了条件。

**第二步：个案分析**

比较其实也就是分析的过程，个案分析是对单个历史现象的分析，即对被比较的两个或两个以上历史现象分别逐一进行分析。

郭老师将两国统一运动的前因后果进行了比较分析。

德意志统一的背景：①分裂与经济发展的矛盾；②普鲁士的优势；③俾斯麦“铁血政策”。经过：①1864年普奥对丹麦战争；②1866年普奥战争；③1870年普法战争。评价：①作用；②局限性。

意大利统一的背景：①分裂与经济发展的矛盾；②撒丁王国的优势；③加富尔的富国强兵政策。经过：①1859年意法对奥战争；②1861年两西西里统一，意大利王国建立；③70年代初最终统一。评价：①作用；②局限性。

这一部分的个案分析可以说是给接下来进一步的比较做好了必要的铺垫，让学生能够清晰地了解类同知识归一化的状态。

**第三步：综合比较**

郭老师认为这是最实质性的一步。这一综合比较就要求学生能从彼此相似的比较对象中找出不同点，或从彼此相异的比较对象中找出共同点。它的思维过程大致是：明确比较对象；确定比较项；寻找异同点。

根据这样的思维明确了比较对象和比较要求，郭老师按照前因后果顺序确定比较项，引导学生得出以下异同点，让类同知识归一化的状态得以体现。

相同点是：根本原因都是由于资本主义经济的发展，要求结束分裂状态；都有一个核心邦国；都有一个杰出人物；统一后都有利于资本主义的发展；都存在封建残余。

不同点是：德意志是完全通过王朝战争来实现统一的，而意大利除了主要由撒丁王国领导进行统一运动外，加里波第领导志愿军通过自下而上的方式，解放了两西西里，统一了意大利南部；德意志统一过程中的三次王朝战争，只有普法战争是法国先侵略普鲁士，普鲁士在普法战争具有反侵略性质，而意大利统一运动的重点则是驱逐奥地利在意大利北部和中部的势力，还具有民族解放运动的特点。

对类同知识做综合比较时要注意，当命题中两个或两个以上的比较对象都是已知的，可以按题意进行比较；当遇到只有一个比较对象的特殊比较命题时，要先明确其他的比较对象。在比较项方面也是一样，比较项已知的就按题意比较，未知的则要按历史现象的前因后果顺序确定。郭老师就是采取这种方法的。

**第四步：揭示规律**

郭老师认为，这决定了比较教学的深度。因为比较教学不能仅仅停留在单纯罗列异同点的水平上，最终目的是要通过对异同点的分析，透过现象看本质，从中发现历史发展的某些规律。

这一点是比较容易理解的。从郭老师的比较案例中学生认识到了经济基础决定上层建筑，上层建筑对经济基础具有反作用，以及杰出人物的历史作用不可忽视的客观规律。这正是郭老师将类同知识归一化之后所得到的最好的回报，是知识理解的终极目标。总的来说，比较教学法是处理类同知识归一化问题的最有效手段之一，它给我们的教学带来了一定的积极影响。

### 3. 类同知识归一化的教学方法

(1) 寻找知识的关键点，为类同知识归一化确立目标

我们应该学会从一些很小的、很细微的方面着手，寻找类同知识的关键点。有时可能就是一两个字词的不同而导致了文章意思的差异，从而使学生不能很好地把握这类知识。

例如，《散步》一文的开头说，母亲又“熬”过了一个冬天。对于这个“熬”字，我们可以组织学生展开讨论：能否换成“度”“走”之类的词。经过归一化的状态呈现后，学生知道了“熬”带有艰难度过的意思，而另外两字没有这样的意思，明白同义词在程度、范围、语气、感情色彩、语体色彩等方面存在着细微的差别，进而对类同知识“熬”“度”“走”的理解也随之加深了。

(2) 注重新旧知识的前后衔接，为类同知识归一化牵线搭桥

子曰：温故而知新。我们把不同章节中的相关知识进行衔接，要求学生对以前知识进行复习，这样便有利于学生理解教材的内在联系，对那些类同知识也有了很好的认识，以便更好地接受归一化状态下的类同知识。

例如，生物学科的教学，我们可以从核苷、核苷酸的复习入手，自然引入ATP的结构，这样不仅复习了旧知识，也便于学生认识、理解ATP的结构和功能；由呼吸作用导入能量代谢并进行归一化处理，使学生便于理解呼吸作用与能量释放的关系，进而理解呼吸作用分解有机物，释放能量的基本内涵等。

(3) 积极反思，拓展思维，为类同知识归一化打好基础

反思的过程是检查和思考探究计划的严密性、证据收集的周密性，以及解释的科学性，并对结论的可靠性作出评价的活动。

教师除了要求自己反思外，还要引导学生进行反思。因为适时的反思能够去伪存真，能够确保学生对类同知识有一个明确的认识，而学生在不断的反思过程中，思维会一直处于高度活跃状态。这就为学生更好地接受归一化状态下的知识打好了基础，让他们在冲突中拓展思维能力，在矛盾的解决中体验成功的喜悦，在知识的探索中分清现象与本质。

(4) 从突出点出发，让类同知识归一化更鲜明

从突出点出发是为了突出中心对象而分别与周围若干对象进行比较的方

法。在教学过程中，我们可以灵活运用这种方法让类同知识状态的转变变得更自然、顺畅，学生的接受也变得更容易。

例如，讲述我国是世界上的少林国家时，我们可以展示我国现在森林覆盖率仅为12%，接着展示其他国家的森林覆盖率，像美国超过30%，日本高达60%，同时展示世界平均森林覆盖率为22%。这不仅使类同知识归一化变得更自然，而且在一定程度上还能让学生明白保护森林、绿化祖国的重要意义。

(5) 加强同单元知识间的联系，让类同知识归一化得以顺利实现

同单元知识之间存在着一定的联系性和紧密性，也可能存在着某些类同知识。因此，在教学过程中，教师应该要注意这一点，着重加强单元知识之间的联系。比如语文学科，一个单元的课文体裁都是相同的，它们的写作风格、写作手法在一定程度上都有着某种相似。我们通过加强同单元知识间的联系，让学生对同一体裁的具体文章有更深的了解，对归一化状态下的知识有更好的了解，从而为以后教学获得事半功倍的效果奠定了基础。

(6) 加强知识结构，让类同知识归一化状态显现得更直接

结构是知识的表现形式，运用什么样的结构必须以具体的知识而定，而一个经典的知识结构又是最能传递知识潜藏于深处的思想内涵。对此，我们应该精于知识结构的建构，加强知识结构教育，让类同知识的归一化状态显现得更直接。

例如，在《驿路梨花》课文中，主要是讲述做好事的故事。我们可以以顺叙与倒叙两种结构形式进行教学，让学生从中感受结构艺术所带来的归一化状态的知识，体会作者这样安排的良苦用心。

(7) 加强业务建设，探索类同知识归一化的多种手段

除了课堂教学外，我们还要不断加强业务建设，提高自我教学水平，使自己能够适应变化着的教学革命，同时还要进一步提升各方面能力，例如，参加教学培训、教学竞赛等，为类同知识归一化的转变奠定基础。

归一化状态是改变类同知识最有效的方法之一，它既有利于教师把握主要知识的形式，突出教学精髓，又有助于改变学生呆板的记忆、理解模式，以及对类同知识学习的困扰感，让他们能够轻松愉快地掌握知识。

教师应该逐渐摒弃传统的“单一”性的教学模式，采用在学生广泛参加的基础上转变类同知识状态的教学模式，让学生在归一化的知识状态中进一步理解、记忆知识。

# 十四、核心知识发散化

很久很久以前，有两位阿拉伯青年来到欧洲某国，他们都希望得到国王的重用，于是带去了大量的礼物。两个青年受到了隆重的接待，国王和王后还专门为他们举行了盛大的宴会。

不料，在宴会的途中却发生了一件非常可怕的事情。因为，他们当着国王的面将烧鱼翻了个面，而该国法律规定：不能当着国王的面翻动一切，违者必须被处死！即使是王公贵族也不能例外。

在大臣们的一致要求下，国王宣布要维护法律。不过，他又告诉两个青年人，为表示歉意，允许他们各自提一个要求，只要是与该法律无关的任何要求都可以得到满足。否则，就会被处死。

其中一个青年想了很久，他发现，对自己危害最大的就是这条法律的规定。因此，他发誓以后绝不会再触犯这条法律了。但是，无论他做怎样的保证，最后还是被国王处死了。

这时，另一个青年反倒镇静了下来。他想了想后说道："尊敬的国王陛下，我只有一个要求，那就是谁若刚才看到我做了什么，就请挖掉他的眼睛！"

国王先是一怔，马上就以耶稣的名义起誓自己一无所见。接着是王后，她是以圣母玛丽亚的名义起誓……人群开始逐渐出现混乱，大臣们则个个争先恐后地以保罗、摩西等圣徒的名义起誓，完全否认了刚才所看见的事情。

此时，怪事出现了。由于谁都发誓说没有看见过那位青年使者翻动过烧鱼，就这样，青年人消弭了一场杀身之祸。

这是一个引人深思的故事。看完这个故事，我们无不为第二个青年敏锐的智慧而倾倒。

第一个青年想了很久，但是他却始终没有获得成功。因为他虽然想到了自己所触犯的法律就是置自己于死地的关键，但是他的思路始终围绕着这一点，而没有换一种角度思考。结果，提出的要求总是与该法律相关，因而丢掉了自己的性命。

而第二个青年经过仔细分析，理清了思路，不仅找到了问题的关键所在，更利用发散思维对问题进行了分析：既然不能提出与所触犯法律相关的要求，那么这条法律就不能废除，如此就只能让这条法律“不成立”。

于是，第二个青年提出了一条看似与这条法律完全无关的要求：“谁若刚才看到我做了什么，就请挖掉他的眼睛!”这是一个多么聪明的要求啊！它既与该条法律无关，又直接制约着法律的执行者们，看到的人为了保住自己的眼睛，自然会说谎帮助青年化解危机，这正是一种将思想迁移、发散的过程。

这个故事向我们展示了发散思维方式所带来的优势：将思维从“核心”发散，那么你看到的、想到的将会更加丰富，更加有助于自己找到解决问题之道。

## 1. 核心知识教学的困境

核心即指事物、事情最重要的部分。而核心知识就是指在知识体系中最关键、最重要的部分。人称“诗圣”的唐朝伟大诗人杜甫，在《前出塞》一诗中写道：“射人先射马，擒贼先擒王。”这句话的意思也就是说做事首先要抓住关键。学生在学习，特别是面对不容易掌握的知识时，就要学会抓核心。只要准确地抓住核心知识，那么难题就可能迎刃而解。

核心知识固然重要，但由于它的涵盖面积小，可接触面也变得非常狭窄。可以说，它是成功的关键“点”，但不是成功的“通道”。如果只是死死地扣住核心知识，就会变得思维停滞，产生心理定势，甚至出现瓶颈效应，让思路变得狭隘。一些学生容易犯这样的致命错误，即找到了核心知识，却没有将其进行有效地发散，结果学习效果不仅没有得到更好地提高，反而让自己陷入了新的困境。

（1）导致知识再现失灵

知识再现失灵是指不能再现学习过程中所需要的某些知识。在学习过程中，很多学生由于无法再现知识（遗忘），或再现不正确（错误）的知识而导致思维不畅。

例如，很多时候学生都会犯这样一个毛病，特别是在复习一些需要总结性的知识，如历史、政治、数学，等等。虽然已经将所有的公式、定义等核心内容都背得滚瓜烂熟，可一到考试，只要题型稍有变动，便不知所措。结果导致虽然平时学习非常刻苦，考试成绩却一败涂地。

这便是学生没有将核心知识进行发散的结果。对于一些重点知识，只关注它的现有形态，而忽略了其他形态，当需要灵活运用时，这种过分的“专注”就会成为知识再现的最大“绊脚石”。

（2）出现思维定式

学生如果不懂得将知识进行发散，眼光总是放在核心知识的“当下”，就会形成一种思维定式，只要一看到问题就习惯性地运用某一方法去解决，结果往往容易使思维进入一个死角，出现不应该犯的错误。特别是两个问题十分相似时，这种思维定式就会习惯性地让学生按照前一种方法处理，导致错误的结果。

但是，如果学生将核心知识发散出去，在发散的过程中，可以让更多的知识形成比较，各种知识之间的差异就会明显地暴露出来。通过发散，这种思维定式产生的负面影响也就会渐渐抵消。因此，对于核心知识的利用，重点不只是牢牢地掌握，而是如何让它发挥出最大的作用，也就是要将核心知识发散化！

在教学中以核心知识为主展开发散，不仅可以让学生准确掌握重要知识，提高学习效率，更可以提高他们的学习能力与应变能力。当他们面对变化莫测的知识时，才能灵活地做到“处置”。例如，当我们以“天气预报”为核心向学生进行讲解时，我们就不能只单纯地讲解什么是天气预报，而应该发散出很多知识，像地理位置对天气的影响、天气变化对人类生活的影响、日常生活和工业污染对天气的影响等一系列与天气预报有关的知识。只有不断地发散、扩大，学生才能真正认识到天气预报的意义。

## 2. 核心知识发散化的切入点

核心知识发散化是指以一个核心知识作为中心，由此向多个方向进行思维发散，通过层递、综合、比较、抽象、概括、迁移、例证等多种思维方式，让知识呈现得更加丰富，产生一种多侧面的立体感觉。

核心知识发散化要求从一个核心知识点出发，然后沿不同的方向去探求多种答案。在这个过程中，培养学生的发散思维非常重要。因为如果学生没有发散思维，那么面对小小的“点”时，便不能探究出更多的知识，这个“发散”也就不可能形成了。

发散思维又称“辐射思维”“放射思维”“多向思维”“扩散思维”“求异思维”，是指从一个目标出发，沿着各种不同的途径去思考，探求多种答案的思维，与聚合思维相对。

例如，将风筝的作用“发散”出去：第一，它可以放到空中去玩耍，同时又可以用来测量风向。这样就将风筝的知识面扩展到了风的知识面。第二，风筝在空中飞可以用来传递情报，做联络暗号。如此，又引申到了军事领域，知识面又扩大了。

有不少心理学家认为，发散思维是大脑在思维时呈现的一种扩散状态的思维模式，表现为思维视野广阔、思维呈现出多维发散状、可以通过从不同角度思考同一问题。通过发散，学生既能掌握重点知识，又能学习其他相关知识，还能训练他们思维的灵活性。将学生的视野从狭小的一个点，发散到一个面，甚至整个知识领域。

将核心知识发散化，需要学生大胆突破核心知识的思维局限，以核心知识为中心，走进想象和联想的广阔空间，进入发散性思维的境界。要培养学生的发散思维，我们可以重点从以下几个方面着手：

### (1) 尊重学生的想象力

德国著名的哲学家黑格尔说过：“思维需要丰富的想象，有了想象，思维便可以无限放大，创造出新事物。”丰富的想象力让学生的思维变得更加活跃，能更好地将知识由“点”扩大到“面”，展开发散。例如，曾经有一位教师在课堂上给学生们出了一道有趣的题目“石头都有哪些用处”。要求大家尽可能想得多一些，想得远一些。于是，马上有人想到了在古代，石头可以造房子、垒鸡舍，在抗战时还可以用来修筑防御工事。有的学生想到古代人们把不同质地的石头，刻成建筑上的工艺品，或者是石头壁画、碑文，等等。而其中有一位男学生的回答十分有意思，他说："石头可以用来打敌人。"这个答案听起来似乎觉得很可笑，而且离"标准"答案也远了些。但在这个问题中，核心是"作用"，所以，从理论上说，这个学生的答案并无错误；并且从发散的角度来看，他的回答还应该得高分。他的答案充满想象力，思维境界开阔。所以，我们在培养学生的发散思维时，应该尊重学生的想象力，允许学生自由想象，从而提高学生"以点带面"的学习思维能力。

(2) 淡化标准答案，鼓励多向思维

在"只有一个正确答案"的影响下，学生往往是教育程度越高，思维越单一，想象力也越贫乏。当教师为他们提供一个"核心知识"时，学生往往害怕在思考的时候脱离了核心，结果这种"担忧"成为思维的负担，也加速了单向思维和思维定式的形成。

在解决问题时，这种单向思维大多引发的只是低水平的发散，而多向思维才是高质量的思维。因此，在学生思考时，我们可以尽可能多地提一些"假如……""假定……""另外……"之类的问题，引导学生换一个角度去思考，为学生的思维发散提供机会。例如，对于问题"小红要从A城市去看望B城市生病的奶奶，怎样去最快?"如果只把答案局限于距离，那么学生的答案就只能是"两点之间直线最短"，只能涉及计算距离。但如果我们不设标准答案，那么学生的答案还可以是坐飞机、坐火车……最后通过时间的对比，得出飞机的时速比火车快。如此，便又涉及了距离、时速、时间等领域，让思维发散得更加全面。

(3) 鼓励和引导学生创造性思维

创造性是学生发散思维必不可少的一个重要元素，它为学生在进行发散思维时提供了更多的支撑点与思维转折点。因此，为了提高学生"发散"的能力，培养学生创造力是必不可少的。而学生在进行创造的过程中，借助发散思维可以引起学生更广泛的联想，思路流畅开阔，核心知识所引发的"分支"才能更丰富、更全面。

(4) 培养思维的灵活性

思维的灵活性是指灵活变换思路、善于改变思维方向的能力。培养学生的思维灵活性是学生进行思维发散的基础。

例如，在学习历史课时，对于秦王嬴政的统一六国货币的作用进行提问。思维僵化的学生通常只能看到事态影响的一面，那么答案就会相对单一，比如使经济流通更加便利等。但是，如果学生的思维灵活，他想到的相关知识就会更加宽广，就会从不同的立场、多变的角度去思考问题，得出丰富的答案。比如可以通过假设、联想等让这个“作用”更长远，更加有意义。

可以说，培养学生的发散思维是进行“核心知识发散化”的基础。只有这样，当我们利用一个核心知识当发散点时，学生才能配合教师，完成教学目标。

## 范例观摩一

### 发散，让核心知识“大显神通”

海南省琼海市文市中学优秀教师薛贵谊有着丰富的化学教学经验，他认为学好化学，发散思维在学习过程中起着十分重要的作用。将核心知识发散化，不仅可以引发学生对知识的深度思考，也让核心知识更加生动、饱满，有利于学生对知识的深入理解。

在讲授完《分子反应法则》一节内容后，为了让学生对这一核心内容有更加透彻的认识，并能联系、运用到实际生活当中，薛老师引导学生们围绕这一核心内容，展开发散训练。

薛老师说：“同学们，如果现在我把100mL酒精和100mL水混合在一起，请大家猜测一下，体积会发生怎样的变化？怎么想就怎么说。”

学生1回答：“体积会变大。”

学生2很快又说：“不对，我认为不会有很大变化。”

学生3则认为：“混合后，二者的体积会比混合前的总体积小。”

经过大家七嘴八舌的讨论，大致的结果有以上三种，而不同答案的产生，也标志着初步发散已经取得了成功。

接下来，薛老师对大家的结论进行了验证。他说：“下面，就让我们来用事实说话。”说完，薛老师开始带领大家实际操作。

实验结束后，学生通过仔细观察，最后得出的正确结论是：实验证明，混合后体积变小了。

薛老师又问："现在，哪位同学愿意尝试着解释一下，为什么混合后体积反而变小了？大家要积极思考，只要是你认为正确的答案，都可以说出来。"

之前持"变小"观点的学生 3 举手说道："我认为，将 100mL 酒精和 100mL 水混合后，二者之间起了一定的化学反应，所以总体积变小了。"

学生小刚说道："我认为是酒精挥发了的缘故，才使体积变小了。"

学生小强回答："我觉得可能是因为有一种物质穿插在另一种物质中间的空隙里，所以体积变小了。"

……

大家你一言我一语，回答的内容越来越详细，围绕分子反应原理提出的理由也越来越接近正确答案，知识的核心概念也在发散思维中逐渐被学生理解了。

薛老师总结道："同学们都解释得很好。实际上，物质都是由很小的粒子构成的，粒子除了大小不同之外，粒子之间还有一定的空隙。当两种物质混合后，其中的小粒子就会穿插在另一种较大的粒子之间的空隙里。所以，当两种互不反应的物质混合在一起后，总体积反而会减小，也就是我们所看到的现象。现在，谁能根据这个原理，列举出生活中的实例来说明这个问题？"

一石激起千层浪，薛老师的提问充分激发了学生的热情，大家都争先恐后地回答问题。

一名学生说："就像当我们向装有大块物质的容器中加入一些小体积的或液体的物质时，虽然加进去了东西，但是体积并没有增加。这正是因为小块填充在大块中间的空隙里了。"

另一名学生说："当我们把一碗小米与一碗黄豆掺在一起后，二者的体积一定不足两碗。"

"说得非常好。上面所讲的这些粒子在科学上叫做分子，也就是说，构成水的水分子之间有间隔，构成酒精的酒精分子之间也有间隔。混合后间隔被填充，因此形成了体积变小但密度变大的效果。"

为了继续引导学生对有关分子运用的核心知识进行更加细微地发散练习，薛老师又利用假设的方法，给学生提供了新思路。薛老师顿了顿，继续说道："那么，如果现在我把一碗水加热，最后蒸发变成水蒸气，水的体积如何变化？这又说明了什么？"

学生小红经过仔细思考后，回答道："我认为水加热后体积会逐渐变大，变成蒸汽后体积就更大了。这说明水加热后，分子间的间隔变大了；变成蒸汽后，分子间的间隔就更大了。”

“那么，由此你能否总结出物质在什么状态时分子间的间隔最大?”薛老师继续问道。

小红回答：“气态时分子间的间隔大，固态和液态时分子间的间隔小。”

“回答得非常好!”薛老师继续对核心知识进行更深层次的发散教学，他说道，“现在，请大家仔细看下面的实验。”

薛老师开始演示实验的步骤：在烧杯 A 中加入 20mL 蒸馏水，然后滴入 2~3滴酚酞试剂，得到无色的溶液。然后在烧杯 B 中加入 20mL 浓氨水，再用一只大烧杯把 A、B 两烧杯罩在一起。几分钟后，让学生们观察实验的现象。

学生们聚精会神地看着，当看到烧杯 A 中的溶液慢慢变成变成红色时，教室里发出一阵惊叹声。

薛老师笑了笑，说道：“上述现象是什么原因造成的呢? 仔细想一想，有谁能提出假设吗?”

学生小李回答：“我觉得是因为 A 烧杯中滴入了酚酞，过一会儿就能自动变红，与 B 烧杯并无多大的关系。”

小强则说道：“我认为是大烧杯壁上沾有某种物质，散发出肉眼看不见的微粒与 A 烧杯中的溶液接触，使其变红。”

小刚又说道：“我认为是 B 烧杯中的浓氨水散发出一种肉眼看不见的微粒，然后慢慢溶解到烧杯 A 中的溶液中，致使 A 溶液变成红色。”

……

“看来每个同学都进行了认真的思考，所以我们才能得到如此丰富、全面的答案。这说明我们每个同学的发散思维能力都非常强，薛老师感到特别欣慰。现在，请大家继续开动脑筋，谁能设计一些相关的实验，一一验证上面三种假设呢?”

化学委员第一个说道：“首先用烧杯取 20mL 水，然后滴入几滴酚酞溶液，放在一边静置，观察其现象；再用烧杯取 20mL 水，滴入几滴酚酞溶液，用上面那只大烧杯罩上，放在一边静置，观察其现象；另用烧杯取 20mL 浓氨水，直接加入几滴酚酞溶液，放在一边静置，观察其现象。”

在薛老师的帮助下，化学委员按照所设计的步骤，完成了实验。其他学生马上喊道：“浓氨水变红了。”看到这样的结果，大家都表现得异常兴奋。又等了一会，发现其他烧杯中的溶液都没有变色，便开始纷纷议论起来。

薛老师问道："通过上面两次实验，你们能得出什么结论呢?"

学生回答："氨水能使酚酞变红。"

有学生补充道："第一个实验中，B烧杯中的氨水分子挥发出来进入了A烧杯水中。也可以说，氨分子能从A烧杯中运动到B烧杯中。"

"对！不光氨分子在运动，组成任何物质的分子都在不断运动，这便是分子的另外一种性质。为了加深对这种性质的理解，你们能举出生活中体现分子运动的一些实例吗?"

学生们纷纷回答道：在酒厂附近能闻到酒味；在花坛边能闻到花香；湿衣服能被晒干……

"这些都是我们能实实在在感觉到的分子运动。事实上，一杯水和一块糖放在桌子上，看似静止不动，实际上水分子和糖分子都在不停地运动。这种微观的分子与宏观物质一样，都处在不断运动之中。根据上述实验讨论，我们对'分子的反应法则'有了更加深刻地认识。分子在时刻运动着，我们的学习思维也应该保持着时刻运动的状态。面对一个知识，我们只记熟它的核心内容并不一定就真正学精了这个知识，而是应该让思维运动起来，围绕这个核心知识展开发散，让这个核心知识如同'太阳散发光芒'一样，会引申出更多层面，更丰富的内容。只有这样，学习才能算是成功的学习，高效的学习!"

听完薛老师的话，教室里爆发出了热烈的掌声。

核心知识的重要性不言而喻，但只是单纯地讲授就足够了吗？当然不是!

核心知识毕竟只是一个知识点或者知识面。要想让学生更好地理解核心知识，取得更好的教学效果，教师应该积极引导学生对其进行发散，引导学生将思路由一条扩展到多条，由单向扩展到多向，使核心知识更加丰富，更加饱满。

在本案例中，学生对知识已经进行了常规性的学习，但为了提高教学效果，薛老师引导学生对知识的核心内容展开了发散性思考。他首先设置一个疑问激发学生的思维，围绕核心知识给学生提供了一个发散点：让学生猜测100mL水与100mL酒精混合在一起时，混合物的体积一共是多少？这个疑问是学生并不知道答案的陌生知识。学生要想找出正确答案就需要积极地、多方位地思考。这就促使学生在思考的过程中积极展开发散性思维，探求答案。当然，学生得出的答案是多样的。但不管正确与否，他们都调动头脑中各种储备知识，认真、积极地思考过了，而这个思考的过程不仅使学生将发散知识面扩大，更锻炼了学生的发散思维能力。

薛老师通过为学生创造不同的发散点，让核心知识从“单面”变成了“多面”。学生在教师的引导下，围绕核心知识从不同的“面”展开发散，在发散过程中感受到了知识的魅力。原本理论性的核心知识在实际运用中也“大显神通”了！

## 课外延伸，让核心知识全面发散

我国著名特级教师王崧舟老师，自 1984 年参加教育工作以来，长期致力于小学语文教育改革实践，并取得了非常优异的成果。

王老师积极倡导“诗意语文”的理想和信念，在教学中，他也积极倡导培养学生的发散思维，结合课内外知识，让学生得到最全面的发展。

曾经在杭州市拱宸桥小学讲公开课《长相思》时，王老师就以核心知识——“思乡之情”为中心，引发学生多方面地发散，不仅活跃了课堂气氛，更使学生在结合课外知识的同时，对核心知识有了更加深刻、更加全面的理解。以下是王老师的课堂实录。

王老师说道：“同学们，在王安石的眼中，乡愁是那一片吹绿了家乡的徐徐春风，而到了张继的笔下，乡愁是那封洗了又折，折了又洗的家书，那么在纳兰性德的眼中乡愁是什么呢？请同学打开课本自由朗读《长相思》这一首诗。注意文中的生字、多音字，争取把它读得字正腔圆。”

学生们积极举手，王老师点了其中一名同学，并指导他准确地完成了阅读，中间还设置了几个停顿。

读完后，王老师问道：“在这首诗中，你们感受到了什么呢？”

学生们纷纷回答：“作者的思乡之情”“作者很想念他的故乡”……学生的答案很明显在走“套路”，没有自己的感受。为了让学生对这一核心知识理解得更加透彻，王老师说道：“记得我上大学的时候，每学期才能回一次家，当时就非常想念我的妈妈，想念我的家乡。”

王老师这句“跑题”的话立刻引起了学生们注意，于是大家开始讲述自己的“心酸往事”。

学生小红说道：“我曾经有一回在奶奶家住了一个晚上，当时我也特别想念我的妈妈和爸爸，还有我的床。”

学生小刚说道：“小时候一次暑假，我回老家了。我的老家在东北，当时住了一个月呢。我想回家就哭了，不过爷爷说男孩子不能因为想家就哭。”

听了小刚的经历，大家哈哈笑了起来。于是，每个同学都开始用各种语言描绘着自己的思乡之情，课堂俨然“乱了套”，话题都扯到了课外。但是王老师并不生气，也没有进行制止。

学生们的情绪越说越激动，有些人的眼睛甚至开始出现了泪光。看到大家已经都进入了“思乡之情”的状态里，王老师非常高兴，很显然，这样的发散思考的效果非常好。

当大家都已经开始可怜没有父母的孤儿时，王老师突然说道：“相思苦啊！那么，纳兰性德又是何等的思乡啊！”

听了王老师的感慨，学生们对作者产生了深深的同情，再次阅读课文的时候，感情也明显丰富了……

为了让学生更加深刻地理解核心知识，掌握核心情感，从而更好地掌握课文，王老师便以这个核心情感展开学生的发散思考。由于核心知识是情感，于是王老师故意将大家引到了课外，也正是在这个看似“跑题”的发散中，学生们通过回忆自己的情感而更深刻地理解了作者的心情。在此基础上，知识得到了很好的掌握，核心内容更深深地进入了学生的心中。

知识就像是一个无边无际的海洋，而我们所学书本上的知识毕竟是有限的。因此，当学生进行发散思维的时候，只要不偏离主体，又与中心知识点有关联，那么我们就可以允许学生将一些课外知识带入各种知识链中，使核心知识发散的内容更全面。

## 3. 核心知识发散化的教学方法

### (1) 找准关键的“核心点”进行发散

知识都具有条理性和系统性，都有自己的主线与重心，因此在教学中我们一定要准确把握核心知识。不仅如此，一定要给这个核心知识留有一定的“空白”，以使这个“核心知识”具有发散性。否则，核心知识以总结性的形式出现，学生又如何继续探究呢？

同时，这个“核心点”还要有一个最好的切入点，并且这个“点”要切口小、重心低，更要深入后能提高实效，体现教学智慧。找准“核心点”之后，要引导学生多次深入、反复探究。并且可以利用各种手段加强学生的发散思维，让知识在发散中变得更加具体。

①“提问”引导发散

核心知识是整个知识体系中的重点，因此其呈现形式就会相对“浓缩”。为了让学生从“小知识”发散到“大知识”，我们可以利用提问法，引导发散。通过对这个“点”进行反复、深入的提问，用问题指引学生的思路。特别是学生已经进行初步发散，或者产生思维障碍的时候，我们可以利用提问的方式为他们另辟一条“捷径”，打开新的思路。

例如，在作文教学中，我们以“生活是美好的”为题，可以发散出以下角度：第一，生活为什么丰富多彩？第二，怎样才能让生活丰富多彩？第三，丰富多彩的生活会给我们带来哪些好处？第四，什么样的生活才能称之为丰富多彩？经过这样一系列的提问，这个核心知识就会变得越来越透彻，对核心知识的理解、把握，发散也会越来越深刻，越来越丰富。

②“假设”引导发散

对核心知识提出各种假设，让学生在对假设的状况进行反复求证的过程中，将核心知识发散。

例如，核心知识是“植物自然生长需要各种营养”，我们可以提出假设“植物自然生长不需要任何营养可以存活吗？”让学生进行求证。通过求证，学生找到各种相关知识来支持某一个观点，核心知识就发散开来了。

(2) 给学生足够的自由发散空间

把知识放在一个更大的背景下，学生就有了更加广阔的发挥天地，智慧的火花也会更加强烈，课内知识也会因此焕发出夺目的光彩。并且，学生在无限延伸的过程中也可以更加深刻地感受到自身的价值，提高学习自信心，体验到学习的快乐。可采用的方法有：

①挖掘发散法

所谓“挖掘法”就是根据课文内容进行深化，从“旧文”中挖掘出“新意”，从“本意”中挖掘出“新意”。学生在“挖掘”的时候，我们可以激励他们大胆想象，让知识发散。

②引入发散法

所谓“引入法”就是把与课内知识相关的各种课外资源引入课堂，使内外知识互相渗透，融会贯通，让课内知识从封闭走向开放，从死板走向灵活。同时还可以利用各种现代教学元素，例如多媒体教学等，让学生的思路更加开阔，从而对核心知识理解得更加深刻。

③从关联点发散

我们都知道知识不可能是绝对独立存在的，很多知识，特别是同一学科的知识往往都具有很强的关联性。

我们在进行教学的时候，就可以充分利用它们之间的这种联系，引导学生准确把握多个知识点之间的联系，然后让学生以核心知识为主，“顺藤摸瓜”，进而引发出更多的知识，将原本的知识点无限放大，形成知识面。

即使学生的发散思维还不够完美，但一定会或多或少发散出一些关联事物。这时，我们可以引导学生对各知识之间的关联进行再分析、对比等，从知识的关联点进行再发散。

但只有发散是不行的，我们还需要控制学生发散的方向。注重所有知识的联系性，在发散开后，核心知识是不能变的。否则学生漫无目的地联想，就难免会“跑题”了。

我们在指导学生发散时，还要注意以下几个问题：

第一，核心知识发散化是一种思想，而不是一种机械的模式。在运用时，不必拘泥于框框架架。

第二，围绕核心知识进行发散时，应牢牢把握住核心知识这根主线，使所有的发散内容都围绕这一中心展开，使学生的思维和所有的发散知识始终围绕这一中心而思考。

第三，运用核心知识发散时，要充分尊重学生学习的主体地位，作为教师，我们应掌握好主导方向，要引导学生自己去探索和发现，去比较和总结。

让核心知识呈发散化还可以通过其他不同的途径，利用其他不同的方法。只要我们积极利用一切对学生有益的教学资源，引发对核心知识的发散，就会更易于学生理解核心知识的精髓。

## 十五、静态知识泛迁化

一个屡试不第的书生去请教高僧："大师，请你告诉我，怎样才能金榜题名呢？"

高僧不答反问："假如你坐在家里，如何能到我这座寺庙呢？"

书生答："我是怀着虔诚之心，一步一步走来的。"

"对啊，你金榜题名的道理也在这里。你坐在家里不用功读书，是无论如何也不能高中的。想榜上有名，你必须行动起来，抓紧时间，刻苦完成学业才是啊！"

书生恍然大悟。

假如我们把书生坐在家里比作静态知识，把他要去寺庙求得高僧指点迷津这一结果比作学生最容易掌握的知识状态的话，那么，中间的"一步一步走"就是重要的泛迁。也正是动过这一重要泛迁，书生才会恍然大悟的。

静态知识是出现率极高的一种知识呈现形式，而教师对此简单化的讲授，则会使学生只能记住知识的结果而不能记住知识的形成过程。这样讲授的最终结果可能会导致学生成为"快速记忆机器"，而忽略了对学生成为创造型人才的培养，教学效果也会大打折扣。

就知识本身而言，它是思维的产物，是智慧的结晶，知识在内容上包含着深刻的思维和丰富的智慧。学生学习知识，不仅要记忆知识的结果，更要记忆知识的形成过程，并从这个精彩而又独特的思维过程中感受知识的魅力，引导学生的思维深入到知识的发现、再创造或再发现的过程中去。也只有如此，学生才能从真正意义上理解和掌握知识，才能将知识内化为自己的智慧。

"静态知识泛迁化"就是将所授的知识动态化、形象化、思想化、情感化、个性化、活动化，将其融入学生的内化过程中，真正做到服务学生、发展学生的个性体验。

苏联著名教育家阿莫纳什维利曾说过：“儿童单靠动脑，只能理解和领会知识；如果加上动手，他就会明白知识的实际意义；如果再加上心灵的力量，那么认识的所有大门都将在他面前敞开，知识将成为他改造事物和进行创造的工具。”

泛迁化的过程，并不是用一种方法就能解决的，而是要根据不同的知识特点进行全面分析，充分放开思路，让知识以最佳形式呈现。将学生不怎么欢迎的静态知识呈现形式迁移，转换成另外一种更吸引学生的形式，教学效果才会更上一层楼！

静态知识的呈现形态相对静止、平面化。如果按照认知心理学理论，所谓“静态知识”，实质上就是“陈述性知识”。静态知识如果按一般照本宣科的方式讲解，从表面上看，似乎是节省了教学时间，但实质上是事倍功半。由于忽视学生的思考和个性体验，教学过程庸俗化到无须智力的活动过程，学生只需认真听讲和认真做好笔记。这样的教学方式不仅不利于学生的知识学习，还会打击他们的学习兴趣。例如，原本需要用比赛形式进行的篮球教学课程，我们却将它用说教式的理论讲解，只让学生认真听课，而不让学生动手，这样即使教师讲得再认真，学生也不会有多大的兴趣去听。这就是静态知识讲解最直接的弊端。

因此，面对这样的静态知识，我们应该改变这种教授方法，利用泛迁手段，将静态知识转化成学生更愿意接受的状态，进而激发学生学习知识的热情。

### 1. 改变知识的形态，让静态知识泛迁化

对教师而言，与其说每天都在和学生打交道，倒不如说每天都在和知识打交道。因为学生是服务的对象，而知识是服务的内容。作为一个优秀的教师，首要任务就是怎样让知识更快地进入学生的头脑，被他们理解和掌握。

现代教育讲究注重学生的素质教育与能力的发展，但在学习中，静态知识让学生过于关注眼前的知识。长期接受静态知识，使学生养成了机械性记忆和理解，知识显得孤立而割裂了知识点间的联系，以及对知识点之间关系的融合

性理解与应用，窒息了学生解决问题的能力发展。因此，让知识产生适当的“变通”就显得尤为重要。我国古代名作《易经》中曾说道：“穷则变，变则通，通则久。”静态知识经过变化，成为学生喜爱的形式，从而可以更好地提高学生的学习效率。

那么，什么是知识的泛迁化呢?

俗话说：“萝卜青菜，各有所爱。”各种事物都存在一定的差距，自然每个人的喜好也存在差距。将静态知识进行转化时，我们应该根据知识与学生各种不同的需求，进行灵活、多变的转化，不能只讲求一种固定的模式。这便要求我们对学生必须具有相当的“变通能力”。

此外，就是让知识“变通”，让静态知识通过各种迁移、转变，形成其他的形态并让学生乐于接受，便于掌握。例如，我们可以将原本静态的知识迁移成表演、竞赛等，以各种各样形象、生动的呈现方式传授给学生。

“泛迁化”的一般原则是：只要保证静态知识的核心内容和主题思想不变，就可以大胆地进行广泛的迁移。通过将静态知识泛迁化，不仅改变了知识的呈现形态，更能让学生在感受泛迁过程中形成举一反三、灵活运用所学知识解决类似问题的能力。

但在教学中，将静态知识泛迁化也存在一定的隐患。那就是我们将静态知识泛迁化，从表象上或者过程上改变了知识原有的呈现形式，有时甚至会产生给原有的静态知识“换脸”的感觉。于是，有些学生就不能有效地理解迁移后的知识形态，在“新知识”面前往往表现出手足无措，直接影响了教学效果。

为了避免学生对“迁移”后的知识产生认知障碍，我们在日常教学中，就要注意培养学生以下几方面的能力，以避免出现迁移后的认知障碍。

(1) 构建合理认知结构，提高理解能力

迁移是知识点之间的灵活转换和应用，学生容易对迁移知识产生认知障碍，首要原因就是学生对知识的理解能力和分析能力不足。而不能有效实现静态知识泛迁化的一个重要原因就是学生没有形成知识的广域网络结构，缺乏静态知识与其他知识间转换的场所与条件。因此，提高学生对所学知识的理解程度，构建具有清晰、概括、包容性的认知结构，是教师实现静态知识泛迁化的根本前提和基础。建立好合理的认知结构，学生才能将迁移后的知识形态与原有的静态知识产生联系，才能更好地理解知识，消除紧张感。

在这个过程中，我们还要注意避免机械性学习。因为有些学生在学习中重视对知识的机械性、生硬性记忆，久而久之严重影响了他们灵活运用知识的能力，思维变得呆板，不能及时跟上教师的迁移过程，而不能快速地理解知识，记忆知识。

所以，在教学中教师要时刻注意避免学生的机械性学习，防止学生形成思维定式，为实现静态知识泛迁化做好辅助准备。

(2) 打破学生思维定式，培养发散思维能力

思维定式是指先于一定活动而指向该活动的一种准备状态。也就是当学生习惯静态知识以后，就对迁移知识的思路出现迷茫感，不知所措。

对此，我们应该积极打破学生的思维定式，让学生可以快速接受新的知识形态。不仅如此，打破学生的思维定式，培养学生求异精神和发散思维能力更能有效提高学生的学习能力，使他们在以后的学习生涯中受益匪浅。

## 充分利用最大的泛迁资源——生活知识

陈曦是浙江省台州市椒江区小学高级教师，2004年起，她受邀担任区小学数学新秀班指导教师；2006年，她被评为区德育工作先进个人、浙江省教坛新秀。

陈老师多次被评为先进教师，多篇论文在国家、省市区各级评比中获奖或在刊物上发表，有着十分丰富的教学经验。在讲解《亿以内数的认识》一课时，她就利用“知识源于生活，用于生活”的特点，结合生活运用，让原本静态的知识鲜活起来，散发出迷人的独特魅力，努力让“数”会说话，有感情，让它洋溢生命的气息。

首先，在导入阶段，陈老师就将知识背景迁移到了一个新的“环境”。陈老师说道：“我国唐朝著名诗人杜甫曾经在诗句中这样赞美我们的家乡：台州地阔海溟溟，云水长和岛屿青。这首诗说明了什么？”

学生们回答：“说明我们的家乡很美！”

“今天，老师带来了一些台州风景图片，我们来看看家乡到底有多美。”说着，用投影仪在黑板上显示临海古长城，温岭方山瀑布等风景图片。

学生们顿时被影像中优美的风景所吸引，不觉发出“哇、哇”的赞美声。

而这种导入方式，也立刻引起了学生的兴趣。

学生1小声对同桌说道："这个地方我去过。"

学生2也得意地说道："这个地方我也去过，特别漂亮。"

此时，这些图片成功地吸引了学生，生活知识与课本知识初步建立联系，也成为了第一次"迁移"。

接着，陈老师又显示了一些文字：台州是中国黄金海岸线上一个年轻的滨海城市，全市陆地面积9411平方千米，海洋面积8万平方千米，全市约有546万人（浙江省总人口为4145万人）。改革开放二十年，是台州快速腾飞的二十年。国民经济快速健康增长，综合实力显著提高。据测算，2002年全市实现国内生产总值858亿元（全省国内生产总值是7670亿元），增长速度创近几年最高水平，与嘉兴、绍兴并列全省第一。

之后，陈老师问道："同学们，从资料上看，你们得到了什么信息呢？"

学生3回答："我知道了台州陆地面积9411平方千米。"

学生4回答道："我还知道了全省国内生产总值是7670亿元，了解到我市人口为546万人。"

回答时，学生们的心中情不自禁地升起一股自豪之情，为新课程的学习酝酿了良好的情绪。与此同时，以"万、亿"为单位的数据是会说话的，"级"的思想渗透其中，这就为学生们能更好地理解"四位一级"的计数方法提供了一块奠基石，也有利于以后数的"读法与写法"的教学。家乡的数据资料拉近了"数"与学生心理的距离，学生对数的亲切感油然而生。

陈老师继续问道："看到9411这个数，你们想到了什么呢？"

通过这一问题，不仅自然地复习了万以内数位顺序表的知识，更建立了知识迁移的基点。有了这个基点，在将静态知识泛迁化时，学生们就可以更准确地把握知识的主题，将知识的静态形式与动态形式相结合。

陈老师说道："比千位还大的数位还有吗？"

学生们回答："万位！"还有一部分学生回答："十万位！亿位！"

"非常好！那么，你们能不能根据老师提供的数据来创造出千位左边的数位呢？"

学生1回答："千位左边是万位，比如8万，表示8个一万，这个8可以写在万位的下面。"

学生2回答："我们台州人口总数是546万，5在百万位上，表示5个一百万，4在十万位上，表示4个十万，6在万位上，表示6个万。”

学生3回答：“接下去是千万位，4145万人的4在千万位上。”

这时，陈老师问道：“另一个4呢？”

这名学生说道：“这个4在十万位上，表示4个十万。”

陈老师继续问：“千万位的左边呢？”

学生回答：“万万位。”很快就有机灵的学生说道：“是亿位！”

“对，千万位的左边一位习惯上我们称其为‘亿位’，而不叫‘万万位’。”陈老师高兴地说道。在接下来的教学中，陈老师引导学生掌握了亿位数的顺序，并综合运用迁移知识，建立数的概念。

“请同学们来猜一个数：椒江区小学生的总人数是多少呢？”

学生们立刻被这个问题难住了，纷纷沉默了下来。陈老师说道：“老师给大家几条帮助信息，根据这些信息，进行小组讨论，估计一下椒江区小学生的总人数。”

投影仪上显示：台州市实验小学学生总人数约为1000人；椒江区总人数约为45万人；像实验小学这么大的小学约有20所。

学生1说道：“我猜有两万人。”

“哦？你是怎么想的呢？”陈老师好奇地问道。

学生1回答道：“因为，台州市实验小学学生总人数约为1000人。像实验小学这么大的小学约有20所。$20\times1000=20000$。”

这时，另一位学生提出了反对意见：“还有比我们学校大的小学呢！我说有3万人。”一石激起千层浪，学生们纷纷议论开来，有猜4万人的，有猜5万人的。陈老师公布了正确答案：椒江区小学生总数约有38000人。

“38000人到底是多少人呢？”陈老师又问。

学生们又开始了激烈地讨论……

就这样，陈老师利用学生们生活环境中的各种数据，这种现实与课本知识相互迁移，相互渗透，让知识变得更加生动，学生们的学习劲头十足。

在过去传统的教学中，多位数的学习多以习题提问或者案例讲解的方式进行。这种按部就班地利用教材进行教学，无异于学生还没有“饿”，就被教师“喂”了个饱，他们不能参与发现知识的过程，只能是被动地接受静态知识。

这样的教学是苍白无力的，学生的思维空间必然受到极大的限制。虽然学生最终或许能计算出结果，但长期接受静态知识的过程会让学生对抽象数字有距离感，影响教学效果。

新课程理念指出：教材仅仅是一个载体，而知识是开放的、鲜活的，是无处不在的。因而，教师应富有创造性地利用教材，而不能只拘泥于用教材进行教学。当遇到静态知识时，我们可以将它迁移，通过迁移，让静态知识呈现出最适合于学生接受的状态。

在陈老师的这堂课中，亿位数对于学生而言是一个遥远又抽象的概念。课堂上，如果教师只是用计算器、算盘等教具进行教学，知识只呈现出静态形式，那么它永远都只会成为一个遥远而抽象的概念。

学生不是一张白纸，他们蕴涵的潜力常常出乎我们的意料。陈老师利用学生对生活情景产生的熟悉感，将生活中的知识与课本中的知识进行相互迁移、转化，让学生对这些抽象的数字产生亲切感与好奇心。

在这个过程中，陈老师所运用的唐诗、城市面积、人口数量等都是知识迁移的基点，围绕这些知识间的共同之处，将静态知识与生活经验进行互相转化，产生相互作用。陈老师呈现的信息也无疑给了学生一个合理的知识建构平台，学生自由、活跃地发表自己的意见，进而产生师生互动。

通过这种生活经验与课本知识的相互迁移，学生之间知识储备的差异性也成了丰富的教学资源。此时，计算生活中城市小学生人口的过程，也就成为学习知识的过程。知识的呈现形式也在这种“实用性”的展开中，更贴近学生的心灵。

## 范例观摩二

### 将静态知识泛迁成动态知识

在讲授《水位会变化吗》一课时，湖北省丹江口市实验小学优秀教师余涛老师，通过静态知识与动态知识的相互转化，让静态知识更富有动态感，使学生对这些知识都表现出了极大的兴趣。

《水位会变化吗》是一节自然课，如果教师直接进行讲授，学生虽然会很快掌握知识，但是对自然课的兴趣也会快速下降。因此，在进行课前导入环节时，余老师先给学生讲了一个曹冲称象的故事，利用这个故事，迁移出本节内容的主题，为知识的出现增加乐趣。

余老师说道：“曹操怕曹冲骄傲，就出了一道难题。他将曹冲引到水池边，水池里停了一艘船，船上装载了许多石头。他指着船对曹冲说，现在水池里的水位是这样高，如果将船上的石头放入水中，水池的水位会有变化吗？你们认为水位会有变化吗？各小组讨论一下。”

通过这个小故事，余老师将学生们对知识概念的注意力成功地转移到了方法上，引导学生们进行讨论，各抒己见。

一组小组长说道：“我们认为水位会升高。”

余老师问：“你们是怎么想的呢？”

学生回答：“我们学过《乌鸦喝水的故事》，所以认为水位一定会升高。”

二组小组长却表达了不同的观点：“我觉得水位不会升高，因为石头太少了，还不能达到使水位升高的程度。”

三组小组长说道：“我认为水位不变。首先，石头在船上把水压下去了，水位会上升。但要是把石头拿去，水位就会下降。这时，再将石头放入水中，水位就会恢复原来的样子。”

又有一名学生说道：“我认为水位会升高。因为水会占据空间，石头也会占据空间，所以把石头放入水中，水位会升高。”

“有没有人认为水位会下降的？”余老师问道。

小刚回答：“老师，我认为水位会下降。因为石头在船上压的水高，把石头放水中船就浮起来了，水位就下降了。”

学生们各抒己见，最后经过余老师统计，认为水位会上升的有28人，认为水位不变的有5人，认为水位会下降的有3人。

“其实，想要知道正确的结果，我这里有一个最简单的法宝。”余老师充满神秘感地笑了笑。学生都睁大了好奇的眼睛，余老师顿了顿说道：“实验。”

学生们都笑了起来，似乎有一种“原来如此”的释然心情。

余老师继续说道：“今天，在我们这个教室里是不可能找这么大一个水池、一条船和一些石头。所以，我们就需要用一些相同原理的东西代替一下。现在老师这里有一个塑料桶，我们来用它做水池。这有一个塑料碗，我们把它当做小船。这里还有一些钩码，我们就用它做计量用的石头。你们说好不好？”

“好！”学生们的声音异常响亮，想到要做实验，精神都开始变得亢奋，专注地等待着实验的结果。

此时，这个实验就成为书本知识由静态向动态迁移的载体。有了这个载体，迁移过程与所迁移的知识就会围绕这个载体进行，让静态知识转变成为动态知识。静态知识经过迁移转化成动态知识，知识变得更加丰富形象，学生的热情也被充分激发了出来。

在接下来的讲解中，为了能使知识真正地“动”起来，让所有的学生都参与到这个过程中，余老师将动态知识重过程的特点发挥得淋漓尽致。余老师将主动权交到学生的手中，他说道：“有了这些材料，你们打算怎么做实验？怎么设计实验？”

经过小组讨论，学生们纷纷发表自己的意见。

学生1说道：“我们可以先在桶里装上水，然后用碗当船。先在船内放入钩码，再拿出钩码放入桶里。”

学生2说道：“我补充一下，在将钩码放入船中和拿出来的过程中，都要在原来的水位上做记号，否则我们根本看不出是否是上升了，还是下降了。”

学生3又说道：“还有，我认为碗首先要保持平衡。”

学生4又说道：“我认为应该倒入一半的水，太满了也不太好。”

“还有什么问题呢？先放船还是先放钩码？”余老师又问道。

学生5说道：“先放船。”

很快就有人进行反驳：“不对，应该先放钩码。”

又有人反驳：“先放船，因为先放钩码没掌握平衡，船会翻。”

同学们你一言我一语，讨论进行得非常激烈。在讨论的过程中，知识的迁移性也有了更充分的发挥：从装船的方法到测量的方法。

学生在老师的鼓励下各显神通，通过知识的相互迁移、扩展，知识不仅从原有的静态转向了动态，在这个迁移过程中引发的各种知识也成功地帮助学生们更深刻地理解了知识。

《水位会变化吗》是一节适合小学三、四年级的学生探究学习的自编科学课。从课程的内容与分类讲，这一课程呈现的形式不适合用静态知识的形式呈现。因此，怎样将静态知识通过泛迁化成为更适合学生接受的知识形态，就成为这节课是否成功的关键所在。

在本案例中，余老师利用知识的动态形式对静态知识进行了转化，并在迁移的过程中，注重引导学生积极讨论、自主探究。这是一个由“静态知识”泛迁到“动态知识”的过程，在这个过程中，实验就是整个迁移的基点，也可以称之为“连接轴心”。有了这个实验，静态知识就在动态的实验中“活”了起来。而这个看似“外来之客”的实验，就是围绕静态知识的主题所引发出来的动态体验。

将学生们自行获取的知识迁移到新的情境中去，这样不仅使知识由静态向动态的迁移过程充满趣味，也让知识本身在蜕变中充满魅力，深深地吸引了学生。

## 2. 静态知识泛迁化的注意事项

将静态知识泛迁化就是将原有的静态知识通过迁移转化为其他知识形态，如果迁移知识对原有静态知识起促进作用，就是正迁移；如果产生消极影响，就是负迁移。根据这个道理，我们教师在进行静态知识泛迁化的过程中，首要工作就是要遵循以下两个基本原则：

(1) 促进正迁移

要完成将静态知识的泛迁化，就要求我们在利用其他知识时，要认真寻找迁移知识与静态知识之间的共同因素，然后通过相互作用去同化静态知识，达到知识迁移的目标。在这个过程中，我们首先要选择有利于学生理解、记忆的知识进行相互作用，也就是迁移知识要有助于加深学生对静态知识的印象，形成正迁移。只有形成正迁移，那么这次知识迁移教学才是成功的教学。

(2) 避免负迁移

负迁移指的是迁移后对原有的知识产生消极的影响，这种负迁移的直接后果就是导致静态知识“面目全非”，学生不仅没有通过知识的迁移提升成绩，反而连最初静态下知识的主要内容也搞不清楚了。因此，教师在转化知识呈现形式时，一定要注意避免负迁移的发生。否则，将静态知识泛迁化以后不仅没有提高学生的学习效果，反而阻碍了学生的认知发展。

(3) 遵循学生学习的客观规律

知识迁移的认知过程是：先温故，后联想。这样新旧知识紧密联系，符合知识结构的认知规律。其认知方法是：先求同，后求异。这样求同求异思维协调活动，符合创造性思维发展的规律。其认知目标是：先理解，后创新。这样从再现引向创造，符合循序渐进，从量变到质变的思维发展规律。因此，将静态知识泛迁化也要遵循这个规律，只有遵循学生学习的客观规律，静态知识迁移化以后，学生才容易接受转变形态后的知识。

(4) 泛迁思路要清晰

将静态知识泛迁化的过程中，我们要注意知识变化的方向性，要有一定的目标与教学思路。同时，我们的思路要清晰、流畅，知识迁移过程要一目了然，在静态知识泛迁化以后，使知识的新形态更有助于学生发展。我们知道，静态知识本身多以总结性的方式呈现，从而忽略了学生认知的过程。如果迁移后各种知识间联系没有固定的方向、思路就会变得混乱，学生对知识的认知过程也会跟着变得混乱不堪。

(5) 尊重学生的主体性

将静态知识泛迁化的目的是提高学生对知识的理解能力，提高学生的学习效果。在这个过程中，我们教师除了要注重知识形态的转变是否有助于学生学习，更应该有一定的策略性，应致力引导和促进学生"如何学习"与"如何思考"，让学生具有充分的机会来独立地进行学习，并经常鞭策自己思考。

(6) 把握内部联系，构建完整体系

把握各种知识之间的内部联系是进行知识迁移最基本的需要，只有准确把握静态知识与迁移产生的知识之间的联系，迁移出的知识才能更好地为这个静态知识服务，提高学生的理解能力。否则，各种知识互不相干，那么就会犹如一盘散沙，学生的逻辑思维也会混乱不堪。

将静态知识泛迁化的过程中，各种知识脉络清晰，紧密相连，知识就会形成一个完善的体系，学生的思路也会更加清晰。要想更好地完成静态知识泛迁化的过程，在日常教学中，我们还应特别注意从以下几点培养学生的泛迁能力：

第一，注重知识积累，扩大知识的储量，为静态知识泛迁化储备必要的资源。有了丰富的知识储备，静态知识迁移的对象与过程才能更加丰富，更加生动。

第二，注重知识感悟，内化知识迁移所需的材料。知识感悟是学生对各种知识准确把握的一种能力，有了这种感悟为基础，在进行静态知识泛迁化的过程中，学生的理解就会更加快速，更加得心应手。

第三，注重知识迁徙，搭建迁移知识与原知识所需要的桥梁。所谓"迁徙"，就是对知识"举一反三"的能力。学生在课堂上所学的各种知识、技能都是学生储存在大脑中的"知识"。而将这种知识进行实际运用时，就要求学生具有迁徙的能力，要学会将大脑中的静态知识进行转化。在教学中，需要给学生搭建迁移知识与原知识所需要的桥梁，提高学生的思维迁移能力，为静态知识泛迁化打下基础。

最后，还要时刻注重静态知识泛迁化的实践，培养学生进行泛迁化的应用能力。

## 3. 静态知识泛迁化的教学方法

静态知识泛迁化让原有知识不断迁移，呈现出更容易被学生理解的状态。除了上面介绍的一些方法外，还有哪些方法可以促进静态知识泛迁化呢？

(1) 情感迁移法

从迁移发生的类型或领域上看，迁移不仅发生在知识和动作技能的学习中，同样也发生在情感和态度的学习和培养方面。

因此，我们在将静态知识泛迁化的过程中，除了可以利用各种与主题相关的知识、技能外，还可以利用学生的情感、生活经验进行泛迁。

(2) 理解能力迁移法

学生学会加减法及四则运算知识，会有利于学习代数或解决实际生活中的运算问题；学会一种外语，有助于学习同一语系的第二、第三种外语；学习了数学的基础知识，有助于对物理学和化学中的一些数量关系和方程式的理解；学会弹钢琴有利于学习弹手风琴；会一种弦乐器的很容易掌握另一种弦乐器……这些都属知识理解能力的迁移。

根据这些原理，在将静态知识泛迁化的过程中，我们可以利用学生对某一知识的熟识，使静态知识在迁移中，增强学生的理解能力，提高记忆效果。

(3) 方向性迁移法

从知识迁移的方向性看，迁移既可以是顺向的，即先前的学习对后来的学习的影响，称为顺向迁移；也可以是逆向的，即后来的学习对先前学习的影响，称为逆向迁移。因此，将静态知识泛迁化可以利用顺向迁移及逆向迁移。

①顺向迁移

一般用得较多的是顺向迁移，也就是利用已有的知识经验进行静态知识的迁移，帮助学生提高理解能力。例如，在学习古诗或者文言文的时候，迁移所用的方法和原理都应该是学生能够理解和接受的。只有这样，将静态知识通过迁移改变形态的过程中，学生们才能更清晰地理解知识，否则用一些学生不知道的原理进行迁移，只会让知识变得更加复杂、深奥。

②逆向迁移

学生原有的知识技能不足以使其学习新知识或解决新问题，需要对原有的知识进行补充、改组或修正，这种后来学习对先前学习的影响就是逆向迁移。逆向迁移在静态知识泛迁化的运用中，教师需要把握好各种知识之间的关系及相互之间会产生的作用，避免将静态知识迁移成与原有知识“驴唇不对马嘴”的形态。

(4) 角色迁移法

在静态知识的呈现形式中，讲解知识的教师成为主角，而学习知识的学生则是配角，过去那种静态知识的呈现方式完全忽略了学生的主体地位。

从角色上进行迁移，就是通过改变学生与教师在静态知识中所扮演的角色，或者可以说是角色互换，从而达到改变静态知识形态的目的。也就是利用角色的迁移，让学生成为讲解知识的人，学生在讲解知识的过程中，对静态知识也就会产生深刻的认识，从而提高学习效率。当然，也可以将学生从接收者的角色迁移到开发者、评价者等各种角色，通过不同角色的表现，达到静态知识的迁移效果。

(5) 空间迁移法

就是利用各种空间转化，将静态知识迁移成另一种更有助于学生学习的知识形态，以提高学习效果。例如，当我们学习历史，或者过去某一段背景下产生的知识时，由于知识已成“往事”无法再现，于是呈现形式就多为直接讲解式的静态呈现方式，学生不仅觉得枯燥，理解也只是表面上的。这时，我们就可以通过空间迁移法让知识改变静态呈现的形式。利用现代的知识理解过去的知识，将知识呈现的空间背景从“过去式”迁移到“进行时”，改变静态知识，提高学生的理解能力。

在这个过程中，我们教师要注意做好“四导”：导向、导思、导练、导趣。

①导向

导向有两层含义：一是引导学生瞄准原知识的教学目标；二是在“泛迁化”的过程中，掌握好迁移知识的目标方向，使静态知识无论转变成何种知识形态，其学习的目标方向都始终如一。

②导思

导思即引导学生深入思考，这是课堂教学能否深入的关键。将静态知识泛迁化，改变知识的呈现形态是次要的目标，主要的目的还是要提高学生们的学习效率。因此，在知识迁移的过程中，一定要引导学生深入思考，思考各种知识之间的关联与相互作用，思考迁移过程中知识的不断丰富与完善。

③导练

导练是强化教学效果的重要措施。俗话说："实践出真知"。学生对知识的把握，技能的形成是在实践中体验、感悟的。因此，我们教师在进行静态知识泛迁化的同时，一定要注重引导学生多参与，多训练。

④导趣

一堂饶有兴趣的课，不但能极大地吸引学生的注意力，还能把学生以前所学的相关知识都紧密联系在一起，增强了教学效果。因此，在教师对静态知识实施泛迁化的过程中，学生的兴趣是必不可少的。如果迁移知识无法使学生产生学习的兴趣与动机，那么知识迁移就是失败的。

现代教学越来越注重对学生学习能力的培养。将静态知识泛迁化，不仅改变了知识的呈现形态，更教会了学生一种转移性、跳跃性的思维模式。

教师通过在学生储存、内化、迁移、实践等一系列过程中下工夫，"迁移内容"不仅更广泛，同时也提高了学生的学习成绩与学习能力，坚持下去，会把每个学生都培养为自主学习的高手。

《名师工程》系列丛书

# 征稿启事

《名师工程》系列丛书是西南师范大学出版社策划、组织出版的大型系列教育丛书。丛书以新课程下的新教学为背景，以促进施教者的教育能力为落脚点，以提高教育质量、提升教师水平为宗旨。

丛书首批推出的“名师讲述”和“教学提升”两大系列共二十余品种，其余系列也将陆续出版。为了让广大教师有一个交流、借鉴的机会，同时也为了给广大教师提供更多、更好的图书，《名师工程》系列丛书编辑出版委员会特向全国教育工作者征集稿件。

**稿件要求：**

1.主题鲜明、新颖，有独创性。

2.主题以提升教育能力为主，也可适当外延。

3.主题要有一定规模、有典型案例支撑。

4.案例要贴近教育实际，操作性强。

5.文章、书稿结构清晰，语言精彩。

书稿作者在选题确定之后，请及时与我们做好沟通，具体事宜确定好之后再进行创作；也欢迎用已经完稿的稿件投稿。一线教师如希望参与图书案例的创作，可联系我社策划机构，由策划机构备案，在适合的图书中参与创作。

真诚欢迎各位教师踊跃投稿。

**联系方式：**

西南师范大学出版社高教分社

电话：023-68254356　　E-mail：zcj@swu.cn

西南师范大学出版社高教分社北京策划部

电话：010-68403096

E-mail：guodej@eyou.com

《名师工程》系列丛书

# 征稿启事

# 西南师范大学出版社
# 《名师工程》系列丛书目录

| 系列 | 序号 | 书　　名 | 主编 | 定价 |
|---|---|---|---|---|
| 名师讲述系列 | 1 | 《施教先施爱——名师讲述班主任的核心教导力》 | 杨连山<br>魏永田 | 30.00 |
| | 2 | 《在欢乐中成长——名师讲述最具活力的课堂愉快教学》 | 王斌兴 | 30.00 |
| | 3 | 《用情境抓住学生的眼球——名师讲述最能营造氛围的情境设计》 | 施建平 | 30.00 |
| | 4 | 《让学生做自己的老师——名师讲述如何提升学生自主学习能力》 | 徐学福<br>房　慧 | 30.00 |
| | 5 | 《引领学生高效学习——名师讲述如何提高学生课堂学习效率》 | 刘世斌 | 30.00 |
| | 6 | 《教育从心灵开始——名师讲述最能感动学生的心灵教育》 | 张文质 | 30.00 |
| 教学提升系列 | 7 | 《方法总比问题多——名师转变棘手学生的施教艺术》 | 杨志军 | 30.00 |
| | 8 | 《用特色吸引学生——名师最受欢迎的特色教学艺术》 | 卞金祥 | 30.00 |
| | 9 | 《让学生爱上课堂——名师高效课堂的引导艺术》 | 邓　涛 | 30.00 |
| | 10 | 《拿什么打开思路——名师最吸引学生的课堂切入点》 | 马友文 | 30.00 |
| | 11 | 《没有记不牢的知识——名师最能提升学生记忆效果的秘诀》 | 谢定兰 | 30.00 |
| | 12 | 《让学生的思维活起来——名师最激发潜能的课堂提问艺术》 | 严永金 | 30.00 |

| 系列 | 序号 | 书　名 | 主编 | 定价 |
| --- | --- | --- | --- | --- |
| 教学新突破系列 | 13 | 《把教学目标落实到位——名师优质课堂的效率管理》 | 冯增俊 | 30.00 |
| | 14 | 《拿什么调动学生——名师生态课堂的情绪管理》 | 胡　涛 | 30.00 |
| | 15 | 《零距离施教——名师和谐师生关系的构建艺术》 | 贺　斌 | 30.00 |
| | 16 | 《一个都不能落——名师提升学困生的针对教学》 | 侯一波 | 30.00 |
| | 17 | 《让学习变得更轻松<br>——名师最能吸引学生的情境设计》 | 施建平 | 30.00 |
| | 18 | 《让知识变得更易学<br>——名师改造难学知识的优化艺术》 | 周维强 | 30.00 |
| 通用识书 | 19 | 《好心态成就好学生——学生心理问题剖析与对症教育》 | 李韦遴 | 30.00 |
| | 20 | 《教育，诗意地栖居》 | 朱华忠 | 30.00 |
| | 21 | 《好班规打造好班级》 | 赵　凯 | 30.00 |
| 高中新课程系列 | 22 | 《高中新课程：教师角色转变细节》 | 缪水娟 | 30.00 |
| | 23 | 《高中新课程：班主任新兵法细节》 | 李国汉<br>杨连山 | 30.00 |
| | 24 | 《高中新课程：教学管理创新细节》 | 陈　文 | 30.00 |
| | 25 | 《高中新课程：更有效的评价细节》 | 李淑华 | 30.00 |
| 教师成长系列 | 26 | 《学学名师那些事》 | 孙志毅 | 30.00 |
| | 27 | 《每天学点教育心理学》 | 石国兴<br>白晋荣 | 30.00 |
| | 28 | 《给新教师的建议》 | 李镇西 | 30.00 |
| | 29 | 《教师心灵读本：成为有思想的教师》 | 肖　川 | 30.00 |
| | 30 | 《教师心灵读本：教师，做反思的实践者》 | 肖　川 | 30.00 |

**图书在版编目（CIP）数据**

让知识变得更易学——名师改造难学知识的优化艺术/周维强主编．—重庆：西南师范大学出版社，2009.1
（名师工程系列丛书）
ISBN 978－7－5621－4393－2

Ⅰ.让…　Ⅱ.周…　Ⅲ.中小学－教学研究
Ⅳ.G632.0

中国版本图书馆 CIP 数据核字（2009）第 000817 号

**名师工程系列丛书**

**编委会主任：**马　立　宋乃庆
**总策划：**周安平
**策　划：**李远毅　卢　旭　郑持军　郭德军

---

让知识变得更易学——**名师改造难学知识的优化艺术**
**主编**　周维强

---

**责任编辑：**张浩宇
**封面设计：**图图设计
**出版发行：**西南师范大学出版社
地址：重庆市北碚区天生路 1 号
邮编：400715　市场营销部电话：023－68868624
http：//www.xscbs.com
**经　销：**新华书店
**印　刷：**九洲财鑫印刷有限公司
**开　本：**787mm×1092mm　1/16
**印　张：**14.75
**字　数：**230 千字
**版　次：**2009 年 2 月　第 1 版
**印　次：**2009 年 2 月　第 1 次印刷
**书　号：**ISBN 978－7－5621－4393－2

---

**定　价：**30.00 元